國家圖書館出版品預行編目資料

《藝文類聚》選文研究暨篇目分體索引／韓建立 著 — 初版 —
新北市：花木蘭文化事業有限公司，2018〔民 107〕
目 4+290 面；19×26 公分
（古典文獻研究輯刊 二七編；第 12 冊）
ISBN 978-986-485-570-4（精裝）
1. 藝文類聚 2. 研究考訂 3. 篇目索引
011.08   107012292

ISBN-978-986-485-570-4

9 789864 855704

古典文獻研究輯刊
二七編 第十二冊   ISBN：978-986-485-570-4

《藝文類聚》選文研究暨篇目分體索引

作　　者　韓建立
主　　編　潘美月　杜潔祥
總　編　輯　杜潔祥
副總編輯　楊嘉樂
編　　輯　許郁翎、王筑　美術編輯　陳逸婷
企劃出版　北京大學文化資源研究中心
出　　版　花木蘭文化事業有限公司
發 行 人　高小娟
聯絡地址　235 新北市中和區中安街七二號十三樓
　　　　　電話：02-2923-1455／傳眞：02-2923-1452
網　　址　http://www.huamulan.tw 信箱 hml 810518@gmail.com
印　　刷　普羅文化出版廣告事業
初　　版　2018 年 9 月
全書字數　206516 字
定　　價　二七編 24 冊（精裝）新台幣 46,000 元　　版權所有·請勿翻印

《藝文類聚》選文研究暨篇目分體索引

韓建立　著

作者簡介

韓建立，吉林省吉林市人，吉林大學古籍所博士。目前執教於吉林大學文學院，語文課程與教學論專業碩士生導師。講授中國語文教育文獻研究、唐宋詩詞欣賞等課程。主要研究方向爲中國古代文學與文獻、語文課程與教學。

提　　要

　　本書分上、下兩編。

　　上編爲「《藝文類聚》選文研究」，著重研究《藝文類聚》「文」的部分選錄的各種文體，考證文體數量和名稱，對分合不當的，加以辨正；綜合論析《藝文類聚》選錄的各種文體；同時，還對《藝文類聚》「事」的部分選錄的《詩經》與《楚辭》作品，做出全面探究。

　　下編爲「《藝文類聚》篇目分體索引」，按照《藝文類聚》的標注，逐一核查選錄的篇目，按照文體歸類，列出篇題。

目

次

上編　《藝文類聚》選文研究

　　《藝文類聚》「文」的部分，是按照文體輯錄的。文體是指文章之體，也簡稱爲「體」。褚斌傑說：「研究文體的學科稱爲文體論或文體學，是文學理論的一個重要方面。但文體本身是一個非常複雜的現象。」〔註1〕「文體」一詞，最早見於漢代賈誼《新書・道術》：「動有文體謂之禮，反禮爲濫。」〔註2〕這裡的「文體」指的是文雅有節的體態。東漢王充《論衡・正說》云：「夫經之有篇也，猶章句也；有章句，猶有文字也。文字有意以立句，句有數以連章，章有體以成篇，篇則章句之大者也。」〔註3〕這裡的「體」指體例。這兩例都不是我們所指的「文體」的含義。

　　魏晉以降，「文體」的界說已較爲清楚。「文體」的義項豐富，總的來看，主要有四方面的含義。

　　一是指文章體裁。如《南齊書・文學傳論》載：「若子桓之品藻人才，仲治（筆者按，「治」應作「洽」。）之區判文體，陸機辨於《文賦》，李充論於《翰林》，張眂摘句褒貶，顏延圖寫情興，各任懷抱，共爲權衡。」〔註4〕摯虞（字仲洽）的《文章流別論》對多種文章做了較詳細的辨析，《南齊書》

<hr>

〔註1〕 褚斌傑：《中國古代文體概論》（增訂本），北京大學出版社，1990年10月第1版，第1頁。

〔註2〕 于智榮：《賈誼新書譯注》，黑龍江人民出版社，2003年1月第1版，第237頁。

〔註3〕 （漢）王充：《論衡》，載《諸子集成》，上海書店影印，1986年7月第1版，第270頁。

〔註4〕 （南朝梁）蕭子顯：《南齊書・文學傳論》，中華書局，1972年1月第1版，第907頁。

中說的「文體」顯然是指文章體裁。又如劉勰《文心雕龍・辨騷》云：「故其陳堯舜之耿介，稱湯武之祇敬，典誥之體也。」〔註5〕典、誥是《尚書》中的兩類文體，所以這裡的「體」也是指文章體裁。

二是指文章風格。如《宋書・謝靈運傳論》云：「自漢至魏，四百餘年，辭人才子，文體三變。」〔註6〕鍾嶸《詩品》云：「文體省淨，殆無長語。」〔註7〕此二例中的「文體」均指文章風格。

三是指語體。江淹《雜體詩三十首序》云：「關西、鄴下，既已罕同；河外、江南，頗為異法。今作三十首詩，效其文體，雖不足品藻淵流，庶亦無乖商榷。」〔註8〕這裡的「文體」是語體的意思。江淹模擬自漢無名氏至晉宋諸家的語言體式，寫下三十首詩，故曰《雜體詩三十首》，被蕭統列入《文選》雜擬類。

四是指篇章體制，即一篇文章的全部及其各個組成部分。《文心雕龍》云：「夫才童學文，宜正體制，必以情志為神明，事義為骨髓，辭采為肌膚，宮商為聲氣；然後品藻玄黃，摛振金玉，獻可替否，以裁厥中：斯綴思之恒數也。」〔註9〕劉勰說，學童學習寫作，應該端正文章的篇章體制，一篇文章要以抒寫的思想感情為精神，內容的事義為骨髓，文章的辭采為肌膚，語言的音調為聲氣。這裡的「體」就是指篇章體制。劉勰認為，一篇文章由情志、事義、辭采、宮商四個要素組成。

「文體」的含義是多樣的，本文中使用的「文體」含義是指「文章體裁」。

〔註5〕（南朝梁）劉勰著，范文瀾注：《文心雕龍注》，人民文學出版社，1958 年 9 月第 1 版，第 46 頁。

〔註6〕（南朝梁）沈約：《宋書・謝靈運傳論》，中華書局，1974 年 10 月第 1 版，第 1778 頁。

〔註7〕（南朝梁）鍾嶸著，陳延傑注：《詩品注》，人民文學出版社，1961 年 10 月第 1 版，第 41 頁。

〔註8〕（南朝梁）蕭統編，（唐）李善注：《文選》，上海古籍出版社，1986 年 8 月第 1 版，第 444 頁。

〔註9〕同〔註5〕，第 378 頁。

第一章　《藝文類聚》中選錄的文體

　　《藝文類聚》是一部供學子閱讀的、看文體的類書，其中選錄了大量各種文體的文章。

第一節　選錄的文體數量與名稱辨正

　　在《藝文類聚》許多子目「文」的部分，分別標注了選錄的各種文體，在子目中也有以文體作爲標題的，如卷五十六雜文部二的子目是「詩」「賦」，卷五十八雜文部三的子目是「七」「連珠」等。現依據各種文體名稱出現的先後，將《藝文類聚》選錄的文體排列如下：

　　（1）詩，（2）賦，（3）贊，（4）表，（5）歌，（6）文，（7）頌，（8）銘，（9）令，（10）序，（11）祭文，（12）啓，（13）論，（14）箴，（15）碑，（16）吟，（17）書，（18）敘，（19）典引，（20）述，（21）誄，（22）策文，（23）章，（24）議，（25）哀策文，（26）哀策，（27）敕，（28）箋，（29）諡策，（30）詔，（31）行狀，（32）教，（33）墓誌，（34）誡，（35）說，（36）解，（37）疏，（38）訓，（39）誥，（40）答客難，（41）歎，（42）哀辭，（43）志，（44）譏，（45）弔，（46）樂府古詩，（47）樂府，（48）傳，（49）策，（50）奏，（51）難，（52）書奏，（53）集序，（54）七，（55）連珠，（56）檄文，（57）移文，（58）引，（59）詠，（60）移，（61）戒，（62）勢，（63）弈旨，（64）弈勢，（65）寺碑，（66）放生碑，（67）眾食碑，（68）檄，（69）謳，（70）讚，（71）狀。

　　因爲其中的文體劃分出於眾手，標準掌握得不一致，甚至不準確，所以

顯得細密而雜亂。《藝文類聚》收錄的文體，實際並沒有 71 種。因為其中有編者生造的文體；有同一種文體分做兩個名稱或兩個以上名稱，分別收在不同部類的；有將文題誤作文體的。

下面對《藝文類聚》中選錄的文體做出辨正：

1.（3）「贊」與（69）「讚」，實際上是同一種文體。詳細論述見第三章第三節「其它文體論」。

2.（10）「序」、（18）「敘」和（53）「集序」，實際上是同一種文體。詳細論述見第三章第三節「其它文體論」。

3.（15）「碑」和（65）「寺碑」、（66）「放生碑」、（67）「眾食碑」，均應屬於同一種文體，即「碑」。詳細論述見第三章第三節「其它文體論」。

4.（19）「典引」不是文體名稱。在卷十符命部的子目「符命」下文體「典引」中，輯錄有班固的《典引》，且只輯錄了這一篇。《後漢書・班彪傳》載：「（班）固又作《典引篇》，述敘漢德。以為相如《封禪》，靡而不典，楊雄《美新》，典而不實，蓋自謂得其致焉。」〔註1〕在《後漢書》的作者看來，《典引》與《封禪》（即《封禪文》）、《美新》（即《劇秦美新論》）是一類性質的文章，《文選》引蔡邕言注釋其篇名曰：「《典引》者，篇名也。典者，常也，法也。引者，伸也，長也。《尚書疏》堯之常法，謂之《堯典》。漢紹其緒，伸而長之也。」〔註2〕典，指《尚書・堯典》，是稱述古代氏族首領唐堯品德和政績之文。班固寫《典引》的目的，就是要根據《尚書・堯典》的讚美唐堯，來讚美漢朝，再加引申。《後漢書・班彪傳》載：「（班）固所著《典引》、《賓戲》、《應譏》、詩、賦、銘、誄、頌、書、文、記、論、議、六言，在者凡四十一篇。」〔註3〕《藝文類聚》將《典引》看作文體的名稱，可能是對《後漢書・班彪傳》有關記載的誤讀。其實，「《典引》、《賓戲》、《應譏》」是文章名，而「詩、賦、銘、誄、頌、書、文、記、論、議、六言」是文體名，兩者並不是一回事。《文選》將班固的《典引》收在「符命」一體之下，同時收錄的還有司馬相如的《封禪文》、揚雄的《劇秦美新論》，而《文心雕龍》則將此三篇文章歸入「封禪」類。但《藝文類聚》既沒有「符

〔註1〕（宋）范曄撰，（唐）李賢等注：《後漢書・班彪傳》，中華書局，1965 年 5 月第 1 版，第 1375 頁。

〔註2〕（南朝梁）蕭統編，（唐）李善注：《文選》，上海古籍出版社，1986 年 8 月第 1 版，第 2158 頁。

〔註3〕同〔註1〕，第 1386 頁。

命」這個文體，也沒有「封禪」這個文體，所以，暫按其內容將《典引》歸入「頌」體文。

5.（22）「策文」和（25）「哀策文」、（26）「哀策」，均應屬於同一種文體，即「哀策」。詳細論述見第三章第三節「其它文體論」。

6.（31）「行狀」和（71）「狀」，實際上是同一種文體，即「行狀」。詳細論述見第三章第三節「其它文體論」。

7.（34）「誡」和（61）「戒」，實際上是同一種文體，即「戒」。詳細論述見第三章第三節「其它文體論」。

8.（40）「答客難」應劃歸在（51）「難」體下。參見第三章第三節「其它文體論」。

「答客難」不是文體名稱，而是文章篇名。在《藝文類聚》卷二十五人部九的子目「嘲戲」下，以《答客難》為文體名，依次收錄東方朔的《答客難》、楊雄的《解嘲》、班固的《賓戲》（也作《答賓戲》）、崔駰的《達旨》、崔寔的《答譏》、蔡邕的《釋悔》、陳琳的《應譏》。「答客難」不是文體名稱，而是東方朔文章的題名。《答客難》是東方朔晚年的作品。《漢書·東方朔傳》云：「久之，朔上書陳農戰強國之計，因自訟獨不得大官，欲求試用。其言專商鞅、韓非之語也，指意放蕩，頗復詼諧，辭數萬言，終不見用。朔因著論，設客難己，用位卑以自慰諭。」〔註4〕從字面上看，《答客難》就是回答別人的責問，其實是東方朔借答客之機，抒發政治失意、懷才不遇的感慨和牢騷。它傚仿宋玉《對楚王問》，首創對問體，設主客問答，這種形式對當時及後人都產生很大影響。楊雄的《解嘲》、班固的《賓戲》、崔駰的《達旨》、崔寔的《答譏》、蔡邕的《釋悔》、陳琳的《應譏》等，皆為仿傚之作。《文選》將《對楚王問》歸入「對問」，而將《答客難》《解嘲》《答賓戲》歸入「設論」。對問、設論、難三種文體，都具有問答這一共同特徵，明代吳訥的《文章辨體》、徐師曾的《文體明辨》將它們合併為「問對」一體。《藝文類聚》未設對問、設論二體，我們認為應將《答客難》諸篇歸入「難」體。難，是一種論辯文體。吳曾祺云：「難亦駁之類，蓋皆以己意不同於人者相往復也。」〔註5〕這

〔註4〕（漢）班固撰，（唐）顏師古注：《漢書·東方朔傳》，中華書局，1962年6月第1版，第2863～2864頁。
〔註5〕（清）吳曾祺：《文體芻言》，轉引自金振邦：《文章體裁辭典》（修訂本），東北師範大學出版社，1995年11月第2版，第102頁。

種特點正好符合《答客難》諸篇。

9.（44）「譏」不是文體的名稱。卷三十六人部二十七隱逸上文體「譏」下選錄有魏麋元的《譏許由》：

> 潛居默靜，隱於箕山，身在布衣，而輕天下。世人歸其高行，學者以爲美談。夫際會之間，矯時所譽，至乃抽簪散髮，背時逆命，隱于山林之中，以此自高，非以勸智能之士，入通遠之教，故譏而責之曰：

> 太上貴德，其次立功，世殊時異，不得而同，故伯禹過門而不入，稷契刻節而奮庸，股肱帝室，作民王公。今子生聖明之世，得觀雍熙之法，則當攄不朽之功，暢不羈之志，龍飛鳳起，修攝君司，佐天理物，幹成王事。若子以堯爲闇主，則歷代載其功；以民爲貪亂，則比屋可封。若夫世濁時昏，上無賢君，忠臣不出，小人聚群，即當撥煩理亂，跨騰風雲，光顯時主，拔濟生民，何得偓寒，藏影蔽身？夫道不虛行，士不徒生，生則幹時，爲國之楨，故伊尹幹湯，周公相成，興治濟世，以致太平。生有顯功，沒有美名，人生於世，貴能立功，何得逃位？矯世絕蹤，丹朱不肖，朝有四凶，堯放求賢，遜位于子，度才處分，不能則已，何所感激？臨河洗耳，山居巢處，執心不傾，辭君之祿，忘君之榮，居君之地，避君之庭，立身若此，非子之貞？欲言子智，則不仕聖君；欲言子高，則鳥獸同群，無功可紀，無事可論。〔註6〕

譚家健將《譏許由》這類文章歸爲詼諧文，並指出：「詼諧文，或稱誹諧文，滑稽文，是具有詼諧、幽默、諷刺、諷諭甚至調笑內容的雜文。」「雖然有時也借用其他文體名目，而內容卻是遊戲筆墨。」「六朝文中還有譏嘲古人的，如魏糜（筆者按，應作「麋」）元《譏許由》、《弔夷齊文》，李兆洛悉歸入雜文。」〔註7〕其實，李兆洛的《駢體文鈔》選錄了麋元的《弔夷齊文》，並沒有選《譏許由》，但這不妨礙我們對《譏許由》是詼諧文的認定。李兆洛《駢體文鈔》「雜文」云：雜文是「緣情託興之作」。「戰國詼諧、辨譎者流，實肇厥端。其言小，其旨淺，其趣博，往往託思於言表，潛神於旨

〔註6〕〔唐〕歐陽詢撰，汪紹楹校：《藝文類聚》，上海古籍出版社，1999 年 5 月新 2 版，第 655 頁。（下文凡引用此書，均簡注爲《藝文類聚》。）

〔註7〕譚家健：《六朝詼諧文述略》，載《中國文學研究》2001 年第 3 期，第 15～23 頁。

裏，引情於趣外，是故小而能微，淺而能永，博而能檢。就其褊者，亦潤理內苞，秀采外溢，不徒以縷繪爲工，逌峭取致而已。」〔註8〕早在六朝時期，劉勰就將詼諧文作爲一種文體加以考察了。劉勰在《文心雕龍·諧讔》中說：「諧之言皆也，辭淺會俗，皆悅笑也。昔齊威酣樂，而淳于說甘酒；楚襄讌集，而宋玉賦好色：意在微諷，有足觀者。及優旃之諷漆城，優孟之諫葬馬，並譎辭飾說，抑止昏暴。是以子長編史，列傳滑稽，以其辭雖傾回，意歸義正也。」〔註9〕劉勰認爲詼諧文的作用在於諷諫，它的外在形式是「辭淺會俗」，悅笑世人，「譎辭飾說」，內容上是「意歸義正」。

譚家健關於詼諧文的劃分是著眼其內容的，若從文章形式上看，詼諧文也應該歸爲「文」這個文體。來裕恂《漢文典》云：「文者，文章也，凡篇章皆謂之文。而此以『文』名者，蓋文中有一種文體，往往爲文人遊戲俳諧之作。或雜著之文，隨事命名，無一定之體格，或盟神，或諷人，或用韻語，或爲散文，或爲四六文。其體不同，其用各異。然本乎義理，發乎性情，則與他文無異焉。」〔註10〕來裕恂所說的「文人遊戲俳諧之作」的「文」，正是指簝元《譏許由》這類作品。

所以，《藝文類聚》卷三十六人部二十七隱逸上「譏」的文體標注應爲「文」。

10. （46）「樂府古詩」和（47）「樂府」，實際上是同一種詩體，即「樂府詩」。「樂府古詩」在卷四十一樂部一，是該卷子目「論樂」下的文體標目；選錄的作品有《飲馬長城窟行》《董逃行》《長安有狹斜行》《結客少年場行》《日出東南隅行》《相逢行》等。「樂府」是卷四十二樂部二樂府的子目；選錄的作品有《短歌行》《長歌行》《京洛篇》《燕歌行》《太山吟》等。以上這些作品多爲宋代郭茂倩《樂府詩集》收錄，只有 9 篇作品例外，所以，「樂府古詩」和「樂府」應是同一種詩體。這 9 篇未收入《樂府詩集》的作品排列在卷四十二樂部二·樂府的最後：宋孝武帝《夜聽妓詩》、梁簡文帝《聽夜妓詩》、梁元帝《春夜看妓詩》、梁何遜《詠妓詩》、周庾信《看妓詩》、陳劉刪《侯司空第山園詠妓詩》、陳陰鏗《侯司空第山園詠妓詩》、陳蕭琳《隔

〔註8〕（清）李兆洛：《駢體文鈔》，載《四部備要》，中華書局版。
〔註9〕（南朝梁）劉勰著，范文瀾注：《文心雕龍注》，人民文學出版社，1958 年 9月第 1 版，第 270 頁。
〔註10〕來裕恂著，高維國、張格注釋：《漢文典》，南開大學出版社，1993 年 2 月第1 版，第 341～342 頁。

壁聽妓詩》、隋盧思道《夜聞鄰妓詩》，均爲歌詠女子的作品。宋代吳開在《憂古堂詩話》中說：「古今詩人詠婦人者，多以歌舞爲稱。」〔註 11〕並舉以上的陰鏗、劉刪、庾信、盧思道等人的詩爲例。這些詩寫到歌、舞，可能還要配樂演唱，正和樂府詩的特點。樂府原本是一個音樂機構，逐漸演變爲一種詩體名稱。樂府由音樂機關名稱轉變爲一種詩體名稱，是在東晉以後。樂府裏合過樂的曲詞，在漢代只稱「歌詩」；到六朝時，才把它們稱作樂府，以此來同未合過樂的「徒詩」區別開來。這樣，樂府就成爲一種詩體的名稱。以上 9 篇均是六朝時期的作品。《藝文類聚》中所指的「樂府古詩」，不單指漢代樂府，而是泛指唐代以前的樂府詩。

11.（50）「奏」和（52）「書奏」，實際上是同一種文體，即「奏」。詳細論述見第三章第三節「其它文體論」。

12.（56）「檄文」和（68）「檄」，實際上是同一種文體，即「檄」。詳細論述見第三章第三節「其它文體論」。

13.（57）「移文」和（60）「移」，實際上是同一種文體，即「移」。詳細論述見第三章第三節「其它文體論」。

14.（62）「勢」和（63）「弈旨」、（64）「弈勢」，實際上均不是文體名稱。

「勢」非文體，《辭源》《漢語大字典》和《漢語大詞典》均把「勢」解釋爲一種文體的名稱，大誤，這恐怕是受了《文章緣起》的影響。《藝文類聚》卷七十四巧藝部的子目「書」下的文體「勢」中，共收有 4 篇文章，分別是：後漢蔡邕的《篆書勢》、晉衛恒的《四體書勢》、晉索靖的《書勢》、晉劉邵的《飛白書勢》。《文章緣起》中提到的崔瑗的《草書勢》，是書論史上的第一篇專論，王鎮遠評論說：「（《草書勢》）通過形象描摹而展現書法特徵的論書方式沾漑後人，成爲中國書論的一種重要表現形式，如蔡邕的《篆勢》、衛恒的《古文字勢》、《隸勢》及索靖的《草書勢》以及唐宋大量描摹書法的詩賦都可以說是崔瑗此文的後裔。」〔註 12〕蔡邕的《篆書勢》等所謂「勢」體文章，均是書論體的文章，應該歸入「論」體。

同樣道理，《藝文類聚》卷七十四巧藝部的子目「圍棋」下文體「弈勢」

〔註11〕 （宋）吳開：《憂古堂詩話》，載《景印文淵閣四庫全書》（第 1478 冊），（臺北）商務印書館，1983 年版，第 310 頁。

〔註12〕 王鎮遠：《中國書法理論史》，黃山書社，1990 年 7 月第 1 版，第 12 頁。

中收錄的魏應瑒的《弈勢》，則是專論圍棋的文章，也應該歸入「論」體；「弈勢」也不是文體名稱。《藝文類聚》卷七十四巧藝部的子目「圍棋」下文體「弈旨」中收錄的後漢班固的《弈旨》，弈，圍棋；旨，要旨、要領。《班蘭臺集》歸為文體「文」，當然，按照上面的分法，歸為「論」體文亦未嘗不可；「弈旨」也同樣不是文體名稱。

通過對《藝文類聚》中選錄的文體的辨正，去掉重複和錯謬的，共得出51種：

（1）詩，（2）賦，（3）贊，（4）表，（5）歌，（6）文，（7）頌，（8）銘，（9）令，（10）序，（11）祭文，（12）啓，（13）論，（14）箴，（15）碑，（16）吟，（17）書，（18）述，（19）誄，（20）章，（21）議，（22）哀策，（23）敕，（24）箋，（25）諡策，（26）詔，（27）教，（28）墓誌，（29）說，（30）解，（31）疏，（32）訓，（33）誥，（34）歎，（35）哀辭，（36）志，（37）弔，（38）樂府，（39）傳，（40）策，（41）奏，（42）難，（43）七，（44）連珠，（45）引，（46）詠，（47）移，（48）戒，（49）檄，（50）謳，（51）行狀。

《藝文類聚》實際選錄的文體，比其標注的文體少20種。

第二節　選錄的常用文體考察

《藝文類聚》選錄了大量文體，雖然每種文體選錄的文章數量多少並不相同，但是這些文體都是先唐時期出現並使用過的。我們將沿著以下思路來考察這些文體中哪些是先唐和唐代常用的文體：

首先，確定《藝文類聚》選錄較多的文體。這些選錄較多的文體，可能是唐代或唐代以前的，特別是魏晉南北朝時期的常用文體，因為只有是常用文體，才能大量創作，也才能有足夠的文體資源供《藝文類聚》的編者摘引。考察《藝文類聚》選錄的常用文體，也同時參考《隋書·經籍志》《舊唐書·經籍志》和《新唐書·藝文志》的記載，因為個別在《藝文類聚》中選錄較少的文體，也可能是常用文體，因為它們沒有符合《藝文類聚》類目要求的文句可供摘引，所以選錄較少。

其次，是把《藝文類聚》選錄的文體與《隋書·經籍志》集部總集類著錄的文體做比較，從而確定《藝文類聚》中選錄的文體哪些是先唐常用文體。《隋書·經籍志》是隋朝以前著述的總錄。姚振宗云：「其所收錄，亦最為宏富，自周秦、六國、漢、魏、六朝，迄於隋唐之際，上下千餘年，網羅十

幾代，古人製作之遺，胥在乎是。」〔註 13〕《四庫全書總目・隋書》提要亦云：「後漢以後之藝文，惟藉是以考見源流，辨別真偽。」〔註 14〕《隋書・經籍志》集部總集類著錄的按文體編撰的總集，應當是先唐流行最廣的常用文體。所以，《藝文類聚》《隋書・經籍志》同時選錄的文體，就是《藝文類聚》收錄的先唐常用文體。

再次，是把《藝文類聚》選錄的文體與《舊唐書・經籍志》《新唐書・藝文志》集部總集類著錄的文體做比較，從而確定《藝文類聚》中選錄的文體哪些是唐代常用文體。《舊唐書・經籍志》《新唐書・藝文志》與《隋書・經籍志》一樣，也著錄了大量按文體編撰的總集，這些按文體編撰的總集，應當是唐代流行最廣的常用文體。《藝文類聚》雖然成書於唐代初年，但是，因為選錄了一定數量的、在唐代仍然流行的常用文體，所以才使它在唐代擁有廣泛的讀者，促進了它的流通與傳播。

下面，就按這樣的思路，對《藝文類聚》選錄的常用文體做出考察。

第一，《藝文類聚》選錄較多的文體。

在 81 卷 285 個子目中，收錄有「詩」體作品。

在 77 卷 292 個子目中，收錄有「賦」體作品。

在 53 卷 144 個子目中，收錄有「贊」體作品。

在 46 卷 97 個子目中，收錄有「表」體作品。

在 46 卷 57 個子目中，收錄有「書」體作品。

在 45 卷 109 個子目中，收錄有「啟」體作品。

在 35 卷 81 個子目中，收錄有「銘」體作品。

在 34 卷 65 個子目中，收錄有「頌」體作品。

在 32 卷 47 個子目中，收錄有「論」體作品。

在 24 卷 36 個子目中，收錄有「序」體作品。

在 22 卷 37 個子目中，收錄有「碑」體作品。

在 18 卷 44 個子目中，收錄有「箋」體作品。

在 18 卷 24 個子目中，收錄有「文」體作品。

在 11 卷 13 個子目中，收錄有「詔」體作品。

〔註 13〕姚振宗：《隋書經籍志考證》，載二十五史刊行委員會編：《二十五史補編》，中華書局，1955 年 2 月第 1 版，第 5049 頁。

〔註 14〕（清）永瑢等：《四庫全書總目》，中華書局，1965 年 6 月第 1 版，第 409 頁。

在 11 卷 11 個子目中，收錄有「箋」體作品。

在 9 卷 27 個子目中，收錄有「誄」體作品。

在 9 卷 19 個子目中，收錄有「墓誌」體作品，

在 9 卷 13 個子目中，收錄有「教」體作品。

所以，《藝文類聚》選錄較多的文體爲：詩、賦、贊、表、書、啓、銘、頌、論、序、碑、箴、文、詔、箋、誄、墓誌、教。

第二，《隋書·經籍志》集部總集類著錄的按文體編撰的總集有：賦體作品集 18 種，詩體作品集 31 種，封禪書體作品集 2 種，頌體作品集 1 種，箴銘體作品集 1 種，誡體作品集 8 種，贊體作品集 2 種，七體作品集 3 種，碑體作品集 3 種，設論體作品集 1 種，論體作品集 6 種，連珠體作品集 3 種，雜文體作品集 1 種，詔體作品集 19 種，表體作品集 2 種，啓事體作品集 3 種，書體作品集 5 種，策體作品集 3 種，誹諧文體作品集 2 種。其中，箴銘體作品集 1 種，實際上包涵了「箴」「銘」兩種文體。《文選》卷三十六《宣德皇后令》文題下，劉良注曰：「皇后、太子稱令。令，命也。」〔註15〕所以，「令」是「詔」的別體。《文選》卷三十六「教」體下，李善注曰：「蔡邕《獨斷》曰：諸侯言曰教。」〔註16〕所以，「教」也是「詔」的別體。

《隋書·經籍志》著錄的按文體編撰的總集共涉及文體 19 種，涵蓋的文體實際共有 22 種，它們是：賦、詩、封禪書、頌、箴、銘、誡、贊、七、碑、設論、論、連珠、雜文、詔（令、教）、表、啓事、書、策、誹諧文。

與《藝文類聚》分體相同的有：賦、詩、頌、箴、銘、誡、贊、七、碑、論、連珠、詔、表、書、策，共 15 種。

封禪書，《藝文類聚》未作文體分類。

設論，《藝文類聚》未作文體分類。《文選》「設論」體下收錄《答客難》《解嘲》《答賓戲》等 3 篇，均爲賦，因此，可以推知，《隋書·經籍志》著錄的設論體作品集 1 種，當是賦體作品集。

雜文，《藝文類聚》未作文體分類。《文心雕龍·雜文》論述了「對問」「七」「連珠」等 3 種文體，實際上都可以歸入楚辭體或賦體，所謂雜文體應當包括這 3 種文體。七、連珠，《藝文類聚》都作爲文體立類，而對問未予立類。

〔註15〕 （唐）李善等：《六臣注文選》，載《景印文淵閣四庫全書》，（臺北）商務印書館，1983 年版。

〔註16〕 同〔註 2〕，第 1640 頁。

啓事，《藝文類聚》未予立類。

誹諧文，《藝文類聚》未予立類。

由此可以確定，《藝文類聚》選錄的先唐常用文體爲：

賦、詩（包括歌、吟、歎、樂府、引、詠、謳）、頌、箴、銘、誡（包括戒）、贊（包括讚）、七、碑、論、連珠、詔（包括令、教）、表、書、策。按照《藝文類聚》標注的文體統計，共計 25 種。（誡與戒、贊與讚，均算作一種文體。）

第三，《舊唐書·經籍志》集部總集類著錄的按文體編撰的總集有：賦體作品集 14 種，詩體作品集 38 種，詔體作品集 4 種，頌體作品集 3 種，論體作品集 3 種，碑體作品集 2 種，設論體作品集 2 種，連珠體作品集 3 種，贊體作品集 5 種，箴銘體作品集 1 種，書體作品集 2 種，表體作品集 1 種，策體作品集 2 種，七體作品集 2 種，訓誡體作品集 3 種，啓事體作品集 2 種，薦文體作品集 1 種，誹諧文體作品集 1 種。

《舊唐書·經籍志》著錄的按文體編撰的總集共涉及文體 18 種，涵蓋的文體實際共有 21 種，它們是：賦、詩、詔（令、教）、頌、論、碑、設論、連珠、贊、箴、銘、書、表、策、七、訓誡、啓事、薦文、誹諧文。

《新唐書·藝文志》集部總集類著錄的按文體編撰的總集有：賦體作品集 17 種，詩體作品集 82 種，詔體作品集 4 種，頌體作品集 3 種，碑體作品集 2 種，論體作品集 2 種，設論體作品集 2 種，連珠體作品集 4 種，贊體作品集 5 種，箴銘體作品集 4 種，書體作品集 2 種，表體作品集 2 種，策體作品集 6 種，七體作品集 3 種，哀策體作品集 1 種，誡體作品集 3 種，啓事體作品集 2 種，薦文體作品集 1 種，誹諧體作品集 1 種，奏（含奏議）體作品集 2 種。

《新唐書·藝文志》著錄的按文體編撰的總集共涉及文體 20 種，涵蓋的文體實際共有 23 種，它們是：賦、詩、詔（令、教）、頌、碑、論、設論、連珠、贊、箴、銘、書、表、策、七、哀策、誡、啓事、薦文、誹諧、奏（含奏議）。

《舊唐書·經籍志》《新唐書·藝文志》著錄的按文體編撰的總集共涉及文體 23 種，它們是：賦、詩、詔（令、教）、頌、碑、論、設論、連珠、贊、箴、銘、書、表、策、七、哀策、誡、啓事、薦文、誹諧、奏（含奏議）。

誡與訓誡爲一種文體，故未重複計算。

　　《舊唐書・經籍志》《新唐書・藝文志》著錄的按文體編撰的總集與《藝文類聚》分體相同的有：賦、詩、詔、頌、碑、論、連珠、贊、箴、銘、書、表、策、七、哀策、誡、奏（含奏議），共 17 種。

　　綜合以上分析可以確定，《藝文類聚》選錄的唐代常用文體為：

　　賦、詩（包括歌、吟、歎、樂府、引、詠、謳）、詔（包括令、教）、頌、碑、論、連珠、贊（包括讚）、箴、銘、書、表、策、七、哀策、誡（包括戒）、奏（包括奏議）。按照《藝文類聚》標注的文體統計，共計 26 種。（贊與讚、誡與戒、奏與奏議，均算作一種文體。）

第二章　《藝文類聚》對《詩經》《楚辭》的選錄

　　在《藝文類聚》中，對《詩經》《楚辭》的選錄，與其它文體有別。其它文體是按照文體的不同，分別選錄在「文」的部分，而《詩經》《楚辭》則是選錄在「事」的部分。這種情況的形成跟《詩經》《楚辭》在唐朝初年的地位有關。因為特殊的地位，《詩經》《楚辭》已經不是一般的「文」，所以不能放在「文」的部分，而是應該區別對待地放在「事」的部分。

第一節　對《詩經》的選錄

　　《詩經》雖然是一部文學總集，但它的地位與一般的總集並不一樣。它原稱《詩》或《詩三百》。如《論語·季氏篇》載：「（孔子）問：『學詩乎？』（伯魚）對曰：『未也』。（孔子曰：）『不學詩，無以言。』」〔註1〕《論語·為政篇》載：「子曰：『詩三百，一言以蔽之，曰：『思無邪』。』」〔註2〕又如《墨子·公孟》載：「誦詩三百，弦詩三百，歌詩三百，舞詩三百。」〔註3〕《詩三百》與《書》《易》《禮》《春秋》幾部典籍，在戰國末期就已經被稱為「經」，此見於《禮記·經解》：

〔註1〕（清）劉寶楠：《論語正義》，載《諸子集成》（1），上海書店，1986年7月第1版，第363頁。

〔註2〕同〔註1〕，第21頁。

〔註3〕（清）孫詒讓：《墨子閒詁》，載《諸子集成》（4），上海書店，1986年7月第1版，第275頁。

　　孔子曰：「入其國，其教可知也。其爲人也，溫柔敦厚，《詩》教也；疏通知遠，《書》教也；廣博易良，《樂》教也；絜靜精微，《易》教也；恭儉莊敬，《禮》教也；屬辭比事，《春秋》教也。故《詩》之失，愚；《書》之失，誣；《樂》之失，奢；《易》之失，賊；《禮》之失，煩；《春秋》之失，亂。其爲人也，溫柔敦厚而不愚，則深於《詩》者也；疏通知遠而不誣，則深於《書》者也；廣博易良而不奢，則深於《樂》者也；絜靜精微而不賊，則深於《易》者也；恭儉莊敬而不煩，則深於《禮》者也；屬辭比事而不亂，則深於《春秋》者也。」〔註4〕

這裡列舉的《詩》《書》《樂》《易》《禮》《春秋》，雖然書名沒有「經」字，但作者將它們置於《經解》的題名下，則已稱之爲「經」。全篇題爲《經解》，蓋因此段的內容是解釋《詩》《書》《樂》《易》《禮》《春秋》六經的教化作用。從現存文獻看，「六經」之名，始見於《莊子・天運》：「丘治《詩》《書》《禮》《樂》《易》《春秋》六經，自以爲久矣，孰知其故矣」。〔註5〕但《天運》的成書時間，一般認爲是西漢末年或更遲，所以不足爲據。

　　《詩經》之名，始見於《史記・儒林列傳》：「申公者，魯人也。……申公獨以《詩經》爲訓以教，無傳，疑者則闕不傳。」〔註6〕所謂「經」，其本義是指編織中縱向的絲線。線有縱橫，故分經緯。段玉裁曰：「織之從（縱）絲謂之經。必先有經，而後有緯。」〔註7〕春秋戰國時期，文字記載於竹簡木牘，以牛皮繩編縞，如同織物之經，所以諸子重要文獻被後學通稱爲「經」。以「經」專指儒家經典，是在漢武帝時代。漢初，文帝始置「經博士」，「經」已初具法定經典之意。漢武帝建元五年（前136年）設立「五經博士」，《詩》《書》《禮》《易》《春秋》五經，各立博士，以家法傳授弟子，並貫通古今，顧問時政。

　　《漢書・藝文志》云：「孔子純取周詩，上採殷，下取魯，凡三百五篇，遭秦而全者，以其諷誦，不獨在竹帛故也。漢興，魯申公爲《詩》訓故，而

〔註4〕　（漢）鄭玄注，（唐）孔穎達正義：《禮記正義》，載（清）阮元校刻：《十三經注疏》，中華書局，1980年9月第1版，第1609頁。

〔註5〕　（清）王先謙：《莊子集解》，載《諸子集成》（3），上海書店，1986年7月第1版，第95頁。

〔註6〕　（漢）司馬遷：《史記》，中華書局，1982年11月第2版，第3120～3121頁。

〔註7〕　（漢）許慎撰，（清）段玉裁注：《說文解字注》，上海古籍出版社，1988年2月第2版，第644頁。

齊轅固、燕韓生皆爲之傳。或取《春秋》，採雜說，咸非其本義。與不得已，魯最爲近之。三家皆列於學官。又有毛公之學，自謂子夏所傳，而河間獻王好之，未得立。」〔註8〕當時整理的寫本，爲了講述便利，都用通行的文字隸書書寫，爲今文經。今文《詩經》，由於傳授者和搜集的地區、時間不同，也由於口耳相傳記憶不准或口音不清，有多家傳本，主要有《魯詩》《齊詩》《韓詩》三家，稱「今文三家」，簡稱「三家詩」。西漢中期以後，又陸續出現了一部分用戰國時代篆書書寫的經籍，爲古文經。古文《詩經》，只有《毛詩》一家。「三家詩」和《毛詩》不只是書寫文字的不同，在詩句、訓詁和解說方面，也有一些不同。漢代傳經重視師法，形成齊、魯、韓、毛四家並傳，分爲今文三家和古文《毛詩》兩相對立的學派。

《漢書·藝文志》著錄的《詩》學著作有：「《詩經》二十八卷，魯、齊、韓三家。《魯故》二十五卷。《魯說》二十八卷。《齊后氏故》二十卷。《齊孫氏故》二十七卷。《齊后氏傳》三十九卷。《齊孫氏傳》二十八卷。《齊雜記》十八卷。《韓故》三十六卷。《韓內傳》四卷。《韓外傳》六卷。《韓說》四十一卷。《毛詩》二十九卷。《毛詩故訓傳》三十卷。凡《詩》六家，四百一十六卷。」〔註9〕東漢後期，《毛詩》立爲官學，取代了三家詩的地位。以後，三家詩衰亡，毛詩興盛於世。

經魏晉南北朝至唐初，《詩》學研究已經形成一定規模。《隋書·經籍志》著錄的《詩》學著作有：

> 《韓詩》二十二卷，漢常山太傅韓嬰，薛氏章句。《韓詩翼要》十卷，漢侯苞傳。《韓詩外傳》十卷。梁有《韓詩譜》二卷，《詩神泉》一卷，漢有道徵士趙曄撰，亡。《毛詩》二十卷，漢河間太傅毛萇傳，鄭氏箋。梁有《毛詩》十卷，馬融注，亡。《毛詩》二十卷，王肅注。梁有《毛詩》二十卷，鄭玄、王肅合注；《毛詩》二十卷，謝沈注；《毛詩》二十卷，晉兗州別駕江熙注。亡。《集注毛詩》二十四卷，梁桂州刺史崔靈恩注。梁有《毛詩序》一卷，梁隱居先生陶弘景注，亡。《毛詩箋音證》十卷，後魏太常卿劉芳撰。梁有《毛詩音》十六卷，徐邈等撰；《毛詩音》二卷，徐邈撰；《毛詩音隱》

〔註8〕（漢）班固撰，（唐）顏師古注：《漢書·藝文志》，中華書局，1962年6月第1版，第1708頁。
〔註9〕同〔註8〕，第1707～1708頁。

一卷，干氏撰。亡。《毛詩並注音》八卷，秘書學士魯世達撰。《毛詩譜》三卷，吳太常卿徐整撰。《毛詩譜》二卷，太叔求及劉炫注。《謝氏毛詩譜鈔》一卷。梁有《毛詩雜議難》十卷，漢侍中賈逵撰，亡。《毛詩義問》十卷，魏太子文學劉楨撰。《毛詩義駁》八卷，王肅撰。《毛詩奏事》一卷，王肅撰。有《毛詩問難》二卷，王肅撰，亡。《毛詩駁》一卷，魏司空王基撰，殘缺。梁五卷。又有《毛詩答問》、《駁譜》，合八卷；又《毛詩釋義》十卷，謝沈撰；《毛詩義》四卷，《毛詩箋傳是非》二卷，並魏秘書郎劉撰；《毛詩答雜問》七卷，吳侍中韋昭、侍中朱育等撰；《毛詩義注》四卷。亡。《毛詩異同評》十卷，晉長沙太守孫毓撰。《難孫氏毛詩評》四卷，晉徐州從事陳統撰。梁有《毛詩表隱》二卷，陳統撰，亡。《毛詩拾遺》一卷，郭璞撰。梁又有《毛詩略》四卷，亡。《毛詩辨異》三卷，晉給事郎楊乂撰。梁有《毛詩背隱義》二卷，宋中散大夫徐廣撰；《毛詩引辨》一卷，宋奉朝請孫暢之撰；《毛詩釋》一卷，宋金紫光祿大夫何偃撰；《毛詩檢漏義》二卷，梁給事郎謝曇濟撰；《毛詩總集》六卷，《毛詩隱義》十卷，並梁處士何胤撰。亡。《毛詩異義》二卷，楊乂撰。梁有《毛詩雜義》五卷，楊乂撰；《毛詩義疏》十卷，謝沈撰；《毛詩雜義》四卷，晉江州刺史殷仲堪撰；《毛詩義疏》五卷，張氏撰。亡。《毛詩集解敘義》一卷，顧歡等撰。《毛詩序義》二卷，宋通直郎雷次宗撰。梁有《毛詩義》一卷，雷次宗撰；《毛詩序注》一卷，宋交州刺史阮珍之撰；《毛詩序義》七卷，孫暢之撰。亡。《毛詩集小序》一卷，劉炫注。《毛詩序義疏》一卷，劉瓛等撰，殘缺。梁三卷。梁有《毛詩篇次義》一卷，劉瓛撰；《毛詩雜義注》三卷。亡。《毛詩發題序義》一卷，梁武帝撰。《毛詩大義》十一卷，梁武帝撰。梁有《毛詩十五國風義》二十卷，梁簡文撰。《毛詩大義》十三卷。《毛詩草木蟲魚疏》二卷，烏程令吳郡陸機撰。《毛詩義疏》二十卷，舒援撰。《毛詩誼府》三卷，後魏安豐王元延明撰。《毛詩義疏》二十八卷，蕭歸散騎常侍沈重撰。《毛詩義疏》二十卷。《毛詩義疏》二十九卷。《毛詩義疏》十卷。《毛詩義疏》十一卷。《毛詩義疏》二十八卷。《毛詩述義》四十卷，國子助教劉炫撰。《毛詩章句義疏》四十卷，魯世達撰。《毛詩釋疑》一卷。梁有《毛詩圖》三卷，《毛

詩孔子經圖》十二卷,《毛詩古聖賢圖》二卷,亡。《業詩》二十卷,

宋奉朝請業遵注。〔註10〕

《隋書·經籍志》共著錄《詩》學著作三十九部,四百四十二卷。通計亡書,合七十六部,六百八十三卷。

在《隋書·經籍志》的著錄中,詩類是置於經部的,雖然有學者認為經部的詩類與集部的楚辭和詩集不易分清,容易混淆,〔註11〕但是,《隋書·經籍志》經史子集四部分類法中,《詩經》學著作被鮮明地置於首要的經部之中,與文學類的其他著作,包括楚辭、詩集、別集、總集等,分界明確。說經部的詩類與集部的楚辭和詩集不易分清,容易混淆,是指《詩經》與楚辭、詩集都是文學著作,應該放在集部,這樣就清楚了。雖然《詩經》是文學作品,但是把《詩經》類著作置於經部,是對其崇高與特殊地位的確立。

運用經史子集四部分類法的著作,《隋書·經籍志》是現存最早的一部,而四部分類法卻是始於晉朝的荀勗。晉秘書監荀勗,因魏秘書郎鄭默所製《中經》,更著《新簿》,分四部:甲部,紀六藝及小學等書;乙部,有古諸子家、近世子家、兵書、兵家、術數;丙部,有史記、舊事、皇覽簿、雜事;丁部,有詩賦、圖贊、汲冢書。此後,東晉著作郎李充撰《晉元帝四部書目》,更換乙、丙兩部為史書、子書。經、史、子、集次第自此始定,且為南朝宋、齊、梁、陳官修書目分類所遵循,這就是史書所謂「秘閣以為永制」,如劉宋謝靈運的《元嘉八年秘閣四部書目》、王儉的《元徽四年四部目錄》、殷淳的《秘閣四部書目》、齊王亮等的《永明元年四部書目》、梁劉孝標的《文德殿四部目錄》、殷均的《天監六年四部書目錄》、陳代的《天嘉六年壽安殿四部目錄》和《德教殿四部目錄》等。

南朝宋、梁間曾出現過七分法。宋秘書丞王儉以私人的身份編撰書目《七志》。據《隋書·經籍志》序中所記,其所分七志為:經典志、諸子志、文翰志、軍書志、陰陽志、術藝志、圖譜志。王儉此目仿傚《七略》,未能全面考慮圖書品種變化的實際情況來安排設置和調整類目。據清代姚振宗的《後漢藝文志》《三國藝文志》,丁國均、文廷式、秦榮光、吳士鑒等的《補晉書藝文志》,聶崇岐的《補宋書藝文志》的著錄,東漢編輯出版的史籍有200餘種,三國史籍有180餘種,兩晉史著多達800種左右,劉宋史籍也有

〔註10〕 （唐）魏徵、令狐德棻:《隋書·經籍志》,中華書局,1973年8月第1版,第915～918頁。
〔註11〕 倪士毅:《中國古代目錄學史》,杭州大學出版社,1998年5月第1版,第72頁。

100 多種。史籍在當世著述總量中的比例逐漸增加，王儉卻違背圖書的實際情況，致使史籍的歸類嚴重失當。梁代學者阮孝緒自編書目《七錄》，其體制主要參照劉歆《七略》、王儉《七志》而成。《七錄》分為內篇和外篇，內篇包括經典錄、紀傳錄、子兵錄、文集錄、技術錄，外篇為佛法錄、仙道錄。很明顯，《七錄》內篇的前四錄，正與四分法的經、史、子、集在內容和順序上吻合，實際上已經體現出四分法的精神。

至少從晉朝就開始出現的四部分類法，將《詩經》學著作置於經部，無疑鞏固了其作為五經（或六經）之一的崇高地位，也影響到類書在選錄《詩經》時對其位置的考量。

《藝文類聚》選錄的《詩經》篇目

《詩經》篇名	《藝文類聚》引文	卷數	頁碼	今本文字及其說明
《詩大序》	《毛詩序》曰：吟詠情性，以風其上。	19	352	與《類聚》同
《詩大序》	《毛詩》曰：上以風化下，下以風刺上，主文而譎諫，言之者無罪，聞之者足以戒，故曰風。	24	426	與《類聚》同
《詩大序》	《毛詩序》曰：詩者，志之所之也，在心為志，發言為詩。	26	463	與《類聚》同
《詩大序》	《毛詩序》曰：亂世之音怨以怒，其政乖。	30	537	與《類聚》同
《詩大序》	《毛詩序》曰：情動於中而形於言，言之不足故嗟歎之，嗟歎之不足故詠歌之。	43	771	詠，今本作「永」
《詩大序》	《毛詩序》曰：詩者，志之所之也，在心為志，發言為詩。	56	1002	與《類聚》同
《詩大序》	《毛詩序》曰：詩有六義，其二曰賦。	56	1012	今本作：「故詩有六義焉：一曰風，二曰賦。」
《周南・關雎》	《毛詩》曰：《關雎》，后妃之德也，風之始也，所以風天下而正夫婦也。	15	276	與《類聚》同
《周南・關雎》	《毛詩》曰：窈窕淑女，君子好逑。	18	324	與《類聚》同
《周南・關雎》	《毛詩》曰：窈窕淑女，琴瑟友之。	44	779	與《類聚》同

《周南・葛覃》	《毛詩》曰：葛之覃兮，施于中谷，維葉萋萋。	9	175	與《類聚》同
《周南・葛覃》	（《毛詩》）又曰：《葛覃》，后妃之本也。后妃在父母家，則志在於女功之事；躬儉節用，服瀚濯之衣；尊敬師傅，則可以歸安父母，化天下以婦道也。	15	276	為《周南・葛覃》序
《周南・葛覃》	《毛詩》曰：黃鳥于飛，集于權木。	88	1506	與《類聚》同
《周南・葛覃》	（《毛詩》）又曰：黃鳥于飛，集于權木。	92	1602	與《類聚》同
《周南・卷耳》	《毛詩》曰：陟彼高岡，我馬玄黃。	6	104	與《類聚》同
《周南・卷耳》	（《毛詩》）又（曰）：《卷耳》，后妃之志也。又當輔佐君子，求賢審官。知臣下之勤勞，內有進賢之志，而無險詖私謁之心，朝夕思念，至於憂勤者也。	15	276	詖，今本作「陂」，「至於憂勤者也」，今本無「者」字
《周南・卷耳》	《毛詩》曰：酌彼兕觥。	95	1645	今本作「我姑酌彼兕觥」
《周南・樛木》	（《毛詩》）又（曰）：《樛木》，后妃逮下也，言能逮下而無疾妒之心焉。木下曲曰樛，木枝下垂，故葛藟得而蔓之，論后妃能下逮眾妾，使得其序，眾妾上附事之也。	15	276	「木下」至「附事之也」為注文
《周南・樛木》	《毛詩》曰：南有樛木，葛藟累之。	82	1414	與《類聚》同
《周南・樛木》	（《毛詩》）又曰：《樛木》，后妃逮下也。	88	1506	為《周南・樛木》序
《周南・螽斯》	（《毛詩》）又（曰）：《螽斯》，后妃子孫眾多也。言若螽斯不妒忌，則子孫眾多也。凡物有陰陽欲者，無不妒忌，唯螽斯不妒，各得大（汪紹楹注曰：明本作「天」，詩鄭箋作「受」。）氣而生子。	15	276～277	「凡物」至「生子」為注文，其餘為《周南・螽斯》序
《周南・螽斯》	（《毛詩》）又曰：不妒忌，則子孫眾多矣。	36	613	為《周南・螽斯》序
《周南・桃夭》	（《毛詩》）又曰：桃之夭夭，灼灼其華。	86	1467	與《類聚》同
《周南・桃夭》	桃之夭夭，其葉蓁蓁。	86	1467	與《類聚》同

《周南·兔罝》	《毛詩》又曰：《兔罝》，后妃之化也，《關雎》之化行，則莫不好德，賢人眾多也。	15	277	爲《周南·兔罝》序
《周南·兔罝》	《毛詩》又曰：肅肅兔罝，施于中逵。	95	1650	與《類聚》同
《周南·芣苢》	《毛詩》又曰：《芣苢》，后妃之美也。天下和平，則婦人樂有子矣。	15	277	爲《周南·芣苢》序
《周南·芣苢》	《毛詩》曰：采采芣苢，薄言采之。	81	1385	與《類聚》同
《周南·漢廣》	《毛詩》曰：《漢廣》，德廣所及也。文王之化被乎南國，美化行於江漢之域。漢有遊女，不可求思。	8	161	「《漢廣》」至「之域」爲《周南·漢廣》序
《周南·漢廣》	《毛詩》又曰：南有喬木，不可休息	88	1506	與《類聚》同
《周南·漢廣》	《毛詩》曰：翹翹錯薪，言刈其楚。楚，荊也。	89	1549	「楚，荊也」爲注文
《召南·鵲巢》	《毛詩》曰：《鵲巢》，夫人之德也。	92	1593	爲《召南·鵲巢》序
《召南·草蟲》	《毛詩》又曰：未見君子，憂心忡忡。亦既見止，亦既覯止，我心則降。	32	561	與《類聚》同
《召南·草蟲》	《毛詩》又（曰）：未見君子，憂心惙惙。亦既見止，亦既覯止，我心則悅。	32	561	悅，今本作「說」
《召南·采蘋》	《毛詩》曰：于以采蘋，南澗之濱。	82	1408	與《類聚》同
《召南·甘棠》	《毛詩》曰：蔽芾甘棠，勿翦勿伐。	87	1493	與《類聚》同
《召南·羔羊》	《毛詩》曰：《羔羊》，《鵲巢》之功致也。召南之國，化文王之政，在位皆節儉正直，德如羔羊也。羔羊之皮，素絲五紽。退食自公，委蛇委蛇。	94	1631	「《羔羊》」至「羔羊也」爲《召南·羔羊》序
《召南·殷其靁》	《毛詩》曰：殷其靁，在南山之陽。	2	34	與《類聚》同
《召南·摽有梅》	《毛詩·召南》曰：《摽有梅》，男女及時也。被文王之化。	86	1471	爲《召南·摽有梅》序

《召南·摽有梅》	（《毛詩》）又（曰）：摽有梅，其實七兮。	86	1471	與《類聚》同
《召南·小星》	《毛詩序》曰：夫人無妒忌之行，惠及賤妾，進御於君，知其命有貴賤，能盡其心矣。	35	613	爲《召南·小星》序
《召南·野有死麕》	（《毛詩》）又曰：野有死麕，白茅包之。	82	1412	與《類聚》同
《召南·野有死麕》	《毛詩》曰：野有死鹿。	95	1647	與《類聚》同
《召南·野有死麕》	《毛詩》曰：《野有死麕》，惡無禮也。	95	1649	爲《召南·野有死麕》序
《召南·何彼穠矣》	《毛詩》曰：《何彼穠矣》，美王姬也。雖則王姬，亦下嫁於諸侯，車服不繫其夫，下王后一等，猶執婦道以成肅雍之德。	40	722	爲《召南·何彼穠矣》序
《召南·何彼穠矣》	《毛詩》曰：其釣維何，維絲伊緡。齊侯之子，平王之孫。	66	1178～1179	與《類聚》同
《召南·何彼穠矣》	（《毛詩》）又曰：何彼穠矣？華如桃李。	86	1465	與《類聚》同
《召南·何彼穠矣》	《毛詩》曰：何彼穠矣？華如桃李。	86	1467	與《類聚》同
《召南·何彼穠矣》	《詩》曰：何彼穠矣？唐棣之華。	89	1546	與《類聚》同
《召南·騶虞》	《毛詩》曰：《騶虞》，《鵲巢》之應也。《鵲巢》之化行，人倫既正，朝廷既治，天下純被文王之化，庶類蕃殖，蒐田以時。仁如騶虞，則王道成也。	66	1171	爲《召南·騶虞》序
《召南·騶虞》	《毛詩》曰：彼茁者蓬。	82	1412	與《類聚》同
《召南·騶虞》	《毛詩》曰：吁嗟乎騶虞。義獸也。白虎黑文，不食生物，有至信之德，則應之而來。	99	1716	「義獸」至「應之而來」爲注文
《邶風·柏舟》	《毛詩》曰：日居月諸，胡迭而微？	1	4	與《類聚》同
《邶風·柏舟》	《毛詩》曰：我心匪席，不可卷也。	69	1204	與《類聚》同
《邶風·柏舟》	《毛詩》：《邶·柏舟》，衛頃公之詩也。	88	1515	爲《邶風·柏舟》序

《邶風・燕燕》	（《毛詩》）又曰：之子于歸，遠送于野。	29	510	與《類聚》同
《邶風・燕燕》	（《毛詩》）又曰：《燕燕》，衛莊姜送歸妾也。	29	510	爲《邶風・燕燕》序
《邶風・燕燕》	《毛詩》曰：《燕燕》，衛莊姜送歸妾也。燕燕于飛，差池其羽。下上其音。	92	1596	「《燕燕》」等9字爲《邶風・燕燕》序
《邶風・終風》	（《毛詩》）又曰：終風且曀。終日而風爲終風。	1	16	「終日」等7字爲注文
《邶風・終風》	（《毛詩》）又曰：虺虺其靁。	2	34	與《類聚》同
《邶風・終風》	《毛詩》曰：終風且暴，顧我則笑。謔浪笑敖，中心是悼。	19	355	與《類聚》同
《邶風・終風》	《毛詩》曰：《終風》，衛莊姜傷己也。遭州吁之難，傷己不見答於先君，以至困窮。	34	594	此爲《邶風・日月》序，《類聚》誤爲《邶風・終風》序
《邶風・擊鼓》	《毛詩》曰：執子之手，與子偕老。	18	339	與《類聚》同
《邶風・凱風》	（《毛詩》）又曰：凱風自南，吹彼棘心。南風謂之凱風。	1	16～17	「南風謂之凱風」爲注文
《邶風・凱風》	《毛詩》曰：凱風自南，吹彼棘心。	89	1550	與《類聚》同
《邶風・凱風》	（《毛詩》）又曰：吹彼棘薪。	89	1550	與《類聚》同
《邶風・凱風》	（《毛詩》）又曰：睍睆黃鳥，載好其音。	92	1602	與《類聚》同
《邶風・匏有苦葉》	《毛詩》曰：有鷕雉鳴。	90	1569	與《類聚》同
《邶風・匏有苦葉》	《毛詩》曰：雍雍鳴雁，旭日始旦。	91	1578	雍雍，今本作「雝雝」
《邶風・谷風》	《毛詩》曰：習習谷風，以陰以雨。	1	16	與《類聚》同
《邶風・谷風》	（《毛詩》）又曰：行道遲遲，中心有違。	27	483	與《類聚》同
《邶風・谷風》	（《毛詩》）又（曰）：燕爾新婚，如兄如弟。	32	561	婚，今本作「昏」
《邶風・谷風》	（《毛詩》）又曰：我有旨蓄，亦以禦冬。	82	1415	與《類聚》同
《邶風・谷風》	《毛詩》曰：誰謂荼苦？其甘如薺。	82	1417	與《類聚》同

《邶風・泉水》	《毛詩》曰：出宿于泲，飲餞于禰。	29	510	與《類聚》同
《邶風・北風》	《毛詩》曰：北風其涼，雨雪其雱。	2	21	與《類聚》同
《邶風・北風》	（《毛詩》）又曰：惠而好我，攜手同行。	27	483	與《類聚》同
《邶風・北門》	《毛詩》曰：出自北門，終窶且貧，莫知我艱。	35	625	與《類聚》同
《邶風・靜女》	（《毛詩》）又（曰）：靜女其姝，俟我於城隅。愛而不見，搔首踟躕。	32	561	與《類聚》同
《邶風・新臺》	《毛詩》曰：《新臺》，刺衛宣公也。納伋之妻，作新臺於河上而要之，國人惡之，而作是詩也。新臺有泚，河水瀰瀰。	8	155	「《新臺》」至「詩也」爲《邶風・新臺》序，瀰瀰，今本作「瀰瀰」
《邶風・二子乘舟》	（《毛詩》）又曰：衛宣公之二子爭相爲死。	21	388	爲《邶風・二子乘舟》序
《邶風・二子乘舟》	（《毛詩》）又曰：《二子乘舟》，思伋、壽也。衛宣公之二子爭相爲死，國人傷而思之，而作是詩也。二子乘舟，泛泛其景。願言思子，中心養養。	71	1229～1230	「《二子乘舟》」至「詩也」爲《邶風・二子乘舟》序
《鄘風・柏舟》	《毛詩》曰：《柏舟》，共姜自誓也。衛世子共伯蚤死，其妻守義，父母欲奪而嫁之，誓而弗許，故作是詩，以絕之也。	18	334	爲《鄘風・柏舟》序
《鄘風・柏舟》	《毛詩》曰：《柏舟》，共姜自誓也。衛世子共伯早死，其妻守義，父母欲奪而嫁之，誓而弗許，故作是詩，以絕之也。泛彼柏舟，在彼中河。	71	1229	「《柏舟》」至「絕之也」爲《鄘風・柏舟》序
《鄘風・柏舟》	（《毛詩》）又（曰）：《鄘・柏舟》，共姜自誓也。	88	1515	爲《鄘風・柏舟》序
《鄘風・桑中》	《毛詩》曰：《鄘・柏舟・桑中》，刺奔也。衛公室亂，男女相奔，至于世族在位，相竊妻妾，期於幽遠。期我乎桑中，要我乎上宮，送我乎淇之上矣。桑中、上宮，所期之地，淇水名也。	35	616	「《鄘・柏舟・桑中》」至「期於幽遠」爲《鄘風・桑中》序，「桑中、上宮」等12字爲注文
《鄘風・桑中》	《毛詩》曰：爰采麥矣？沫之北矣。	85	1454	與《類聚》同
《鄘風・定之方中》	《毛詩》曰：定之方中，作于楚宮。揆之以日，作于楚室。	62	1111	與《類聚》同

《鄘風·定之方中》	《毛詩》曰：樹之榛栗。	87	1488	與《類聚》同
《鄘風·定之方中》	星言夙駕，稅于桑田。	88	1522	稅，今本作「說」
《鄘風·定之方中》	（《毛詩》）又曰：椅桐梓漆，爰伐琴瑟。	88	1526	與《類聚》同
《鄘風·定之方中》	椅桐梓漆，爰伐琴瑟。北山有梓，秋小葉復。	89	1536	「北山有梓」等8字，不見今本《鄘風·定之方中》
《鄘風·蝃蝀》	《毛詩》曰：蝃蝀在東，莫之敢指。一名挈貳。	2	38	蝃，今本作「蝃」，「一名挈貳」爲注文
《鄘風·相鼠》	《毛詩》曰：《相鼠》，刺無禮也。衛文公正其群臣，而刺在位不承先君之禮儀也。相鼠有皮，人而無儀。人而無儀，不死何爲？	95	1656	「《相鼠》」至「禮儀也」爲《鄘風·相鼠》序
《鄘風·載馳》	（《毛詩》）又曰：我行其野，芃芃其麥。	27	483	與《類聚》同
《衛風·淇奥》	《毛詩》曰：善戲謔兮，不爲虐兮。	25	452	與《類聚》同
《衛風·碩人》	《毛詩》曰：螓首蛾眉。	17	311	與《類聚》同
《衛風·碩人》	《毛詩》曰：美目盼兮。	17	313	與《類聚》同
《衛風·碩人》	（《毛詩》）又曰：碩人其頎，衣錦褧衣。	18	324	與《類聚》同
《衛風·碩人》	手如柔荑，膚如凝脂。領如蝤蠐，齒如瓠犀。螓首娥眉。	18	324	與《類聚》同
《衛風·碩人》	《毛詩》曰：螓首蛾眉。螓，青蟬也。	97	1677	「螓，青蟬也」爲注文
《衛風·氓》	（《毛詩》）又曰：兄弟不知，咥其笑矣。	19	355	與《類聚》同
《衛風·氓》	（《毛詩》）又曰：載笑載言。	19	355	與《類聚》同
《衛風·氓》	于嗟鳩兮，無食桑椹。	87	1498	與《類聚》同
《衛風·氓》	《毛詩》曰：桑之落矣，其黃而隕。	88	1521	與《類聚》同
《衛風·氓》	《詩》曰：桑之未落，其葉沃若。	88	1522	與《類聚》同
《衛風·竹竿》	（《毛詩》）又（曰）：檜楫松舟。	88	1512	與《類聚》同
《衛風·竹竿》	籊籊竹竿，以釣于淇。竹竿，篇名。衛女思歸也。適異國而不見答，思而能以禮也。	89	1552	「竹竿，篇名」爲注文；「衛女思歸」等18字爲《竹竿》序

《衛風·河廣》	（《毛詩》）又曰：誰謂河廣？一葦杭之。誰謂宋遠？跂予望之。	8	155	與《類聚》同
《衛風·河廣》	（《毛詩》）又曰：誰謂河廣？曾不容刀。	71	1230	與《類聚》同
《衛風·河廣》	（《毛詩》）又曰：誰謂河廣？一葦杭之。	82	1410	與《類聚》同
《衛風·伯兮》	《毛詩》曰：自伯之東，首如飛蓬。豈無膏沐？誰適爲容！	32	561	與《類聚》同
《衛風·伯兮》	（《毛詩》）又曰：首如飛蓬。	82	1412	與《類聚》同
《衛風·木瓜》	《毛詩》曰：投我以木瓜，報之以瓊琚。匪報也，永以爲好也。	33	581	與《類聚》同
《衛風·木瓜》	《毛詩》（曰）：投我以木李，報之以瓊玖。	86	1465	與《類聚》同
《衛風·木瓜》	（《毛詩》）又曰：投我以木桃，報之以瓊瑤。	86	1467	與《類聚》同
《衛風·木瓜》	《毛詩》曰：《木瓜》，美齊桓公也。衛爲翟人敗之，出處于漕，桓公救而封之，遺之車馬器服焉。衛人思之，欲厚報之。投我以木瓜，報之以瓊琚。匪報也，永以爲好也！	87	1493	「《木瓜》」至「欲厚報之」爲《衛風·木瓜》序
《王風·黍離》	《毛詩》曰：周大夫行役，過故宗廟宮室，盡爲禾黍，彷徨而不忍去。	27	483	爲《王風·黍離》序
《王風·黍離》	（《毛詩》）又曰：行邁靡靡，中心搖搖。	27	483	與《類聚》同
《王風·黍離》	《毛詩》曰：《黍離》，閔宗周也。彼黍離離，彼稷之苗。	85	1449	「《黍離》，閔宗周也」爲《王風·黍離》
《王風·君子于役》	《毛詩》曰：君子于役，不知其期。曷至哉？雞棲于塒。鑿牆而棲曰塒。	91	1583	「鑿牆而棲曰塒」爲注文
《王風·君子于役》	（《毛詩》）又曰：雞棲于桀。棲於弋爲桀。	91	1583	「棲於弋爲桀」爲注文
《王風·揚之水》	《毛詩》曰：揚之水，不流束薪。	8	147	楊，今本作「揚」
《王風·揚之水》	楊之水，不流束蒲。蒲柳可以爲矢。	89	1532	楊，今本作「揚」；「蒲柳可以爲矢」爲注文
《王風·揚之水》	（《毛詩》）又曰：楊之水，不流束楚。	89	1549	楊，今本作「揚」

《王風·中谷有蓷》	《毛詩》曰：有女仳離，條其嘯矣。遇人之不淑矣。	19	352	與《類聚》同
《王風·中谷有蓷》	（《毛詩》）又曰：有女仳離，慨其嘆矣。	29	510	慨，今本作「嘅」
《王風·采葛》	（《毛詩》）又曰：一日不見，如三秋兮。	3	48	與《類聚》同
《王風·采葛》	《毛詩》曰：彼采艾兮，一日不見，如三歲兮。	82	1413	與《類聚》同
《王風·大車》	《毛詩》曰：毳衣如菼。菼，蘆荻也。	82	1410	「菼，蘆荻也」為注文
《王風·丘中有麻》	《毛詩》曰：《丘中有麻》，思賢也。	20	362	為《王風·丘中有麻》序
《王風·丘中有麻》	《毛詩》曰：丘中有麻。	85	1454	與《類聚》同
《王風·丘中有麻》	《詩》曰：丘中有李，彼留之子。	86	1466	與《類聚》同
《鄭風·緇衣》	《毛詩》曰：緇衣，美武功也，以明有國善善之功。	47	835	為《鄭風·緇衣》序
《鄭風·將仲子》	（《詩》）又曰：無踰我園。	65	1159	與《類聚》同
《鄭風·將仲子》	（《毛詩》）又曰：無折我桑。	88	1521	無折我桑，今本作「無折我樹桑」
《鄭風·女曰雞鳴》	《毛詩》曰：將翱將翔，弋鳧與雁。	91	1581	與《類聚》同
《鄭風·有女同車》	《毛詩》曰：有女同車，顏如舜華。木槿也。	89	1544	「木槿也」為注文
《鄭風·山有扶蘇》	（《毛詩》）又曰：隰有荷花。	82	1400	花，今本作「華」
《鄭風·山有扶蘇》	《毛詩》曰：南有喬松，隰有遊龍。	88	1512	今本中，「南」作「山」，「喬」作「橋」
《鄭風·東門之墠》	《韓詩》曰：東門之栗，有靜靜，善也。家室。言東門之栗樹之下，有善人，可以為室家也。	87	1488	「靜」，今本作「踐」；「靜，善也」及「言東門」17字，為注文
《鄭風·風雨》	（《毛詩》）又曰：《風雨》，思君子也。亂世不改其度焉。風雨淒淒，雞鳴喈喈。	91	1583	「《風雨》」等13字為注文
《鄭風·風雨》	風雨如晦，雞鳴不已。	91	1583	與《類聚》同

《鄭風・野有蔓草》	（《毛詩》）又曰：有美一人，婉如清陽。	18	324	陽，今本作「揚」
《鄭風・野有蔓草》	（《毛詩》）又曰：野有蔓草，零露團兮。	81	1387	團，今本作「漙」
《鄭風・溱洧》	《毛詩》曰：惟士與女，伊其相謔，贈之以勺藥。	81	1383	惟，今本作「維」
《齊風・東方未明》	《毛詩》曰：折柳樊圃。	65	1165	與《類聚》同
《齊風・東方未明》	《毛詩・東方未明》曰：折柳樊圃。柳，弱脆之木。樊，藩也。折柳爲藩，無益於禁。	89	1531	「柳，」至「於禁」爲注文
《齊風・南山》	（《毛詩》）又曰：《齊・〈雞鳴〉〈南山〉》，刺襄公也，鳥獸之行，淫乎其妹。	35	616	爲《齊風・南山》序
《齊風・南山》	《毛詩》曰：折薪如之何？匪斧不克。取妻如之何？匪媒不得。	80	1376	折，今本作「析」
《魏風・葛屨》	《毛詩》曰：摻摻女手，可以縫裳？	67	1187	與《類聚》同
《魏風・園有桃》	《毛詩》曰：心之憂矣，我歌且謠。	19	348	與《類聚》同
《魏風・園有桃》	（《詩》）又曰：園有桃。	65	1159	與《類聚》同
《魏風・園有桃》	（《毛詩》）又曰：園有桃，其實之殽。	86	1467	與《類聚》同
《魏風・陟岵》	《毛詩》曰：陟彼岡兮，瞻望兄兮。	21	388	與《類聚》同
《魏風・碩鼠》	（《毛詩》）又曰：碩鼠碩鼠，無食我黍！	95	1656	與《類聚》同
《唐風・蟋蟀》	《毛詩》曰：蟋蟀在堂，歲聿云暮。	97	1688	暮，今本作「莫」
《唐風・山有樞》	《毛詩》曰：山有樞，隰有榆。	88	1524	與《類聚》同
《唐風・山有樞》	（《詩》）又（曰）：山有栲。栲，山樗。	89	1545	栲，今本作「栲」；「栲，山樗」爲注文
《唐風・揚之水》	《毛詩》曰：素衣朱繡。	85	1456	與《類聚》同
《唐風・椒聊》	《毛詩》曰：椒聊之實。	89	1535	與《類聚》同

《唐風・綢繆》	（《毛詩》）又曰：綢繆束楚。	89	1549	與《類聚》同
《唐風・杕杜》	（《毛詩》）又曰：有杕之杜。杕，獨也。	87	1493	「杕，獨也」爲注文
《唐風・羔裘》	（《毛詩》）又曰：狐裘豹袪。	95	1651	狐，今本作「羔」
《唐風・鴇羽》	（《毛詩》）又曰：肅肅鴇行，集于包桑。	88	1519	包，今本作「苞」
《唐風・鴇羽》	（《毛詩》）又（曰）：肅肅鴇羽，集于苞棘。	89	1550	與《類聚》同
《唐風・葛生》	（《毛詩》）又（曰）：角枕粲兮，錦衾爛兮。予美忘此，誰與獨旦？	32	561	與《類聚》同
《唐風・葛生》	《毛詩》曰：角枕粲兮。	70	1217	與《類聚》同
《唐風・葛生》	《毛詩》曰：角枕粲兮，錦衾爛兮。	85	1457	與《類聚》同
《秦風・車鄰》	（《毛詩》）又云：版有漆，隰有栗。	87	1488	版，今本作「阪」
《秦風・駟驖》	（《詩》）又曰：遊于北園。	65	1159	與《類聚》同
《秦風・蒹葭》	《毛詩》曰：蒹葭蒼蒼，白露爲霜。	82	1409	與《類聚》同
《秦風・黃鳥》	交交黃鳥，止于桑。	88	1522	與《類聚》同
《秦風・黃鳥》	（《毛詩》）又曰：交交黃鳥，止于楚。	89	1549	與《類聚》同
《秦風・黃鳥》	（《毛詩》）又曰：《黃鳥》，哀三良也。交交黃鳥，止于棘。誰從穆公？子車奄息。	92	1602	「《黃鳥》，哀三良也」爲《秦風・黃鳥》序
《秦風・晨風》	《詩》曰：隰有樹檖。疏，赤羅或名山梨。今謂楊檖，樹實如梨，但小耳。一名鹿梨，一名鼠梨。	87	1492	「疏，」以後文字爲注文
《秦風・晨風》	（《毛詩》）又（曰）：山有苞棣。	89	1546	與《類聚》同
《陳風・東門之枌》	《毛詩》曰：貽我握椒。男女結情好也。	89	1535	「男女」等 6 字爲注文
《陳風・衡門》	（《毛詩》）又曰：豈其食魚，必河之魴？豈其取妻，必齊之姜？豈其食魚，必河之鯉？豈其取妻，必宋之子？	40	722	與《類聚》同
《陳風・衡門》	《毛詩》曰：衡門之下，可以棲遲。	63	1128	與《類聚》同
《陳風・東門之池》	《毛詩》曰：東門之池，可以漚麻。	9	171	與《類聚》同

《陳風・東門之池》	（《毛詩》）又曰：東門之池，可以漚麻。	85	1454	與《類聚》同
《陳風・東門之楊》	（《毛詩》）又曰：東門之楊，其葉牂牂。	89	1532	與《類聚》同
《陳風・東門之楊》	（《毛詩》）又曰：《東門之楊》，刺時也。婚姻失時，男女多違。	89	1532	為《陳風・東門之楊》序；婚，今本作「昏」
《陳風・澤陂》	《毛詩》曰：彼澤之陂，有蒲與荷。	9	170	與《類聚》同
《陳風・澤陂》	《毛詩》曰：彼澤之陂，有蒲與荷。	82	1400	與《類聚》同
《陳風・澤陂》	《毛詩》曰：彼澤之陂，有蒲與菡。	82	1406	與《類聚》同
《檜風・羔裘》	《毛詩》曰：狐裘逍遙。	95	1651	狐，今本作「羔」
《曹風・蜉蝣》	《毛詩》曰：蜉蝣掘閱，麻衣如雪。	2	23	與《類聚》同
《曹風・蜉蝣》	《毛詩》曰：蜉蝣堀閱，麻衣如雪。	95	1684	堀，今本作「掘」
《曹風・候人》	（《毛詩》）又曰：薈兮蔚兮，南山朝躋。薈蔚，雲興也。	1	13	躋，今本作「隮」；「薈蔚，雲興也」為注文
《曹風・鳲鳩》	（《毛詩》）又曰：尸鳩在桑，其子在棘。	89	1550	尸，今本作「鳲」
《曹風・下泉》	（《毛詩》）又曰：芃芃黍苗，陰雨膏之。	85	1449	芃芃，今本作「芃芃」
《豳風・七月》	《毛詩》曰：春日載陽，有鳴倉庚。	3	40	與《類聚》同
《豳風・七月》	春日遲遲，采蘩祁祁。女心傷悲，迨及公子同歸。	3	40～41	迨，今本作「殆」
《豳風・七月》	（《毛詩》）又曰：二之日鑿冰冲冲，三之日納于凌陰。二日，夏之十二月。三日，夏之正月。鑿，取冰。冲冲，聲兒。凌陰，冰室也。	9	179	「二日」以後文字為注文
《豳風・七月》	（《毛詩》）又曰：九月築場圃。	65	1165	與《類聚》同
《豳風・七月》	《毛詩》曰：為此春酒，以介眉壽。	72	1246	與《類聚》同
《豳風・七月》	（《毛詩》）又（曰）：八月萑葦。	82	1410	萑，今本作「萑」
《豳風・七月》	（《毛詩》）又曰：晝爾于茅，宵爾索綯。	82	1412	與《類聚》同

《豳風・七月》	《豳風》曰：七月烹葵及菽。	82	1416	烹，今本作「亨」
《豳風・七月》	《毛詩》曰：八月剝棗，十月穫稻。	87	1485	與《類聚》同
《豳風・七月》	《毛詩》曰：六月食鬱及薁。	87	1491	與《類聚》同
《豳風・七月》	《毛詩》曰：蠶月條桑。條桑，被落枝，采其葉。	88	1519	「條桑」等 8 字為注文
《豳風・七月》	（《毛詩》）又曰：猗彼女桑。少枝長條不落，束而采之。	88	1519	「少枝」等 10 字為注文
《豳風・七月》	春日載陽。	88	1522	與《類聚》同
《豳風・七月》	爰求柔桑。	88	1522	與《類聚》同
《豳風・七月》	六月食鬱及薁。薁，夫栘也，音鬱。	89	1546	「薁，夫栘也，音鬱」為注文
《豳風・七月》	《毛詩》曰：春日載陽，有鳴倉庚。	92	1602	與《類聚》同
《豳風・鴟鴞》	（《毛詩》）又（曰）：周公乃為詩以貽王，名之曰《鴟鴞》焉。	31	544	為《豳風・鴟鴞》序；貽，今本作「遺」
《豳風・鴟鴞》	《毛詩》曰：《鴟鴞》，周公救亂也。鴟鴞鴟鴞，既取我子，無毀我室。	92	1603	「《鴟鴞》，周公救亂也。」為《豳風・鴟鴞》序
《豳風・東山》	（《毛詩》）又曰：周公東征，三年而歸。	27	483	為《豳風・東山》序
《豳風・東山》	（《毛詩》）又曰：我徂東山，慆慆不歸。我來自東，零雨其濛。	27	483	與《類聚》同
《豳風・東山》	（《毛詩》）又（曰）：我徂東山，滔滔不歸。我來自東，零雨其濛。鸛鳴于垤，婦嘆于室。	32	561	滔滔，今本作「慆慆」
《豳風・東山》	烝在桑野。	88	1522	與《類聚》同
《豳風・東山》	（《毛詩》）又曰：倉庚于飛，熠耀其羽。	92	1602	與《類聚》同
《豳風・東山》	《毛詩》曰：町畽鹿場，熠耀宵行。	97	1685	與《類聚》同
《豳風・東山》	《毛詩》曰：蠨蛸在戶。長蛑。	97	1691	「長蛑」為注文
《豳風・伐柯》	（《毛詩》）又曰：伐柯如之何？匪斧不克。娶妻如之何？匪媒不得。	40	722	今本中，兩處「如之何」均作「如何」；「娶」作「取」
《豳風・狼跋》	《毛詩》曰：周公攝政，遠則四國流言，近則王不知，周大夫美不失其聖也。	20	358	為《豳風・狼跋》序

《小雅·鹿鳴》	《毛詩》曰：《鹿鳴》，燕群臣嘉賓也。	39	712	爲《小雅·鹿鳴》序
《小雅·鹿鳴》	（《毛詩》）又曰：《鹿鳴》，宴嘉賓也。呦呦鹿鳴，食野之萍。	95	1647	「《鹿鳴》，宴嘉賓也。」爲《小雅·鹿鳴》序；今本「嘉賓」前有「群臣」2字；萍，今本作「蘋」
《小雅·四牡》	《毛詩》曰：《四牡》，勞使臣之來也。有功而見知，則說矣。四牡騑騑，周道逶遲。豈不懷歸？王事靡盬，我心傷悲。	53	963	「《四牡》」至「則說矣」爲《小雅·四牡》序
《小雅·皇皇者華》	（《毛詩》）又曰：《皇皇者華》，君遣使臣也。送之以禮樂，言遠而有光華也。皇皇者華，于彼原隰。駪駪征夫，每懷靡及。	53	963	「《皇皇者華》」至「光華也」爲《小雅·皇皇者華》序
《小雅·常棣》	（《毛詩》）又曰：常棣之華，鄂不韡韡。凡今之人，莫如兄弟。死喪之威，兄弟孔懷。原隰裒矣，兄弟求矣。鶺鴒在原，兄弟急難。	21	388	今本中，「鄂」作「鄂」，「鶺鴒」作「脊令」
《小雅·常棣》	（《毛詩》）又曰：兄弟既翕，和樂且湛。	21	388	與《類聚》同
《小雅·常棣》	（《毛詩》）又曰：雖有兄弟，不如友生。	21	392	與《類聚》同
《小雅·常棣》	《常棣》，燕兄弟。	39	712	爲《小雅·常棣》序
《小雅·常棣》	《夫移》，燕兄弟也。閔管、蔡之失道。夫移之華，鄂不煒煒。凡今之人，莫如兄弟。	89	1546	「《夫移》」至「失道」爲《小雅·常棣》序；今本「夫移」作「常棣」，「鄂」作「鄂」
《小雅·伐木》	（《毛詩》）又曰：伐木丁丁，鳥鳴嚶嚶。出自幽谷，遷于喬木。	9	175	與《類聚》同
《小雅·伐木》	《毛詩》曰：《伐木》，燕朋友故舊也。自天子至于庶人，未有不須友以成者也。	21	392	爲《小雅·伐木》序
《小雅·伐木》	（《毛詩》）又曰：伐木丁丁，鳥鳴嚶嚶。出自幽谷，移于喬木。	21	392	移，今本作「遷」
《小雅·伐木》	（《毛詩》）又曰：嚶其鳴矣，求其友聲。	21	392	與《類聚》同
《小雅·伐木》	《毛詩》曰：友賢不棄，不遺故舊，則民德歸厚。	34	591	爲《小雅·伐木》序

《小雅・伐木》	（《毛詩》）又曰：《伐木》，燕朋友故舊也。自天子至於庶人，未有不須友以成也。親親以睦，友賢不棄。故舊不遺，則民德歸厚矣。	39	712	為《小雅・伐木》序；故舊不遺，今本作「不遺故舊」
《小雅・伐木》	（《毛詩》）又曰：伐木丁丁，鳥鳴嚶嚶。	88	1506	與《類聚》同
《小雅・伐木》	出自幽谷，遷于喬木。	88	1507	與《類聚》同
《小雅・采薇》	（《毛詩》）又曰：今我來思，雨雪霏霏。	2	21	與《類聚》同
《小雅・采薇》	《詩》曰：楊柳依依。	89	1530	與《類聚》同
《小雅・采薇》	《毛詩》曰：昔我往矣，楊柳依依。	89	1532	與《類聚》同
《小雅・南有嘉魚》	《詩》曰：南有嘉魚。	96	1671	與《類聚》同
《小雅・南山有臺》	（《毛詩》）又曰：《南山有臺》，樂得賢也。得賢，則能為邦家立太平之基矣。	20	362	為《小雅・南山有臺》序
《小雅・南山有臺》	北山有李。	86	1466	與《類聚》同
《小雅・南山有臺》	《詩》曰：南山有枸。疏：枳椇樹似白楊，子著枝端，為之木蜜，從令人酒薄，以為屋柱，酒皆薄。	87	1492	「疏」以後為注文
《小雅・南山有臺》	（《毛詩》）又曰：北山有柳。	89	1532	「柳」，今本作「杻」
《小雅・南山有臺》	（《詩》）又（曰）：南山有樗。	89	1545	樗，今本作「栲」
《小雅・蓼蕭》	（《毛詩》）又曰：宴笑語兮。	19	355	宴，今本作「燕」
《小雅・湛露》	《湛露》，天子燕諸侯也。	39	712	為《小雅・湛露》序
《小雅・湛露》	（《毛詩》）又曰：湛湛露斯，在彼豐草。	81	1387	與《類聚》同
《小雅・湛露》	（《毛詩》）又（曰）：湛湛露斯，在彼杞棘。	89	1550	與《類聚》同
《小雅・彤弓》	《毛詩》曰：《彤弓》，天子賜有功諸侯也。	60	1087	為《小雅・彤弓》序；賜，今本作「錫」
《小雅・菁菁者莪》	（《毛詩》）又曰：泛泛楊舟，載沉載浮。既見君子，我心則休。	71	1230	與《類聚》同
《小雅・六月》	（《毛詩》）又曰：《伐木》廢，則朋友缺矣。	21	395	為《小雅・六月》序

《小雅・鴻雁》	《毛詩》曰：《鴻雁》，美宣王也。	90	1561	爲《小雅・鴻雁》序
《小雅・庭燎》	《毛詩》曰：《庭燎》，美宣王，因以箴之。夜如何其？夜未央，庭燎之光。君子至止，鸞聲鏘鏘。	80	1373	「《庭燎》」等9字爲《小雅・庭燎》序；鏘鏘，今本作「將將」
《小雅・沔水》	《毛詩》曰：鴥彼飛隼，載飛載揚。	91	1589	與《類聚》同
《小雅・鶴鳴》	《詩》曰：樂彼之園。	65	1159	與《類聚》同
《小雅・鶴鳴》	《毛詩》曰：《鶴鳴》，誨宣王也。鶴鳴于九國，聲聞于天。言身隱而名著也。	90	1562	「《鶴鳴》，誨宣王也」與「言身隱而名著也」，均爲注文
《小雅・鶴鳴》	（《詩》）又曰：魚潛在淵。	96	1671	與《類聚》同
《小雅・祈父》	《毛詩》曰：祈父，予王之爪牙。	47	833	與《類聚》同
《小雅・白駒》	（《毛詩》）又曰：皎皎白駒，在彼空谷。	9	175	與《類聚》同
《小雅・我行其野》	《毛詩》曰：我行其野，蔽芾其樗。婚姻之故，言就爾居。	6	101	婚，今本作「昏」
《小雅・我行其野》	《詩》曰：蔽芾其樗。	89	1545	與《類聚》同
《小雅・斯干》	《毛詩》曰：《斯干》，宣王考室也。築室百堵，西南其戶。	64	1150	「《斯干》，宣王考室也」爲序
《小雅・斯干》	《毛詩》曰：下莞上簟，乃安斯寢。	69	1204	與《類聚》同
《小雅・斯干》	《毛詩》曰：如竹笣矣。	89	1552	笣，今本作「苞」
《小雅・斯干》	《毛詩》曰：維熊維羆，男子之祥。	95	1646	與《類聚》同
《小雅・斯干》	惟虺惟蛇，女子之祥。	96	1665	惟虺惟蛇，今本作「維虺維蛇」
《小雅・無羊》	《毛詩》曰：爾牛來思，其耳濕濕。齝而動其耳。	94	1625	「齝而動其耳」爲注文
《小雅・無羊》	（《毛詩》）又曰：《無羊》，宣王考牧也。屬王時，牧人廢。宣王復之。誰謂爾無羊？三百維群。	94	1631	「《無羊》，宣王考牧也」爲《小雅・無羊》序；「屬王時」等10字爲注文
《小雅・無羊》	爾羊來思，其角戢戢。聚其角而息，戢戢然。	94	1631	「聚其角而息，戢戢然」爲注文；戢戢，今本作「濈濈」
《小雅・正月》	《毛詩》曰：具曰予聖，誰知烏之雌雄？時若臣賢愚，適同如烏也。	92	1591	「時若」等10字爲注文

《小雅·正月》	（《毛詩》）又曰：瞻烏爰止，于誰之屋？集富人之屋也。	92	1591	「集富人之屋也」為注文
《小雅·十月之交》	《毛詩》曰：燁燁震電。	2	36	與《類聚》同
《小雅·雨無正》	《毛詩》曰：哿矣能言，巧言如流。	19	344	與《類聚》同
《小雅·小宛》	《毛詩》曰：惴惴小心，如臨于谷。	23	413	與《類聚》同
《小雅·小弁》	（《毛詩》）又曰：無易由言。	19	344	今本前有「君子」二字
《小雅·小弁》	（《毛詩》）又曰：我心憂傷，惄焉如擣。	34	594	與《類聚》同
《小雅·小弁》	（《毛詩》）又曰：有漼者淵，萑葦淠淠。	82	1410	萑，今本作「萑」
《小雅·小弁》	（《毛詩》）又曰：菀彼柳斯，鳴蜩嘒嘒。	89	1532	與《類聚》同
《小雅·小弁》	《毛詩》曰：惟桑與梓，必恭敬止。	89	1536	惟，今本作「維」
《小雅·小弁》	（《毛詩》）又曰：弁彼鸒斯，歸飛提提。雅烏，一曰鸒居。	92	1591	「雅烏」等6字為注文
《小雅·巧言》	荏苒柔木，君子樹之。	88	1507	苒，今本作「染」
《小雅·巷伯》	《毛詩》曰：萋兮斐兮，成是貝錦。	84	1439	與《類聚》同
《小雅·巷伯》	（《毛詩》）又曰：《巷伯》，刺幽王也。寺人傷於讒而作是詩也。萋兮斐兮，成是貝錦。萋菲，文相助也。彼譖人者，亦以太甚。	85	1457	「《巷伯》」等16字為《小雅·巷伯》序，「萋菲，文相助也」為注文
《小雅·谷風》	《毛詩》曰：天下俗薄，朋友道絕焉。習習谷風，維風及雨。將恐將懼，惟予與汝。將安將樂，汝轉棄予。	21	395	「天下」等9字為《小雅·谷風》序；今本中，兩處「汝」均作「女」，「惟」作「維」
《小雅·谷風》	《毛詩》曰：無草不死，無木不萎。	81	1387	與《類聚》同
《小雅·蓼莪》	《毛詩》曰：哀哀父母，生我劬勞。	20	368	與《類聚》同
《小雅·蓼莪》	無父何怙？無母何恃？出則銜恤，入則靡至。父兮生我，母兮鞠我。撫我育我，長我畜我。顧我復我，出入腹我。欲報之慧，昊天罔極！	20	368～369	撫我育我，長我畜我，今本作「拊我畜我，長我育我」。慧，今本作「德」

《小雅・大東》	（《毛詩》）又曰：小東大東，杼柚其空。注曰：謂無貨，唯絲麻，今盡不作也。	35	625	「注曰」13字爲注文
《小雅・大東》	《毛詩》曰：跂彼織女，終日七襄。雖則七襄，不成報章。	65	1167	與《類聚》同
《小雅・四月》	（《毛詩》）又曰：冬日烈烈，飄風發發。	1	17	與《類聚》同
《小雅・四月》	《毛詩》曰：秋日淒淒，百草具腓。	3	48	草，今本作「卉」
《小雅・四月》	《毛詩》曰：冬日烈烈，飄風發發。	3	55	與《類聚》同
《小雅・四月》	《詩》曰：山有嘉卉，侯栗侯梅。	86	1471	與《類聚》同
《小雅・無將大車》	《毛詩》曰：無將大車，維塵冥冥。	6	109	與《類聚》同
《小雅・鼓鐘》	《毛詩》曰：笙磬同音。	44	792	與《類聚》同
《小雅・楚茨》	《詩》曰：以享以祀，以介景福。	38	677	與《類聚》同
《小雅・信南山》	（《毛詩》）又曰：上天同雲，雨雪雰雰。	2	21	與《類聚》同
《小雅・甫田》	（《毛詩》）又曰：以御田祖，以祈甘雨。	37	707	與《類聚》同
《小雅・甫田》	（《毛詩》）又曰：今適南畝。或耘或耔，黍稷薿薿。耔，耘苗。薿薿，盛貌也。	85	1449	「耔，耘苗」等8字爲注文
《小雅・大田》	《毛詩》曰：有渰萋萋，興雲祈祈。雨我公田，遂及我私。	2	26	雲，今本作「雨」
《小雅・大田》	《毛詩》曰：去其螟螣，及其蟊賊。	100	1729	與《類聚》同
《小雅・鴛鴦》	《毛詩》曰：《鴛鴦》，刺幽王也。思古明王交於萬物有道，自奉養有節。鴛鴦于飛，畢之羅之。君子萬年，福祿宜之。	92	1604	「《鴛鴦》」至「有節」爲《小雅・鴛鴦》序
《小雅・頍弁》	《毛詩》曰：蔦與女蘿，施于松上。	81	1384	上，今本作「柏」
《小雅・頍弁》	（《毛詩》）又（曰）：蔦與女蘿，施于松柏。	88	1512	與《類聚》同
《小雅・車轄》	《詩》曰：陟彼高崗，折其柞薪。其葉湑兮。	89	1541	今本中，「崗」作「岡」，「折」作「析」，「湑」作「湑」

《小雅·青蠅》	(《毛詩》) 又 (曰):營營青蠅,止于棘。	89	1550	與《類聚》同
《小雅·青蠅》	《毛詩》曰:營營青蠅,止于樊。愷悌君子,無信讒言。	97	1681	愷悌,今本作「豈弟」
《小雅·賓之初筵》	(《詩》) 又曰:有壬有林,錫爾純嘏。純,大也。嘏謂尸與主人以福也。	38	685	「純,大也」等 12 字為注文
《小雅·賓之初筵》	《毛詩》曰:舍其坐遷,屢舞僊僊。	43	767	與《類聚》同
《小雅·賓之初筵》	側弁之俄,屢舞傞傞。	43	767	與《類聚》同
《小雅·魚藻》	(《毛詩》) 又曰:魚在在藻,依于其蒲。	82	1406	與《類聚》同
《小雅·魚藻》	(《詩》) 又曰:魚在在藻。	96	1671	與《類聚》同
《小雅·采菽》	維柞之枝,其葉蓬蓬。疏:栩今柞,殼為斗,可以染皁,今俗及河內云杼斗,或橡斗。	89	1541 ~ 1542	「疏」以後為注文
《小雅·角弓》	(《毛詩》) 又曰:雨雪瀌瀌,見晛日消。晛,日氣也。	2	21	日,今本作「曰」,「晛,日氣也」為注文
《小雅·角弓》	(《毛詩》) 又曰:《角弓》,父兄刺幽王也。不親九族而好讒佞,骨肉相怨,故作是詩也。騂騂角弓,翩其反矣。兄弟婚姻,無胥遠矣。	30	537	「《角弓》」至「詩也」為序,婚,今本作「昏」
《小雅·菀柳》	(《毛詩》) 又曰:《菀柳》,篇名。刺幽王也。暴虐而刑罰不中。有菀者柳,不尚息焉。	89	1532	「《菀柳》」與「刺幽王」等 11 字為《小雅·菀柳》序,「篇名」為注文
《小雅·采綠》	(《毛詩》) 又 (曰):《采綠》,刺怨曠也。幽王之時,多怨曠者。終朝采綠,不盈一匊。予髮曲局,薄言歸沐。終朝采藍,不盈一襜。五日為期,六日不詹。	32	561	「《采綠》」等 14 字為《小雅·采綠》序
《小雅·采綠》	《毛詩》曰:終朝採藍,不盈一襜。	81	1398	採,今本作「采」
《小雅·白華》	《毛詩》曰:英英白雲,露彼菅茅。	1	13	與《類聚》同
《小雅·白華》	(《毛詩》) 又曰:鼓鍾于宮,聲聞于外。	62	1111	與《類聚》同
《小雅·白華》	《毛詩》曰:白華菅兮,白茅束兮。	82	1412	與《類聚》同
《小雅·緜蠻》	(《毛詩》) 又 (曰):緜蠻黃鳥,止于丘阿。	92	1602	與《類聚》同

《小雅·瓠葉》	《毛詩》曰：有兔斯首，炰之燔之。	95	1650	炰，今本作「炮」
《小雅·漸漸之石》	（《毛詩》）又曰：月離于畢，俾滂沱矣。	2	26～27	與《類聚》同
《小雅·漸漸之石》	《毛詩》曰：漸漸之石，維其高矣。	6	107	與《類聚》同
《小雅·漸漸之石》	《毛詩》曰：有豕白蹢，蒸涉波矣。	94	1640	蒸，今本作「烝」
《大雅·文王》	《毛詩》曰：文王受命以作周。	21	384	為《大雅·文王》序
《大雅·大明》	《毛詩》曰：維師尚父，時惟鷹揚。	91	1588	惟，今本作「維」
《大雅·緜》	《毛詩》曰：乃立冢土。	39	707	乃，今本作「迺」
《大雅·緜》	（《毛詩》）又曰：乃立皋門，皋門有閌。乃立應門，應門鏘鏘。	63	1128	今本中，「乃」作「迺」，「閌」作「伉」，「鏘鏘」作「將將」
《大雅·緜》	《毛詩》曰：緜緜瓜瓞，民之初生。	87	1501	與《類聚》同
《大雅·緜》	《毛詩》曰：文王之興，本由大王也。緜緜瓜瓞，瓜瓞唪唪。民之初生，自土漆沮。王化之本。	87	1503	「文王之興，本由大王也。」為《大雅·綿》序；「王化之本」為注文；「瓜瓞唪唪」為《大雅·生民》詩句
《大雅·旱麓》	《詩》曰：瞻彼旱麓，榛楛濟濟。	89	1542	與《類聚》同
《大雅·思齊》	（《毛詩》）又曰：《思齊》，文王之所以聖也。	20	358	為《大雅·思齊》序
《大雅·靈臺》	（《毛詩》）又曰：王在靈沼，於牣魚躍。沼，池也。	9	171	「沼，池也」為注文
《大雅·文王有聲》	《毛詩》曰：文王受命，有此武功。	21	384	與《類聚》同
《大雅·生民》	《毛詩》曰：誕寘之寒冰，鳥覆翼之。	9	179	與《類聚》同
《大雅·生民》	（《毛詩》）又曰：麻麥幪幪。幪幪，茂也。	85	1454	幪幪，今本作「幪幪」；「幪幪，茂也」為注文
《大雅·生民》	《毛詩》曰：誕寘之寒冰，鳥覆翼之。鳥乃去矣，后稷呱矣。后稷初生，棄之於冰上，鳥舒翼覆之。	90	1555	「后稷初生」等 14 字為注文

《大雅・行葦》	（《毛詩》）又曰：酌以大斗，以祈黃耉。黃耉鮐背，以引以翼。	18	339	鮐，今本作「臺」
《大雅・行葦》	《毛詩》：敦彼行葦，牛羊勿踐履。	82	1410	與《類聚》同
《大雅・既醉》	（《毛詩》）又曰：朋友攸攝，攝以威儀。	21	392	與《類聚》同
《大雅・公劉》	（《毛詩》）又曰：于時言言，于時語語。	19	344	與《類聚》同
《大雅・卷阿》	《毛詩》曰：梧桐生矣，于彼朝陽。	88	1526	與《類聚》同
《大雅・卷阿》	《毛詩》曰：鳳皇于飛，翽翽其羽，亦傅于天。	90	1558	與《類聚》同
《大雅・卷阿》	（《毛詩》）又曰：鳳皇鳴矣，于彼高崗。梧桐生矣，于彼朝陽。	90	1558	皇、崗，今本分別作「凰」「岡」
《大雅・蕩》	（《毛詩》）又曰：殷鑒不遠，在夏后之世。	23	413	與《類聚》同
《大雅・抑》	（《毛詩》）又曰：斯言之玷，不可爲也。	19	344	與《類聚》同
《大雅・抑》	《毛詩》曰：無言不讎。	31	544	讎，今本作「讐」
《大雅・抑》	（《毛詩》）又曰：無言不讎，無德不報	33	581	讎，今本作「讐」
《大雅・抑》	《毛詩》（曰）：白圭之玷，尚可磨也。斯言之玷，不可爲也。	83	1431	與《類聚》同
《大雅・抑》	投我以桃，報之以李。	86	1466	與《類聚》同
《大雅・雲漢》	《毛詩》曰：旱既太甚，蘊隆蟲蟲。赫赫炎炎，云我無所。	5	87	「太甚」，今本作「大甚」
《大雅・雲漢》	《毛詩》曰：倬彼雲漢，昭回于天。王曰於乎，何辜今之人！天降喪亂，飢饉薦臻。靡神不舉，靡愛斯牲。圭璧既卒，寧莫我聽。旱既太甚，蘊隆蟲蟲。不殄禋祀，自郊徂宮。上下奠瘞，靡神不宗。旱既太甚，滌滌山川。旱魃爲虐，如惔如焚。我心憚暑，憂心如燻。	100	1721	今本中，「徂」作「徂」，「炎」作「惔」，「燻」作「熏」；兩處「太甚」均作「大甚」
《大雅・崧高》	《毛詩》曰：崧高惟嶽，峻極于天。維岳降神，生甫及申。	7	131	今本中，「惟」作「維」，「峻」作「駿」
《大雅・崧高》	（《毛詩》）又（曰）：吉甫作頌，其詩孔碩。其風肆好，以贈申伯。	31	544	頌，今本作「誦」

《大雅·烝民》	《毛詩》曰：德輶如毛，民鮮克舉之。	21	376	與《類聚》同
《大雅·韓奕》	《毛詩》曰：韓侯出祖，出宿于屠。顯甫餞之，清酒百壺。其殽惟何？炰鱉鮮魚。其蔌惟何？惟筍及蒲。其贈惟何？乘馬路車。	5	85	今本中，「甫」作「父」，四處「惟」均作「維」
《大雅·韓奕》	（《毛詩》）又曰：顯父餞之，清酒百壺。	29	510	與《類聚》同
《大雅·韓奕》	《毛詩》曰：其蔌維何？惟筍及蒲。	82	1415	惟，今本作「維」
《大雅·韓奕》	《毛詩》曰：獻其貔皮，赤豹黃羆。	95	1645	與《類聚》同
《大雅·常武》	《毛詩》曰：率彼淮浦，省此徐土。	8	160	與《類聚》同
《周頌·清廟》	（《詩》）又曰：《清廟》，祀文王也。周公既成洛邑，率以祀文王焉。清者言有清明之德。	38	685	「清者言有清明之德」爲注文，其餘爲《周頌·清廟》序；洛，今本作「雒」
《周頌·昊天有成命》	《毛詩》曰：《昊天有成命》，郊祀天地也。	38	681～682	爲《周頌·昊天有成命》序
《周頌·振鷺》	《毛詩·周頌》曰：振鷺于飛，于彼西雝。	92	1606	與《類聚》同
《周頌·有瞽》	《毛詩》曰：設業設簴，崇牙樹羽。	44	789～790	與《類聚》同
《周頌·小毖》	《詩》曰：予又集于蓼。言辛苦也。	82	1418	「言辛苦也」爲注文
《周頌·小毖》	《毛詩》曰：肇允彼桃蟲。今鷦鷯是也，見詩義疏。	92	1603	「今鷦鷯」等9字爲注文
《周頌·載芟》	《毛詩》曰：《載芟》，春籍田而祈社稷也。	39	702	爲《周頌·載芟》序；籍，今本作「藉」
《周頌·絲衣》	《毛詩》曰：絲衣其紑，載弁俅俅。自堂徂基，自羊徂牛，鼐鼎及鼒。	73	1252	與《類聚》同
《魯頌·駉》	《毛詩》曰：《駉》，頌僖公也。僖公能遵伯禽之法，務農重穀，牧于坰野，而史克作是頌。駉駉牧馬，在坰之野。薄言駉者，有驈有皇。有驪有黃，以車彭彭。	93	1612	「《駉》」至「是頌」爲《魯頌·駉》序。牧，今本作「牡」。

《魯頌・泮水》	《詩》曰：食我桑椹，懷我好音。	87	1498	椹，今本作「黮」
《魯頌・閟宮》	《詩》曰：閟宮有侐。注云：閟祕，祕陽之盛也，姜嫄神所依，故曰神宮。	38	685	「注云」以後爲注文
《魯頌・閟宮》	《毛詩》曰：乃命魯公，俾侯于東。錫之山川，土田附庸。	51	917	與《類聚》同
《魯頌・閟宮》	（《毛詩》）又曰：奄有龜蒙，遂荒大東。至于海邦，淮夷來同。	51	917	與《類聚》同
《魯頌・閟宮》	《毛詩》（曰）：徂來山名。之松。	88	1511	「山名」爲注文
《魯頌・閟宮》	（《毛詩》）又曰：松桷有舄，路寢孔碩。	88	1511	桷，今本作「桷」
《魯頌・閟宮》	《毛詩》曰：新甫之柏。新甫，山名。	88	1514	「新甫，山名」爲注文
《商頌・玄鳥》	（《毛詩》）又曰：天命玄鳥，降而生商，宅殷土茫茫。大雅。	92	1596	茫茫，今本作「芒芒」；「大雅」爲注文
《商頌・殷武》	（《毛詩》）又曰：陟彼景山，松柏丸丸。	88	1511	與《類聚》同
《商頌・殷武》	松柏有挺，旅楹有閑。寢成孔安。	88	1511	松柏有挺，今本作「松桷有梴」

第二節　對《楚辭》的選錄

　　《楚辭》是一部文學作品，在四部分類法中應該歸入集部，在《隋書・經籍志》中就是這樣的。但是，《楚辭》在集部中的地位很是獨特，它不屬於總集，也不屬於別集，而是自成一類，且置於《隋書・經籍志》集部之首。這種獨特地位的取得，不是《隋書・經籍志》作者的別出心裁，而是與歷代對《楚辭》的研讀與評價有關，與《楚辭》在先唐時期知識譜系中的地位有關，與《楚辭》學的發展有關。

　　《楚辭》中的作品得以保存和流傳，是它取得不同尋常地位的基礎。《漢書・地理志》記載：「壽春……亦一都會也。始楚賢臣屈原被讒放流，作《離騷》諸賦以自傷悼。後有宋玉、唐勒之屬慕而述之，皆以顯名。……而淮南王安亦都壽春，招賓客著書。而吳有嚴助、朱買臣，貴顯漢朝，文辭併發，故世傳《楚辭》。」〔註12〕這一段記載顯示了《楚辭》得以保存、流傳的大致

〔註12〕　（漢）班固撰，（唐）顏師古注：《漢書・地理志》，中華書局，1962年6月第1版，第1668頁。

情形。壽春是楚國的終結之都，淮南王劉安又在壽春定都，招聘賓客前來著書，屈原的作品得以在此保存，應是順理成章的事情。而《楚辭》得以傳播，則是宋玉、唐勒、嚴助、朱買臣、劉安、劉向等人的功績。《史記·屈原賈生列傳》說：「屈原既死之後，楚有宋玉、唐勒、景差之徒者，皆好辭而以賦見稱。」〔註13〕《楚辭章句·九辯序》說：「宋玉者，屈原弟子也。閔惜其師，忠而放逐，故作《九辯》以述其志。」〔註14〕宋玉受屈原的影響很大，其文學成就與屈原密不可分，歷代都以屈宋並稱，甚至有人推測最早的《楚辭》輯本就是由宋玉編輯的。如湯炳正先生曾推測說：《楚辭》作品第一組（指《離騷》《九辯》兩篇）的「纂成時間，當在先秦；其纂輯者或即爲宋玉。此爲屈、宋合集之始。」又說：這「第一組作品，乃先秦時代《楚辭》的雛形，本是屈、宋合集，獨立成書，……其纂輯者，或即爲宋玉本人。」〔註15〕這一推測，雖然沒有文獻資料加以佐證，卻有一定合理性。嚴助、朱買臣均爲漢代辭賦家，《漢書·藝文志》著錄嚴助賦三十五篇、朱買臣賦三篇。《漢書·朱買臣傳》說：「（嚴助）薦（朱）買臣。召見，說《春秋》，言《楚詞》，帝甚說（悅）之，拜買臣爲中大夫，與嚴助俱侍中。」〔註16〕以《春秋》與《楚辭》對稱，可見《楚辭》的重要地位，也說明《楚辭》作爲一種特殊風格的文體樣式已得到廣泛認可與接受。劉安一生經歷漢文帝、景帝、武帝三朝，與《楚辭》關係尤爲密切，是《楚辭》研究專家。《漢書·淮南王傳》記載：「時武帝方好藝文，以（劉）安屬爲諸父，辯博善爲文辭，甚尊重之。……使爲《離騷傳》，且受詔，日食時上。」〔註17〕王逸《楚辭章句敘》則云：「至於孝武帝，恢廓道訓，使淮南王安作《離騷經章句》，則大義粲然。」〔註18〕《離騷傳》《離騷經章句》大概是同書異名，不論是否，都屬「楚辭學」研究專著。「傳」是「訓解」的意思，古人解說「經」義，傳授師說，並加以闡發，

〔註13〕　（漢）司馬遷：《史記·屈原賈生列傳》，中華書局，1982年11月第2版，第2491頁。

〔註14〕　（宋）洪興祖撰，白化文等點校：《楚辭補注》，中華書局，1983年3月第1版，第182頁。

〔註15〕　湯炳正：《屈賦新探》，齊魯書社，1984年2月第1版，第93、95頁。

〔註16〕　（漢）班固撰，（唐）顏師古注：《漢書·朱買臣傳》，中華書局，1962年6月第1版，第2791頁。

〔註17〕　（漢）班固撰，（唐）顏師古注：《漢書·淮南王傳》，中華書局，1962年6月第1版，第2145頁。

〔註18〕　（東漢）王逸：《楚辭章句敘》，載（清）嚴可均：《全後漢文》，商務印書館，1999年10月第1版，第584頁。

稱為傳。《離騷傳》就是對《離騷》的訓解。關於「章句」，《後漢書・桓譚傳》注云：「章句謂離章辨句，委曲枝派也。」〔註19〕章句著重於逐句逐章串講、分析大意。漢代章句的特徵是緊附闡釋對象，離章斷句，逐句逐章解釋原文。從現存資料看，劉安的《離騷經章句》當是最早的《楚辭》注解。劉向校書秘府，《楚辭》正式結集。據《漢書・成帝本記》載：河平三年秋八月，「光祿大夫劉向校中秘書。謁者陳農使，使求遺書於天下。」〔註20〕《隋書・經籍志》云：「（劉向）校經傳諸子詩賦，……每一書成，向輒撰為一錄，論其指歸，辨其訛謬，敘而奏之。」〔註21〕王逸云：「逮至劉向，典校經書，分為十六卷。」〔註22〕王逸撰《楚辭章句》，依據的就是劉向編輯整理的本子。王逸的《楚辭章句》是今傳《楚辭》的最早注本。漢代的《楚辭》研究專家，除劉安、劉向、王逸等人外，還有揚雄、賈逵、班固、馬融等。

南北朝時期，蕭統編有《文選》三十卷，專設「騷」體，收錄屈原《離騷》《九歌》《九章》《卜居》《漁父》、宋玉《九辯》《招魂》、劉安《招隱士》，均為《楚辭》中的作品。與漢代將屈原等人所作的楚辭作品看作賦不同，蕭統單列「騷」體，與《文選》中其他三十八體平列，衝破以往知識體系的束縛，顯示對《楚辭》地位的推崇，通過劃分文體，表達對《楚辭》地位的確認。

劉勰在《文心雕龍》中提出一系列觀點，在《楚辭》研究史上有著重要意義。他對《楚辭》的思想內容及屈原的精神品格，是持完全肯定態度的。例如，他認為：「楚襄信讒，而三閭忠烈，依《詩》製《騷》，諷兼『比』『興』。」「屈平聯藻於日月，宋玉交采於風雲。觀其豔說，則籠罩雅頌」。〔註23〕劉勰讚揚《楚辭》具體篇章的藝術風采與成就：「《騷經》《九章》，朗麗以哀志；《九歌》《九辯》，綺靡以傷情；《遠遊》《天問》，瑰詭而惠巧；《招魂》《大招》，耀豔而深華；《卜居》標放言之致；《漁父》寄獨往之才。故能氣往轢古，辭來切今。驚采絕豔，難與並能矣。」「三閭《桔頌》，情采芬芳，比類寓意，又覃及細物矣。」「若夫《楚辭・招魂》，可謂祝辭之組麗也。」

〔註19〕　（南朝宋）范曄撰，（唐）李賢等注：《後漢書・桓譚傳》，中華書局，1965年5月第1版，第955頁。

〔註20〕　（漢）班固撰，（唐）顏師古注：《漢書・成帝紀》，中華書局，1962年6月第1版，第310頁。

〔註21〕　同〔註10〕，第905頁。

〔註22〕　同〔註18〕。

〔註23〕　周振甫：《文心雕龍今譯》，中華書局，1986年12月第1版，第326、398頁。

〔註24〕劉勰高度評價《楚辭》總體的藝術成就及其在文學流變中的地位：「及靈均唱《騷》，始廣聲貌。然則賦也者，受命於詩人，而拓宇於《楚辭》也。」〔註25〕從整體上看，對《楚辭》是充分肯定、熱情讚美的，在《辨騷》中劉勰說：「自風雅寢聲，莫或抽緒，奇文鬱起，其《離騷》哉！」〔註26〕從《詩》到《騷》，他尋到了一條文學上的發展路徑，是前承後續，是積極的發展。《楚辭》是「軒翥《詩》人之後，奮飛辭人之前」的偉大作品，指出《楚辭》上承《詩經》，下開漢賦的承前啟後的作用。《楚辭》在「敘情怨」「述離居」「論山水」「言節候」諸方面，均表現出獨特之處，所以，它是「驚才風逸，壯志煙高」，是「驚采絕豔，難與並能」的。〔註27〕

　　先唐時期楚辭學的發展，構成《藝文類聚》發展的一個大的學術背景，間接影響到《藝文類聚》編者對《楚辭》的認識與安排。另外，一個直接的原因是，《藝文類聚》的重要編者——令狐德棻，他撰寫的《周書·王褒庾信傳論》，是文學批評專論，其中論及《楚辭》說：「逐臣屈平，作《離騷》以敘志，宏才豔發，有惻隱之美。宋玉，南國詞人，追逸響而亞其跡。大儒荀況，賦禮智以陳其情，含章鬱起，有諷論之義。賈生，洛陽才子，繼清景而奮其暉。並陶鑄性靈，組織風雅，詞賦之作，實為其冠。自是著述滋繁，體制匪一。……雖時運推移，質文屢變，譬猶六代並湊，易俗之用無爽；九流競逐，一致之理同歸。歷選前英，於茲為盛。」〔註28〕從進化史觀出發，比較正確地探討了文學發展的方向，肯定了《楚辭》的文學價值，讚美屈宋「宏才豔發，有惻隱之美」，「追逸響而亞其跡」，「詞賦之作，實為其冠」；認為文學是在不斷地發展，「時運推移，質文屢變」，由《詩》到《騷》，是文學的進步。從《楚辭》的「豔發」，到六朝的「綺靡」，就某種意義上講，正是文學進步的標誌，是文學隨著時代的變化而變化的結果。同時，「六代並湊，易俗之用無爽；九流競逐，一致之理同歸」，並不妨礙文學的教化功能。肯定了《楚辭》開啟的「驚采絕豔」的藝術傳統，也就肯定了《楚辭》在中國文學中的地位。《藝文類聚》的重要編者令狐德棻對《楚辭》的態度，毫無疑問會影響到《藝文類聚》對所選錄的《楚辭》作品的編排。

〔註24〕同〔註23〕，第 45、84、94 頁。

〔註25〕同〔註23〕，第 326、77 頁。

〔註26〕同〔註23〕，第 40 頁。

〔註27〕同〔註23〕，第 40～47 頁。

〔註28〕（唐）令狐德棻等：《周書·王褒庾信傳論》，中華書局，1971 年 11 月第 1
　　　　版，第 743 頁。

在編撰《藝文類聚》之時，《楚辭》學已經取得長足的發展，據《隋書‧經籍志》記載，漢魏六朝時期的《楚辭》學專著計有：「《楚辭》十二卷，並目錄。後漢校書郎王逸注。《楚辭》三卷，郭璞注。梁有《楚辭》十一卷，宋何偃刪王逸注，亡。《楚辭九悼》一卷，楊穆撰。《參解楚辭》七卷，皇甫遵訓撰。《楚辭音》一卷，徐邈撰。《楚辭音》一卷，宋處士諸葛氏撰。《楚辭音》一卷，孟奧撰。《楚辭音》一卷。《楚辭音》一卷，釋道騫撰。《離騷草木疏》二卷，劉杳撰。」〔註29〕總計十部，二十九卷；通計亡書，十一部，四十卷。《隋書‧經籍志‧楚辭類》小序對《楚辭》做了高度評價：「《楚辭》者，屈原之所作也。……弟子宋玉，痛惜其師，傷而和之。其後，賈誼、東方朔、劉向、揚雄，嘉其文采，擬之而作。蓋以原楚人也，謂之『楚辭』。然其氣質高麗，雅致清遠，後之文人，咸不能逮。」〔註30〕這種情況，在《隋書‧經籍志》集部著作中是絕無僅有的，顯示出「楚辭學」已經成為專門之學，說明《楚辭》不同於其他文學總集或別集的特殊地位。這是《藝文類聚》將《楚辭》歸入「事」類而不歸入「文」類的重要原因。其實，自南朝梁代阮孝緒《七錄》「文集錄」首設「楚辭部」以後，歷代因之，《隋書‧經籍志》即仿傚此法。《楚辭》作為一個整體，已經難以分開；而且，楚辭作為一種獨立的文體，已經無法與其他文集相容。正如《四庫全書總目‧楚辭類》小序所言：「蓋漢魏以下，賦體既變，無全集皆作此體者。他集不與楚辭類，楚辭亦不與他集類，體例既異，理不得不分著也。」〔註31〕楚辭的獨立成集和「不與他集類」，加之它在文集中出現最早，決定了其特殊地位。

《藝文類聚》選錄的《楚辭》篇目

《楚辭》篇名	《藝文類聚》引文	卷數	頁碼	今本文字及說明
《離騷》	《楚辭》曰：離，別也。騷，愁也。言己放逐離別，中心愁思。	29	510	與今本同
《離騷》	《楚辭》曰：怨靈修之浩蕩，終不察夫民心。	30	538	今本「浩蕩」後有「兮」字
《離騷》	《楚辭》曰：製芰荷以爲衣，集芙蓉以爲裳。	67	1187	今本中，「衣」後有「兮」字

〔註29〕 同〔註10〕，第1055頁。

〔註30〕 同〔註10〕，第1055～1056頁。

〔註31〕 （清）永瑢等：《四庫全書總目‧楚辭類》，中華書局，1965年6月第1版，第1267頁。

《離騷》	《離騷》曰：既滋蘭之九畹兮。畹，畦也。	81	1390	今本此句前有「余」。「畹，畦也」爲注文
《離騷》	（《楚辭》）又曰：紉秋蘭以爲佩。	81	1390	與今本同
《離騷》	《楚辭》曰：朝飲木蘭之墜露兮，夕餐秋菊之落英。	81	1390	與今本同
《離騷》	（《離騷》）又曰：雜杜衡與芳芷。	81	1393	與今本同
《離騷》	（《離騷》）又曰：樹蕙之百畝。	81	1393	今本句前有「又」字
《離騷》	《楚辭》曰：集芙蓉以爲裳。	82	1400	與今本同
《離騷》	（《楚辭》）又曰：製芰荷以爲衣。	82	1400	今本此句後有「兮」字
《離騷》	《楚辭》曰：製芰荷以爲衣。	82	1405	今本此句後有「兮」字
《九歌·東皇太一》	《楚辭》曰：瑤席兮玉鎮。	69	1205	鎮，今本作「瑱」
《九歌·東皇太一》	《楚辭》曰：蕙有肴兮蘭藉，奠桂酒兮椒漿。	72	1246	肴，今本作「蒸」
《九歌·雲中君》	《楚辭》曰：浴蘭湯兮沐芳華。	4	75	今本作:「浴蘭湯兮沐芳，華采衣兮若英。」
《九歌·雲中君》	《楚辭》曰：覽冀州兮有餘，橫四海兮焉發。	28	499	發，今本作「窮」
《九歌·湘君》	（《楚辭》）又曰：桂棹兮蘭枻，斫冰兮積雪。	2	23	與今本同
《九歌·湘君》	《楚辭》曰：損余玦兮江中，遺予珮兮澧浦	67	1186	損，今本作「捐」
《九歌·湘君》	《楚辭》曰：美要眇兮宜修，沛吾乘兮桂舟。	71	1230	與今本同
《九歌·湘君》	（《楚辭》）又曰：桂棹兮蘭枻，斷冰兮積雪。	71	1230	與今本同
《九歌·湘君》	《離騷》曰：采芳洲兮杜若，將以遺兮下女。	81	1393	與今本同
《九歌·湘君》	（《離騷》）又曰：薜荔拍兮蕙綢。薜荔，香草。拍，榑壁也。綢，縛束也。詩云：綢繆束楚。	81	1393	「薜荔，香草」等18字爲注文
《九歌·湘君》	（《楚辭》）又曰：搴芙蓉兮木末。	82	1400	與今本同
《九歌·湘君》	《楚辭》曰：桂櫂兮蘭枻。	89	1537	與今本同

《九歌·湘君》	（《楚辭》）又曰：沛吾乘兮桂舟。	89	1537	與今本同
《九歌·湘夫人》	（《楚辭》）又曰：嫋嫋兮秋風，洞庭波兮木葉下。	1、3	17、49	嫋，今本作「嬝」
《九歌·湘夫人》	《楚辭·九歌》曰：九疑紛兮並近。	7	140	今本作「九嶷繽兮並迎」
《九歌·湘夫人》	（《楚辭》）又曰：帝子降兮北渚，目眇眇兮愁予。	17	314	與今本同
《九歌·湘夫人》	（《楚辭》）又曰：築室兮水中，葺之兮以荷蓋，蓀壁兮紫壇，播芳椒兮成堂，桂棟兮蘭橑，辛夷楣兮藥房。	61	1094	今本第二句中，無「以」字。
《九歌·湘夫人》	《楚辭·九歌》曰：麋何食兮庭中？蛟何為兮水裔？朝馳余馬兮江皋，夕濟兮西澨。聞佳人兮召余，將騰駕兮偕逝。築室兮水中，葺之兮以荷蓋。	64	1150	今本中，「麋」作「糜」，「召余」作「召予」，「皆」作「偕」，「荷蓋」前無「以」字
《九歌·湘夫人》	（《楚辭》）又（曰）：桂棟兮蘭橑。	89	1537	與今本同
《九歌·大司命》	令飄風兮先驅，使凍雨兮灑塵。	2	26	與今本同
《九歌·大司命》	（《楚辭》）又曰：虛衣兮披披，玉佩兮陸離。	67	1186	今本中，「虛」作「雲」，「披披」作「被被」
《九歌·大司命》	（《楚辭》）又曰：結桂枝兮延佇。	89	1537	與今本同
《九歌·少司命》《九歌·河伯》	《楚辭》曰：與汝遊兮九河，衝風起兮水揚波。	8	156	起，今本《少司命》作「至」。揚，今本《河伯》作「橫」
《九歌·少司命》	（《楚辭》）又曰：滿堂兮美人，忽獨與余兮目成。	17	314	與今本同
《九歌·少司命》	（《楚辭》）又曰：悲莫悲兮生離別，樂莫樂兮新相知。	29	510	與今本同
《九歌·少司命》	（《楚辭》）又曰：秋蘭兮麋蕪，羅生兮堂下。綠葉兮素莖，芳菲兮襲予。秋蘭兮青青，綠葉兮紫莖。	81	1390	今本中，「麋」作「糜」，「素莖」作「素華」，「芳菲」作「芳菲菲」
《九歌·少司命》	《楚辭》曰：秋蘭兮蘼蕪，羅生兮堂下。綠葉兮素枝，芳菲兮襲予。	81	1393	今本中，「蘼」作「糜」，「枝」作「華」，「芳菲」作「芳菲菲」
《九歌·少司命》	（《楚辭》）又曰：荷衣兮蕙帶。	82	1400	與今本同

《九歌・少司命》	《楚辭》曰：孔蓋兮翠旌。孔雀之羽爲車蓋。	91	1574	旌，今本作「旆」，「孔雀之羽爲車蓋」爲注文
《九歌・東君》	《楚辭》曰：暾將出兮東方，照吾檻兮扶桑。檻，楯也。	1	6	暾，今本作「暾」。「檻，楯也」爲注文
《九歌・東君》	《楚辭》又曰：青雲衣兮白霓裳。	1	14	與今本同
《九歌・東君》	（《楚辭》）又曰：翾飛兮翠曾，曾，舞也，言舞工巧似翠鳥之舉。展詩兮會舞。	43	767	「曾，舞也」等12字爲注文
《九歌・河伯》	（《楚辭》）又曰：望美人兮南浦	9	177	望，今本作「送」
《九歌・河伯》	（《楚辭》）又曰：登崑崙兮四望，心飛揚兮浩蕩。日將暮兮悵忘歸，遺極浦兮悟懷。	28	499	今本中，「楊」作「揚」，「遺」作「惟」，「悟」作「寤」
《九歌・河伯》	（《楚辭》又曰：）送美人兮南浦。	29	510	與今本同
《九歌・河伯》	《楚辭》曰：鱗屋兮龍堂，紫貝闕兮朱宮。	62	1111	今本「鱗」前有「魚」
《九歌・河伯》	《楚辭》曰：魚鱗屋兮龍堂。	63	1135	與今本同
《九歌・河伯》	《楚辭・九歌》曰：魚鱗屋兮龍堂，紫貝闕兮朱宮。河伯以魚鱗蓋屋，畫龍文，紫貝作闕，朱丹其宮。	84	1439	「河伯以魚鱗」等18字爲注文
《九歌・河伯》	《楚辭》曰：與汝遊兮九河，衝風起兮橫波。乘水車兮荷蓋，駕兩龍兮驂螭。	96	1664	汝，今本作「女」
《九歌・山鬼》	《楚辭》曰：雷填填兮雨冥冥。	2	26	與今本同
《九歌・山鬼》	《楚辭》曰：若有人兮山之阿，被薜荔兮帶女蘿。既含睇兮又宜笑，子慕予兮善窈窕。	19	356	與今本同
《九歌・山鬼》	（《離騷》）又曰：山中人兮芳杜若，飲石泉兮蔭松柏。	81	1393	與今本同
《九歌・山鬼》	《離騷》曰：山中人兮芳杜若，飲泉石兮蔭松柏。	88	1512	泉石，今本作「石泉」
《九歌・山鬼》	《楚辭》曰：采三秀兮於山澗。三秀芝也。	98	1700	澗，今本作「間」。「三秀芝也」爲注文
《九歌・國殤》	《楚辭》曰：帶長劍，挾秦弓。	60	1087	今本「劍」後有「兮」字

《天問》	《楚辭·天問》：圜則九重，孰營度之？八柱何當？東南何虧？言天有八山爲柱，皆何當値，東南不足，誰虧缺之。日月安屬？列星安陳？	1	3	圜，今本作「圓」。「言天」等19字爲注文
《天問》	（《楚辭》）又曰：角宿未旦，曜靈安藏？角，東方星也。曜靈，日也。言東方未旦之時，藏其精光也。	1	6	「角，東方星也」等21字爲注文
《天問》	又《天問》曰：羿焉畢日，烏焉解羽？	1	6	畢，今本作「彈」
《天問》	《楚辭》曰：夜光何德，死而又育？厥利維何，顧兔在腹？	1	8	今本中，「而」作「則」，「兔」作「菟」，「顧」前有「而」字
《天問》	《楚辭·天問》白蜺嬰茀，胡爲此堂？蜺：雲之有色，似龍。茀：白雲萎蛇者也。	2	39	「蜺：」等14字爲注文
《天問》	《楚辭》曰：《天問》者，屈原所作也。屈原放逐，憂心愁悴。彷徨山澤，經歷陵陸。嗟號日聞，仰天歎息。楚有先王之廟，及公卿祠堂，圖畫天地山川神靈，奇偉，及古賢聖怪物行事。周流罷倦，休息其下，仰見圖畫，因書其壁，呵而問之。以洩憤懣，舒寫愁思。	35	618 ～ 619	今本中，「日聞」作「昊旻」，「楚有」前有「見」，「奇偉」作「琦瑋譎詭」，「呵」作「何」，「洩」作「渫」，「寫」作「瀉」
《天問》	《楚辭·天問序》曰：屈原放逐，憂心愁悴。彷徨山澤，經歷陵陸。仰天歎息。楚有先王之廟，及公卿祠堂，圖畫天地山川神靈，及古賢怪物所行事。周流罷倦，休息其下，仰見圖畫，因書其壁，呵而問之，以泄憤，寫愁思。	38	685	今本中，「楚」前有「見」字，「古賢」作「古賢聖」，「行事」前無「所」字，「泄憤」作「渫憤懣」，「寫」作「舒瀉」
《天問》	《離騷》曰：緣鵠飾玉，后帝具餐。后帝謂殷湯也。言伊尹始仕，緣烹鵠鳥之羹，脩飾玉鼎，以事殷湯。湯賢之，遂以爲相也。	90	1563	具餐，今本作「是饗」。「后帝謂」等33字爲注文
《天問》	《楚辭》曰：何少康逐犬，而顛隕厥首。言少康因獵放犬逐獸，於是舍所宿也。	94	1635	「言少康」等15字爲注文。

《天問》	（《楚辭》）又曰：兄有噬犬弟何欲？兄謂秦伯也。秦伯有犬，弟鍼欲請。易之以百兩卒無祿。	94	1635	「兄謂秦伯」等13字爲注文
《九章·惜誦》	（《楚辭》）又曰：行不群以顛越兮，又眾兆之所咍。	19	356	顛，今本作「巔」
《九章·涉江》	《楚辭》曰：雲霏霏而承宇。	1	14	與今本同
《九章·涉江》	（《楚辭》）又曰：冠青雲之崔嵬。	1	14	青，今本作「切」
《九章·涉江》	（《楚辭》）又曰：霰雪紛其無垠。	2	23	今本句末有「兮」字
《九章·涉江》《九辯》	（《楚辭》）又曰：霰雪霏霏，糅其增加。	2	23	今本《涉江》作「霰雪紛其無垠兮，雲霏霏而承宇。」今本《九辯》作「霰雪雰糅其增加兮」
《九章·涉江》	（《楚辭》）又曰：霰雪紛紛而薄木。	2	23	今本《涉江》作「霰雪紛其無垠兮，雲霏霏而承宇。」
《九章·涉江》	《楚詞》曰：出溆浦而遭回。	9	177	今本作「入溆浦而儃佪兮」
《九章·涉江》	《楚辭》曰：余幼好此奇服兮，年既老而不衰。帶長鋏之陸離兮，冠青雲之崔嵬。	67	1184	青雲，今本作「切雲」
《九章·哀郢》	《楚辭》曰：望長楸而太息，涕淫淫其若霰。過夏首而西浮，顧龍門而不見。	63	1128	今本「息」「浮」後，均有「兮」字。
《九章·哀郢》	《楚辭》曰：心不怡之長久，憂與憂之相接。惟郢路之遼遠，江與夏之不可涉。	64	1154	今本中，「久」「遼遠」後均有「兮」字，「憂與憂」作「憂與愁」
《九章·抽思》	《楚辭》曰：結微情以陳詞兮，矯以遺夫美人。	31	545	與今本同
《九章·懷沙》	《楚辭》曰：滔滔孟夏，草木莽莽。	3	47	今本「夏」後有「兮」字
《九章·思美人》	《楚辭》又曰：開春發兮，白日出之悠悠。吾且蕩志而愉樂兮，遵江夏以娛憂。	3	42	今本中，「發」後有「歲」，「且」作「將」
《九章·思美人》	（《楚辭》）又曰：因芙蓉而爲媒，憚褰衣而濡足。	82	1400	今本中，「媒」後有「兮」字
《遠遊》	（《楚辭》）又曰：麗桂樹之冬榮。	89	1537	與今本同

《卜居》	《楚辭》曰：寧與騏驥抗軛乎？將與雞鶩爭食乎？	91	1581	抗，今本作「亢」
《卜居》	寧昂昂若數千里之駒，泛泛若水中之鳧。	91	1581	今本作「寧昂昂若千里之駒乎？將泛泛若水中之鳧」
《漁父》	《楚辭》曰：安能以皓皓之白，蒙世俗之塵埃哉？	6	110	今本中，「蒙」前有「而」字，「哉」作「乎」
《漁父》	（《楚辭》）又曰：《漁父》者，屈原所作也。屈原馳逐江湘之間，憂愁吟歎。而漁父避世隱身，釣魚江濱，欣然自樂。時遇屈原川澤之域，怪而問之，遂相應答。	35	619	今本中，「馳逐」作「放逐」，「吟歎」作「歎吟」
《大招》	（《楚辭》）又曰：青春受謝白日昭，春氣奮發萬物遽。	3	42	今本「昭」「遽」後，均有「只」字
《大招》	《楚辭》曰：曾頬倚耳曲眉規。	17	315	今本句末有「只」字
《大招》	（《楚辭》）又曰：粉白黛黑施芳澤，長袂拂面善留客。	18	324	今本兩句後均有「只」字
《大招》	（《楚辭》）又（曰）：代奏鄭衛鳴竽張，伏戲駕辨楚勞商。	41	737	今本兩句後均有「些」字。奏，今本作「秦」
《大招》	《楚詞》曰：接徑千里出若雲。言楚國境界，任路交接，方千餘里。中有隱士，暮已來出，集聚若雲也。三圭重侯，三圭，公侯伯。聽類神。察篤夭隱孤寡存。言三圭之君，不但知賢愚之類，亦察知篤疾早夭孤寡，振贍乏。	83	1413	今本中，「雲」「神」「存」後，均有「只」字；「言楚國境界」等26字，「三圭」等5字，「言三圭之君」等24字，均為注文
《九辯》	（《楚辭》）又曰：何氾濫之浮雲，欻擁蔽於明月。思耿耿而願見，然陰曀而不達。	1	8	今本作「何氾濫之浮雲兮，猋壅蔽此明月。忠昭昭而願見兮，然霿曀而莫達。」
《九辯》	（《楚辭》）又曰：收恢臺之盛夏。	3	47	盛夏，今本作「孟夏兮」
《九辯》	（《楚辭》）又曰：悲哉秋之為氣也。蕭瑟兮草木搖落而變衰，憭慄兮若在遠行，登山臨水兮送將歸，泬寥兮天高而氣清，寂寥兮收潦而水清。	3	49	與今本同

《九辯》	（《楚辭》）又曰：皇天平分四時兮，竊獨悲此凜秋，白露既下降百草兮，淹離被此梧楸。	3	49	凜，今本作「廩」
《九辯》	（《楚辭》）又曰：秋既先戒以白露兮，冬又申之以嚴霜。	3	49	與今本同
《九辯》	（《楚辭》）又曰：憭慄兮若在遠行，登山臨水送將歸。	29	510	今本「水」後有「兮」字
《九辯》	《楚辭》曰：坎壈兮貧士失耳而志不平。	35	628	耳，今本作「職」
《九辯》	（《楚辭》）又曰：披荷裯之炅炅。	82	1400	今本作「被荷裯之晏晏兮」
《九辯》	（《楚辭》）又曰：豈不鬱陶而思君兮，君之門兮九重，猛犬狺狺而迎吠兮，關梁閉而不通。	94	1635	今本「門」後無「兮」字
《招魂》	又《招魂》曰：十日並出，流金鑠石。	1	6	並，今本作「代」
《招魂》	《楚辭》曰：光風轉蕙，汎崇蘭。	1	17	今本「蘭」後有「些」
《招魂》	《楚辭·招魂》曰：魂兮來歸，北方不可以止。增冰峨峨，飛雪千里。	2	23	來歸，今本作「歸來」。「止」「里」後，今本均有「些」
《招魂》	《楚辭》曰：獻歲發春兮，汨吾南征，菉蘋齊葉兮白芷生。湛湛江水兮上有楓，目極千里兮傷春心。	3	42	與今本同
《招魂》	《楚辭》云：魂兮歸來，東方不可以託。十日代出，流金鑠石。	5	87	今本中，「託」「石」後，均有「些」
《招魂》	《楚詞》曰：魂兮來歸，北方不可以止。增冰峨峨，飛雪千里。	9	180	來歸，今本作「歸來」。「止」「里」後，今本均有「些」
《招魂》	《楚辭》曰：娛光眇視目增波。	17	314	今本作「嬉光眇視，目曾波些」
《招魂》	（《楚辭》）又曰：蛾眉曼睩目騰光。	17	314	今本句末有「些」
《招魂》	《楚辭》曰：「娉容脩態絙洞房，娥眉曼綠目騰光。	18	324	今本中，兩句後均有「些」字，「娥」作「蛾」
《招魂》	（《楚辭》）又曰：美人既醉朱顏酡。	18	324	今本句末有「些」字。酡，今本作「酡」

《招魂》	《楚辭》曰：陳鍾案鼓造新歌，涉江採菱發陽阿，二八齊容起鄭舞，衽若交竿撫案下，竽瑟狂會填鳴鼓，宮庭震驚發激楚。	41	737	今本每句末均有「些」。
《招魂》	《楚辭》曰：二八齊容起鄭舞，衽若交竿撫案下。	43	767	今本「舞」「下」後均有「些」字
《招魂》	《楚辭》曰：像設居室靜滿閑安，高堂邃宇檻層軒，層臺累榭臨高山，網戶朱綴刻方連，多有突夏夏室寒，經堂入奧朱塵筵。承塵，筵席也。砥室翠翹挂曲瓊，翡阿拂壁羅幬張，翠帷翠幬飾高堂，紅壁沙板玄玉梁，仰觀刻桷畫龍蛇，坐堂伏檻臨曲池，芙蓉始發雜芰荷，紫莖屏風文綠波。	61	1094	今本每句後省略「些」字。今本中，「居」作「君」，「夏夏」作「廈夏」，「翠帷翠幬」作「翡帷翠帳」，「板」作「版」，「綠」作「緣」。「承塵，筵席也」為注文
《招魂》	(《楚辭》)又曰：網戶朱綴刻方連，多有突夏夏室寒。	64	1150	今本中，「連」「寒」後均有「些」字，「突」作「突」
《招魂》	《楚辭》曰：翡翠珠被，爛齊光。	70	1218	今本中，「光」後有「些」字
《招魂》	《離騷》曰：川谷徑復流潺湲，光風轉蕙氾崇蘭。	81	1393	今本兩句後均有「些」字
《招魂》	(《楚辭》)又曰：芙蓉始發雜芰荷，紫莖屏風文綠波。	82	1400	今本中，兩句後均有「些」字，「綠」作「緣」
《招魂》	《楚辭》曰：蝮蛇蓁蓁。	96	1665	與今本同
《招魂》	《楚辭》曰：玄蜂若壺。	97	1687	今本此句後有「些」字
《惜誓》	《楚辭》曰：獨不見鸞鳳之高翔于大皇之野。循四極而回周，見盛德而下。	6	101～102	今本作：「獨不見夫鸞鳳之高翔兮，乃集大皇之野？循四極而回周兮，見盛德而後下。」
《惜誓》	《楚辭》曰：神龍失水而陸居，為螻蟻之所裁。	96	1662	今本「居」後有「兮」字
《惜誓》	《楚辭》曰：獨不見鸞鳳之高翔，大皇之野？循四極而周回，見盛德而後下。	99	1708	今本作：「獨不見夫鸞鳳之高翔兮，乃集大皇之野？循四極而回周兮，見盛德而後下。」

《招隱士》	（《楚辭》）又曰：王孫遊兮不歸，春草生兮萋萋。	3	42	與今本同
《招隱士》	（《楚辭》）又（曰）：桂樹叢生兮山之幽，偃蹇連卷兮枝相繚。	89	1537	卷，今本作「蜷」
《招隱士》	《楚辭》曰：獼兮熊羆，慕類兮以悲。	95	1653	獼，今本作「獼猴」
《招隱士》	《楚辭》曰：歲暮兮不自聊，蟪蛄鳴兮啾啾。	97	1678	與今本同
《七諫·怨世》	《離騷》：蓬艾親人，御于茅兮。	82	1413	今本作「蓬艾親入御於床笫兮」
《七諫·謬諫》	《楚辭》曰：鉛刀進御，遙棄太阿。	60	1082	今本「御」後有「兮」字
《七諫·謬諫》	《楚辭》曰：以直針而為鉤，維河魚之能得？	66	1179	今本中，「鉤」作「釣兮」，「維河」作「又何」
《哀時命》	（《楚辭·天問》）又曰：虹蜺紛其朝覆兮，夕淫淫而霖雨。	2	39	覆，今本作「霞」
《哀時命》	《楚辭》曰：《哀時命》者，屈原之所作也。	21	384	今本作：「《哀時命》者，嚴夫子之所作也。」
《哀時命》	《楚辭》曰：鑿山楹而為室，下被衣於水渚。霧露濛濛其晨降兮，雲依斐而成宇。	64	1150	今本中，「為室」後有「兮」字，「成」作「承」
《哀時命》	《離騷》曰：為鳳皇作鶉籠，雖翕其不容。言以鶉鷃之籠，不能容藏鳳之形體也。	90	1558	今本中，「籠」後有「兮」字，「翕」後有「翅」字。「言以鶉鷃」等15字為注文
《哀時命》	《楚辭》曰：馴跋鼈而上山，吾固知其不能升。	96	1670	今本中，「山」後有「兮」字，「升」作「陞」
《九懷·蓄英》	《楚辭·招魂》曰：秋風兮蕭蕭，舒芳兮振條。	3	49	與今本同
《九懷·陶壅》	（《楚辭》）又曰：超北梁兮永辭。	29	510	超，今本作「絕」
《九懷·株昭》	《楚辭·九懷》曰：驥垂兩耳，中坂蹉跎。蹇驢服駕，無用日多。	94	1629	今本「耳」「駕」後均有「兮」字
	《離騷》）又曰：嘉樹生朝陽，凝霜封其條。嘉樹，松柏也。	88	1512	出自陸機《擬蘭若生春陽》，此係《類聚》誤收。「嘉樹，松柏也」為注文

第三章 《藝文類聚》文體論

本章將《藝文類聚》「文」的部分選錄的 51 種文體劃分為三大部分來論述：詩論、賦論、其它文體論。

第一節 詩 論

《藝文類聚》中選錄的詩體，除標注「詩」者外，尚有「歌」「吟」「歎」「樂府古詩」「樂府」「引」「詠」「謳」。這裡所說的「詩」，包括以上各體。

樂府古詩與樂府，是同一種詩體，都指樂府詩。參見第一章第一節。

《藝文類聚》選錄的「歌」「吟」「歎」「引」「詠」「謳」，均為樂府詩體的名稱。對於它們各自的特徵，元稹《樂府古題序》云：「《詩》訖於周，《離騷》訖於楚，是後，詩之流為二十四名：賦、頌、銘、贊、文、誄、箴、詩、行、詠、吟、題、怨、歎、章、篇、操、引、謠、謳、歌、曲、詞、調，皆詩人六義之餘，而作者之旨。由操而下八名，皆起於郊祭、軍賓、吉凶、苦樂之際。在音樂者，因聲以度詞，審調以節唱。句度短長之數，聲韻平上之差，莫不由之準度。而又別其在琴瑟者為操、引，採民氓者為謳、謠，備曲度者，總得謂之歌、曲、詞、調，斯皆由樂以定詞，非選調（筆者按，調，疑當作「詞」）以配樂也。由詩而下九名，皆屬事而作，雖題號不同，而悉謂之為詩可也。後之審樂者，往往採取其詞，度為歌曲，蓋選詞以配樂，非由樂以定詞也。」〔註1〕元稹論列詩的流變，樂曲和歌辭互相配合的關係，界定

〔註1〕（唐）元稹撰，冀勤點校：《元稹集》（上冊），中華書局，1982 年 8 月第 1 版，第 254 頁。

了樂府詩的各種樣式。從詩與樂關係的角度，把漢以後的詩分爲兩大類；一是原來有樂曲，後人「皆由樂以定詞」；一是原來是詩，後人「採取其詞，度爲歌曲」，「選詞以配樂」。

　　論述最完整縝密的是徐師曾，他在《文體明辨序說》中云：「按樂府命題，名稱不一：蓋自琴曲以外，其放情長言，雜而無方者曰『歌』；步驟馳騁，疏而不滯者曰『行』；兼之曰『歌行』；述事本末，先後有序，以抽其臆者曰『引』；高下長短，委曲盡情，以道其微者曰『曲』；吁嗟嘅歌，悲憂深思，以呻其鬱者曰『吟』；因其立辭之意曰『辭』；本其命篇之意曰『篇』；發歌曰『唱』；條理曰『調』；憤而不怒曰『怨』；感而發言曰『歎』。又有以『詩』名者，以『弄』名者，以『章』名者，以『度』名者，以『樂』名者，以『思』名者，以『愁』名者。」〔註2〕雖然中國文論感悟式的論說方式，還不能完全表述清楚樂府詩各種類之間的細微差別，但是對樂府詩幾個種類的大致特徵的描述還是清楚的。由於古曲譜已經失傳，樂府詩各種類之間有怎樣的細微差別，現在已經很難說清楚了。

　　《藝文類聚》收錄在「事」的部分的詩作者共 313 人，作品總數爲 2256 題，具體情況詳見下表：

《藝文類聚》收錄的詩作

朝代	作者人數	作品總計	收錄作品較多的作者及其數量
先秦	2 人	2 題	
西漢	8 人	20 題	李陵，8 題；蘇武，4 題
東漢	10 人	14 題	蔡邕，3 題
魏	18 人	187 題	曹植，59 題；曹丕，33 題；阮籍，26 題；王粲，15 題；阮瑀，10 題
蜀	1 人	1 題	
晉	71 人	330 題	陸機，62 題；傅玄，36 題；張華，25 題；潘尼，16 題；傅咸，16 題；潘岳，15 題；張協，10 題；張載，9 題；庾闡，8 題；左思，8 題；郭璞，7 題
後秦	2 人	2 題	

〔註2〕（明）徐師曾：《文體明辨序說》，人民文學出版社，1962 年 8 月第 1 版，第 104 頁。

宋	29人	220題	鮑照，48題；謝靈運，45題；謝惠連，25題；顏延之，19題；宋孝武帝劉駿，16題；謝莊，13題；陶潛，10題
齊	17人	96題	謝朓，41題；王融，21題；虞羲，7題；蕭子良，5題；王儉，5題
梁	99人	1000題	蕭綱，181題；沈約，112題；蕭繹，85題；庾肩吾，67題；吳均，67題；劉孝綽，46題；劉孝威，40題；范雲，31題；何遜，29題；王僧孺，25題；蕭衍，21題；王筠，20題，任昉，18題；江淹，15題；蕭統，15題
陳	30人	147題	陰鏗，32題；張正見，27題；徐陵，16題；沈炯，14題
北魏	2人	2題	
北齊	7人	15題	邢子才，5題；劉逖，3題
北周	5人	98題	庾信，65題；王褒，28題
隋	12人	57題	江總，36題；王由禮，4題；虞世基，4題
	無名氏	65題	

　　先秦時期的詩歌，只收錄2題，即荊柯的《蕭蕭歌》（即《易水歌》）和寧戚的《扣牛角歌》。《蕭蕭歌》見於《戰國策・燕策》，又載於《史記・刺客列傳》。胡應麟《詩藪》評此歌曰：「《易水歌》僅十數言，而淒婉激烈，風骨情景，種種具備。亙千載下，復欲二語，不可得。」〔註3〕齊寧戚的《扣牛角歌》，《淮南子》載其創作的背景：「甯越欲干齊桓公，困窮無以自達，於是爲商旅，將任車，以商於齊，暮宿於郭門之外。桓公郊迎客，夜開門，辟任車，爝火甚盛，從者甚眾。甯越飯牛車下，望見桓公而悲，擊牛角而疾商歌。桓公聞之，撫其僕之手曰：『異哉，歌者非常人也！』命後車載之。」〔註4〕《淮南子》未錄其歌。《樂府詩集》卷八十三錄作《商歌二首》，其第二首即《扣牛角歌》。甯越，《樂府詩集》云：「越，一作戚。」〔註5〕像《易水歌》等載於史書或子書的古歌，尚有一定數量，但《藝文類聚》多未收錄，可見它對此類作品的漠視，也說明它選錄的各種文體的作品多來自現成的作品集或選本，很少或根本不從史書、子書中選錄各體作品。

　　漢代，共選錄18人的32題詩作。按照選錄數量的多少排序，依次爲：李陵，8題；蘇武，4題；蔡邕，3題；漢武帝劉徹，2題；班婕好，2題；

〔註3〕　（明）胡應麟：《詩藪》，上海古籍出版社，1979年11月新1版，第42頁。
〔註4〕　（漢）劉安撰，（漢）高誘注，（清）莊逵吉校：《淮南子》，載《諸子集成》（7），上海書店影印，1986年7月第1版，第194頁。
〔註5〕　（宋）郭茂倩：《樂府詩集》，中華書局，1979年11月第1版，第1167頁。

韋孟、司馬相如、烏孫公主、漢高祖劉邦、班固、張衡、孔融、酈炎、崔駰、傅毅、宋子侯、李尤、趙壹，各 1 題。

漢代，騷體詩仍間有新作品，著名的如漢高祖劉邦的《大風歌》，漢武帝劉徹的《瓠子歌》、《秋風辭》，其中前兩首，《藝文類聚》均收錄。收錄的烏孫公主的《烏孫公主歌》亦爲騷體詩。

《藝文類聚》收錄的西漢詩，有 15 首被後代學者認爲是僞作，即司馬相如的《琴歌》、班婕妤的《怨歌行》、漢武帝劉徹的《柏梁臺詩》、李陵和蘇武的詩。關於司馬相如的《琴歌》，《史記·司馬相如列傳》只云相如在卓王孫席間彈奏琴曲，而未載此辭。至陳徐陵《玉臺新詠》始見收錄，《藝文類聚》亦收，研究者或疑其乃兩漢琴工假託。班婕妤的《怨歌行》，始見於《文選》，題爲班婕妤作；《玉臺新詠》亦選錄，作班婕妤《怨詩》，並序云：「昔漢成帝班婕妤失寵，供養於長信宮，乃作賦自傷，並爲《怨詩》一首。」〔註 6〕但《漢書》本傳未載《怨詩》，所以，後代多疑其爲僞作。劉勰認爲：「辭人遺翰，莫見五言，所以李陵班婕妤，見疑於後代也。」〔註 7〕從五言詩發展的角度辨僞，是有一定說服力的，但其他方面則沒有確證。漢武帝劉徹的《柏梁臺詩》，又名《柏梁臺聯句》，首句以漢武帝領起，繼而群臣各聯詠一句，末以東方朔戲弄群臣一句做結。據顧炎武考證，此詩所述與史實不合，所列官職年代亦多與史實相左，「蓋是後人擬作，剽取武帝以來官名及《梁孝王世家》乘輿駟馬之事以合之，而不悟時代之乖舛也。」〔註 8〕李陵詩，《藝文類聚》收錄 8 題，因多與作者身世、經歷不合，學者多疑爲僞作。《太平御覽》引顏延之《庭誥》云；「逮李陵眾作，總雜不類，元是假託，非盡陵制，至其善篇，有足悲者。」〔註 9〕劉勰亦認爲此「見疑於後代」。現在可見的眞實可信的李陵詩，只有《漢書·蘇武傳》所載的《別蘇武》：「（李）陵起舞，歌曰：『徑萬里兮度沙幕，爲君將兮奮匈奴。路窮絕兮矢刃摧，士眾滅兮名已隤。老母已死，雖欲報恩將安歸！』陵泣下數行，因與武決。」

〔註 6〕（陳）徐陵編，（清）吳兆宜注、程琰刪補，穆克宏點校：《玉臺新詠箋注》，中華書局，1985 年 6 月第 1 版，第 26 頁。

〔註 7〕（南朝梁）劉勰著，范文瀾注：《文心雕龍注》，人民文學出版社，1958 年 9 月第 1 版，第 66 頁。

〔註 8〕（清）顧炎武著，（清）黃汝成集釋：《日知錄集釋》，上海古籍出版社，1985 年 6 月第 1 版，第 1590 頁。

〔註 9〕李昉等：《太平御覽》，中華書局，1960 年 2 月第 2 版，第 2640 頁。

〔註 10〕惜《藝文類聚》並未錄此詩，這亦可見它不直接從史書中選錄各體作品的特點。蘇武詩，《藝文類聚》收錄 4 首，詩中與作者經歷不符之處頗多，後世多認爲其僞。如逯欽立《漢詩別錄》說，宋初迄於齊末，僅有李陵詩見稱以及模擬，而無所謂蘇武詩。檢《隋書·經籍志》，梁有《李陵集》，無《蘇武集》。以蘇詩原屬李集，故他書引錄，尙多作李陵。《詩品序》所說的「子卿」《雙鳧》句，爲「少卿」之誤，因爲《詩品序》所舉名篇，皆屬上、中二品內人，《雙鳧》作者，如爲蘇武，則上、中品不得獨無其名。庾信《哀江南賦》云：李陵之雙鳧永去，蘇武之一雁空飛。仍作李陵，不作蘇武。〔註11〕逯欽立的考證詳實，當屬確論。其輯校的《先秦漢魏晉南北朝詩》中有「李陵錄別詩二十一首」，其中就包含有《藝文類聚》題名爲李陵、蘇武的詩，逯欽立認爲這些詩都是漢末文士僞託。他說：「此二十一首種類雖雜，然無一切合李陵身世者，說明既非李陵所自作，亦非後人所擬詠。前賢如蘇軾、顧炎武等皆疑之固是，然亦未能釋此疑難也。欽立曩寫《漢詩別錄》一文，曾就此組詩之題旨內容用語修辭等，證明其爲後漢末年文士之作。依據《古今同姓名錄》，後漢亦有李陵其人，固不止西京之少卿也。以少卿最爲知名，故後人以此組詩附之耳。」〔註12〕這個結論是可信的。

　　東漢的詩人中，比較著名的是班固、張衡、孔融、趙壹。班固的詩作有《詠史》等，是五言詩，但《藝文類聚》未予選錄，選錄的是他的《竹扇詩》，亦爲五言，共四句。《古文苑》輯有《竹扇賦》；《竹扇詩》語見於《竹扇賦》。姜書閣認爲，《竹扇賦》這樣的作品，不是班固時代所能產生的，且語頗鄙俗，斷爲僞託，無疑。〔註13〕今存《竹扇賦》只是一個殘篇，根據一個殘篇來斷眞僞，不免過於武斷；而《竹扇詩》的眞僞更不能妄下結論。張衡的《四愁詩》，始見於《文選》。用七言帶騷體的詩格，創爲新制。趙壹的《客秦詩》，只錄其兩句。從這兩句詩來看，所謂《客秦詩》，也就是《疾邪詩》。其詩共兩首，附於《刺世疾邪賦》之末，最早見於《後漢書·趙壹傳》。檢《後漢

〔註10〕（漢）班固撰，（唐）顏師古注：《漢書·蘇武傳》，中華書局，1962 年 6 月第
　　　　1 版，第 2466 頁。
〔註11〕逯欽立：《漢魏六朝文學論集》，陝西人民出版社，1984 年 11 月第 1 版，第 5
　　　　〜7 頁。
〔註12〕逯欽立輯校：《先秦漢魏晉南北朝詩》，中華書局，1983 年 9 月第 1 版，第 337
　　　　頁。
〔註13〕姜書閣：《漢賦通義》，齊魯書社，1989 年 10 月第 1 版，第 424 頁。

書・趙壹傳》，因詩前有「有秦客者，乃爲詩曰」的字樣，故名《客秦詩》。
〔註14〕孔融的《離合詩》，乃是一種拆解文字以組成新字的詩，本詩共合成
「魯國孔融文舉」六字。在《藝文類聚》卷五十六雜文部二・詩中，收錄多
位作者數首《離合詩》。其實，眞正代表孔融詩歌創作成就的是《六言詩》
和《臨終詩》，但《藝文類聚》未選錄。蔡邕的《翠鳥詩》刻畫細膩，神態
逼眞。宋子侯的《董嬌饒詩》，採用對話體，以桃李秋天零落，春天又復芬
芳，反襯並感歎女子盛年一去永不復返。

　　三國魏，共選錄 18 人的 187 題詩作。按照選錄數量的多少排序，依次
爲：陳思王曹植，59 題；魏文帝曹丕，33 題；阮籍，26 題；王粲，15 題；
阮瑀，10 題；劉楨，9 題；應瑒，6 題；繁欽，5 題；應璩，5 題；魏明帝曹
叡，5 題；徐幹，3 題；陳琳，3 題；程曉，2 題；魏武帝曹操，2 題；何晏，
1 題；邯鄲淳，1 題；劉伶，1 題。

　　曹操今存詩全部是樂府詩。他利用漢代樂府舊題，自創新辭，反映現實，
述志抒情，形成慷慨悲涼的基本情調。代表作有《短歌行》《步出夏門行》等。
《藝文類聚》選錄曹操詩二題，一曰《短歌行》，一曰《歌詩》，其實《歌詩》
即爲《短歌行》的後半部分，所以，兩題實爲一首詩。對於曹操這樣一位重
要的詩人，《藝文類聚》只選錄其一首詩，數量是少了些，這可能是由於曹操
多以樂府寫時事，尤其是軍國大事，其詩歌意象不太符合《藝文類聚》類目
的選錄標準。曹丕的詩大致分爲紀事詩、遊宴詩、代人立言的擬作詩三類。《飲
馬長城窟行》《於黎陽作詩》《至廣陵於馬上作詩》等屬於第一類；《善哉行》
《於玄武陂作詩》《芙蓉池詩》《在孟津詩》等屬於第二類；《寡婦詩》《代劉
勳出妻王氏詩》《秋胡行》《燕歌行》等屬於第三類。上述提到的這些詩，《藝
文類聚》均收錄。其中第三類詩中最優秀的是七言詩《燕歌行》（秋風蕭瑟天
氣涼），氣氛淒清悲涼，感染力強，是我國早期成熟的七言詩。曹植是魏國詩
人中選錄詩最多的。他的詩歌創作以曹丕稱帝爲界，分前後兩個時期。前期
詩有的表現鄴城生活的浪漫與放縱，如《名都篇》《鬥雞詩》《公宴詩》《箜篌
引》《侍太子坐詩》等；有的表現建功立業的報國壯志，如《白馬篇》；有的
抒寫友情，如《送應氏詩》（其二）、《離友詩》等；另外還有一些擬作詩，如
《美女篇》等。作於前期的《送應氏詩》本爲二首，《藝文類聚》只選錄其二，

〔註14〕　（南朝宋）范曄撰，（唐）李賢等注：《後漢書・趙壹傳》，中華書局，1965
　　　　　年 5 月第 1 版，第 2631 頁。

而反映喪亂的其一（步登北邙阪）未選。《藝文類聚》選錄的曹植後期詩作有《贈弟白馬王彪詩》《種葛篇》《吁嗟篇》，多表現憂思和愁情。

　　三曹之外，「建安七子」是這一時期重要的文士集團。「七子」中的孔融，按照《藝文類聚》的體例歸屬到漢代，這裡只述其他六子。王粲的詩在「七子」中是選錄最多的，與他在詩壇上的地位相稱。其著名的《七哀詩》（二首）、《從軍詩》《雜詩》（《藝文類聚》只題作《詩》（列車息眾駕）），亦均收錄。劉楨的重要作品，如《贈從弟詩》（其二、其三）及與此意蘊相近的失題詩（昔君錯畦疇）均選錄。陳琳的詩數量較少，且均為五言詩，他的文學成就在書檄章表等應用文章，而不在詩歌；但未選他的詩歌代表作《飲馬長城窟行》，是個缺陷。阮瑀的詩，漏選其名作《駕出北郭門行》，大概因為此詩是寫一孤兒受後母虐待而哭訴於生母墓前之事，雖其情可感，但其狀可悲，與《藝文類聚》崇尚美與善的選錄原則不符，故為編者所棄。徐幹的《答劉楨詩》表現誠篤的友情，《室思詩》流利婉轉，情致繾綣，淳厚質樸。應瑒的《報趙淑麗詩》《別詩》（二首）頗見真情。

　　繁欽雖名列「七子」之外，卻是鄴下文人集團的重要成員，其《定情詩》最為重要。《樂府解題》曰：「（《定情詩》）言婦人不能以禮從人，而自相悅媚。乃解衣服玩好致之，以結綢繆之志，若臂環致拳拳，指環致殷勤，耳珠致區區，香囊致扣扣，跳脫致契闊，佩玉結恩情，自以為志而期於山隅、山陽、山西、山北。終而不答，乃自傷悔焉。」〔註 15〕全詩採用排比句法，語言曉暢。魏國較著名的詩人還有阮籍。《晉書·阮籍傳》載：「籍能屬文，初不留思，作《詠懷詩》八十餘篇，為世所重。」〔註 16〕《詠懷詩》是他的主要詩歌作品，含蓄蘊藉，飄逸自然。《藝文類聚》選錄阮籍詩 26 首，全部是《詠懷詩》。魏明帝曹叡也是文學名家，與其父曹丕、祖父曹操一起稱為「魏之三祖」。他的詩全部為樂府歌辭，《短歌行》等篇名踵武曹操，甚至語句亦學之；《燕歌行》亦仿曹丕同題之作。曹操、曹丕、曹叡，三世為文，皆以樂府詩創作為主，雖各有成就，但正如鍾嶸所云「叡不如丕」。〔註 17〕劉伶放浪形骸，服膺老莊，不專意於著作，故詩文較少，《北芒客舍詩》寫作者憂思難當，長

〔註15〕　同〔註5〕，第 1076 頁。
〔註16〕　（唐）房玄齡等：《晉書·阮籍傳》，中華書局，1974 年 11 月第 1 版，第 1361 頁。
〔註17〕　（南朝梁）鍾嶸著，陳延傑注：《詩品注》，人民文學出版社，1961 年 10 月第 1 版，第 56 頁。

夜無眠，借酒澆愁，以琴瑟抒懷。何晏是玄學家，又善詩賦，惜多已佚，《藝文類聚》在兩個子目下錄其兩首同題詩。其中「鴻鵠比翼遊」一首，始見於《世說新語·規箴》注引《名士傳》：「是時曹爽輔政，識者慮有危機。晏有重名，與魏姻戚，內雖懷憂，而無復退也。著五言詩以言志曰：『（原詩略）』蓋因輅言，懼而賦詩。」〔註18〕詩題，鍾嶸《詩品》作《擬古》；認爲其抒寫憂禍之思，「風規見矣」，「文采高麗，並得蚪龍片甲，鳳皇一毛。」〔註19〕評價頗高。應璩是應瑒之弟，其《百一詩》較著名，《文選》錄《百一詩》1首。《藝文類聚》錄《百一詩》2首，與《文選》所選亦不同。關於《百一詩》的作意，《三國志·魏書·應璩傳》注引《文章敍錄》曰：「曹爽秉政，多違法度，璩爲詩以諷焉。其言雖頗諧合，多切時要，世共傳之。」〔註20〕《百一詩》中確有這方面內容的詩，如「室廣致凝陰」一首，針對魏明帝廣開宮館而發，旨在譏刺奢靡的世風；然其內容也有抒發日常生活感受的，如「年命在桑榆」一首，感歎遲暮，以及時行樂來自我安慰。

三國時，蜀國只收錄 1 位詩人的 1 題作品，即諸葛亮的《梁父吟》，但此詩非諸葛亮所作。《樂府詩集》引《古今樂錄》曰：「《蜀志》曰：諸葛亮好爲《梁甫吟》。然則不起於亮矣。」郭茂倩曰：「梁甫，山名，在泰山下。《梁甫吟》，蓋言人死葬此山，亦葬歌。」〔註21〕余冠英認爲此詩爲齊地土風。〔註22〕

晉代，共選錄 71 人的 330 題詩作。按照選錄數量的多少排序，依次爲：陸機，62 題；傅玄，36 題；張華，25 題；潘尼，16 題；傅咸，16 題；潘岳，15 題；張協，10 題；張載，9 題；左思，8 題；庾闡，8 題；郭璞，7 題；湛方生，5 題；石崇，5 題；司馬彪，5 題；袁宏，5 題；陸雲，5 題；王讚，4 題；張翰，4 題；孫綽，4 題；成公綏，4 題；荀勖，3 題；夏侯湛，3 題；何劭，3 題；嵇康，3 題；李顒，3 題；楊泉，3 題；棗據，3 題；曹毗，3 題；劉琨，3 題；王凝之妻謝氏、許詢、王獻之、孫楚、嵇含、程曉、江逌、李充、蘇彥、棗腆、陸沖、閭丘沖，各 2 題；辛曠、張望、劉恢、王康琚、

〔註18〕余嘉錫：《世說新語箋疏》，中華書局，1983 年 8 月第 1 版，第 553 頁。

〔註19〕同〔註17〕，第 34 頁。

〔註20〕（晉）陳壽撰，（宋）裴松之注：《三國志·魏書·應璩傳》，中華書局，1982 年 7 月第 2 版，第 604 頁。

〔註21〕同〔註5〕，第 605 頁。

〔註22〕余冠英：《漢魏六朝詩選》，人民文學出版社，1978 年 12 月第 2 版，第 38 頁。

王彪之、王濟、王濬、王浚、劉和妻王氏、傅克妻辛氏、裴秀、盧諶、嵇紹、殷仲文、江偉、顧愷之、左九嬪、陳新塗妻李氏、袁山松、摯虞、杜育、楊方、曹攄、阮脩、晉武帝司馬炎、桓玄、習鑿齒、陸筠、桃葉、歐陽建，各1題。

　　傅玄的詩平實、樸拙，在西晉文壇佔有重要地位。其詩絕大部分模擬漢魏樂府，以描寫婦女命運的作品爲最多。《秋胡行》詠秋胡戲妻的原始主題；《豔歌行》擬樂府古辭《陌上桑》。這類作品往往少新變，乏個性。《苦相篇》反映女子低賤的地位與不幸，是傅詩中的佳篇，惜《藝文類聚》並未選錄。《車遙篇》《雜言詩》在比興運用上有特色。其子傅咸的詩以四言爲主。《孝經詩》《論語詩》《毛詩詩》《周易詩》等，類同書鈔；《贈崔伏二郎詩》等應酬贈答之作，枯槁乾澀。傅咸的詩並不見佳，入選數量過大。張華是西晉重要詩人。他的詩有一部分是郊廟歌辭，《藝文類聚》棄而不選，裁奪較爲允當。樂府詩《壯士篇》《遊俠篇》多有豪壯之語，《遊獵篇》刺豪奢風氣，而同類性質的名篇《輕薄篇》未選。五言詩《情詩》《雜詩》寫男女情愛，《答何劭詩》頗能傳達作者的眞實心態，《荷詩》寫景中透著感喟。四言詩《勵志詩》正面述志，但淪爲道德說教。成公綏的詩，只有述行詩「洋洋熊耳流」較出色。夏侯湛的詩均爲楚歌體，這在五言詩勃興的時代，實屬特例。《離親詠》較好。荀勗的詩，均泛泛之作，無可稱述。何劭的《贈張華詩》，《文選》亦收錄；但《雜詩》，《文選》收錄，《藝文類聚》未錄。孫楚的詩當時頗受推重，《征西官屬送別詩》，《文選》亦收錄。潘岳的《悼亡詩》3首比較成功，《藝文類聚》收錄其中兩首。《懷縣詩》是述志詩，《關中詩》爲奉詔命而作，《爲賈謐贈陸機詩》《於賈謐坐講漢書詩》《北芒送別王世冑詩》爲贈答酬唱之作；作爲「二十四友」之首，他有貴遊之作《金谷集詩》。其代表性詩作，《藝文類聚》大體均收錄。陸機爲西晉選詩最多的詩人。《赴洛詩》《贈從兄車騎詩》是其代表作。其詩模擬之作較多，有模擬漢樂府的，如《日出東南隅行》《猛虎行》；有模擬古詩的，如《擬庭中有奇樹詩》《擬青青河畔草詩》；有模擬建安作品的，如模擬曹操的《短歌行》、模擬曹丕的《燕歌行》、模擬王粲的《從軍行》等。其詩內容比較貧乏，但文辭華美，清新可誦。左思的《詠史詩》爲組詩，是其代表作，《藝文類聚》選錄其中3題。劉勰說：「左思奇才，業深覃思，盡銳於三都，拔萃於詠史，無遺力矣。」〔註23〕所

〔註23〕同〔註7〕，第700頁。

論極是。石崇的《明君辭》開以王昭君事入詩之先。潘尼的詩多贈答之作，《送盧弋陽景宣詩》《答陸士衡詩》等，均平淡無情致。惟作於「八王之亂」的《迎大駕》，是西晉少有的紀亂之作，《文選》收錄，但《藝文類聚》未選。陸雲在西晉詩人中創作四言詩最多，如《侍大將軍宴詩》《餞太尉王公還京邑詩》。五言詩有《贈兄詩》等。其詩詞華意淺。陸雲自言「不便五言詩」，「四言五言非所長」，〔註 24〕蓋非自謙之詞。張翰的詩，「暮春和氣應」，抒發歸隱後的人生感慨。《周小史詩》為四言，從多方面描寫人物，顯出新的探索。曹攄的詩皆多章長篇，故只選其《贈石崇詩》片段。張載的詩，較著名的有《登成都白菟樓詩》《七哀詩》。張協的《雜詩》10 首是抒情述懷之作，造語清新警拔，為其代表作，《藝文類聚》選錄其中 7 首；另外較好的是《詠史詩》。嵇紹的《贈石季倫詩》，《文選》亦收錄，但藝術上較平淡。嵇含的《悅晴詩》和《伉儷詩》，全為兩兩對偶，在五言詩史上實屬空前。王贊的詩，「朔風動秋草」較好。劉琨的詩，《扶風歌》最佳，《贈盧諶詩》（應作「《重贈盧諶詩》」）悲涼慷慨。盧諶的《答劉琨詩》，為答劉琨《重贈盧諶詩》之作。

　　庾闡是東晉詩壇較有影響的詩人，《遊仙詩》（10 首）借遊仙以表達老莊玄理。《江上遇風詩》《三月三日詩》《登楚山詩》、《觀石鼓詩》等，均為山水景物詩。李充的《嘲友人詩》為擬征夫之詞。李顒的「炎光燦南溟」為詠溽暑之作，《涉湖詩》詠太湖，狀湖光山色，描摹生動，體現其詩歌成就。郭璞與庾闡同為東晉初遊仙詩的兩大作者，其主要作品為《遊仙詩》，《藝文類聚》選錄其中 10 題；他的贈答詩，《藝文類聚》選錄《贈溫嶠詩》2 題。孫綽為東晉玄言詩的代表作者，但《藝文類聚》並未側重選其此類詩，「蕭瑟仲秋月」《三月三日詩》為寫景詩；《情人詩》為愛情詩；《表哀詩》為悼母之作，哀思綿綿，並非全是玄理。許詢為東晉另一玄言詩代表作者，但從《藝文類聚》所選片段看，並未見玄言的影子。袁宏的詩，「周昌梗概臣」「無名困螻蟻」2 題吟詠古人，感慨今世。鍾嶸云：「彥伯《詠史》（筆者按，指上兩首詩），雖文體未遒，而鮮明緊健，去凡俗遠矣。」〔註 25〕此 2 題為東晉詠史詩中的佳構。曹毗的《詠冬詩》為景物詩；《夜聽擣衣詩》寫夜晚擣衣女子心態，實開

〔註 24〕陸云：《與兄平原書》，載（清）嚴可均輯：《全晉文》，商務印書館，1999 年 10 月第 1 版，第 1074～1080 頁。
〔註 25〕同〔註 17〕，第 39 頁。

寫作「擣衣詩」之先。江逌的詩,「祝融解炎轡」詠秋,「蓽門不啓扉」詠貧。殷仲文的《送東陽太守詩》爲送別之作;另有《南州桓公九井作詩》寫秋色述襟懷,《文選》選錄,但《藝文類聚》未選。顧愷之的《神情詩》,五言四句寫四季;《藝文類聚》注曰:「摘句」,〔註26〕可見非全詩。湛方生的山水景物詩堪稱上品,如《帆入南湖詩》《還都帆詩》。

　　南朝宋,共選錄29人的220題詩作。按照選錄數量的多少排序,依次爲:鮑照,48題;謝靈運,45題;謝惠連,25題;顏延之,19題;宋孝武帝劉駿,16題;謝莊,13題;陶潛,10題;吳邁遠,6題;謝瞻,5題;南平王劉鑠,4題;江夏王劉義恭,3題;袁淑,3題;范泰,3題;傅亮、鮑令暉、宗炳、宋文帝劉義隆、湯惠休、王僧達、王叔之,各2題;顏師伯、王微、王徽、何長瑜、張望、伏系之、徐謜、賀道慶、鄭鮮之,各1題。

　　陶潛,依照《藝文類聚》的體例,歸入南朝宋的作者。其代表性作品是田園詩和詠史詩;這兩類作品,《藝文類聚》均有選錄,如《雜詩》(種豆南山下)(開荒南野際)等爲田園詩,《讀山海經詩》《詠荊軻詩》等爲詠史詩。但是,以陶潛在中國詩歌史上的地位,僅選8首詩,數量偏少,這大概由於《藝文類聚》的編者受到前朝對陶詩漠視態度的影響。顏延之的詩,歷來受稱頌的《秋胡詩》《北使至洛詩》均選錄。寫景詩《罷郡還與張湘川登巴陵城樓詩》《登景陽樓詩》亦有清麗的佳句。另有廟堂應制之作,如《三日侍遊曲阿後湖詩》《詔宴曲水詩》《侍遊蒜山詩》。謝靈運是扭轉玄言詩風、開創山水詩派的人物,故所錄多爲山水詩,如《登池上樓詩》《彭蠡口詩》《石壁還湖中作詩》《石門岩上宿詩》等。謝詩有鮮麗清新的特點,但也流於雕琢堆砌,有佳句,少佳篇,不過這正好適合於類書摘錄其佳句。謝瞻入選的詩,其中《九日從宋公戲馬臺詩》《答靈運詩》《經張子房廟詩》,《文選》亦選錄。謝惠連的《懷秋詩》《擣衣詩》最有名。鍾嶸云:「《懷秋》、《擣衣》之作,雖復靈運銳思,亦何以加焉。」〔註27〕較著名的尚有《西陵獻康樂詩》等。鍾嶸云:「(謝惠連)又工爲綺麗歌謠,風人第一。」〔註28〕《塘上行》《善哉行》等樂府詩,均顯「綺麗」特色。鮑照擅長樂府詩,尤工七言,《擬行路難》18首是代表作,《藝文類聚》選錄2首。其五言樂府詩也頗具特色,

---

〔註26〕《藝文類聚》,第42頁。
〔註27〕同〔註17〕,第46頁。
〔註28〕同〔註17〕,第46頁。

《出自薊北門行》《苦熱行》等是名篇。其它題材的詩，如《擬古詩》（幽并重騎射）（日晏罷朝歸）等，也較好。鮑令暉的詩，均為思婦之辭，情意纏綿，語言清麗。謝莊的《北宅秘園詩》《遊豫章西山觀洪崖井詩》為寫景名篇，已擺脫玄言影響。《懷園引》《山夜憂》為雜言代表作。宋孝武帝劉駿的詩並不見佳，鍾嶸說：「孝武詩，雕文織采，過為精密。為二藩希慕，見稱輕巧矣。」〔註29〕《藝文類聚》選錄劉駿詩16題，在入選的南朝宋代29位詩人中，位居第五；選錄如此數量的劉詩，是因為劉駿本人愛好文學，形成風尚。《南史・王儉傳》載：「先是宋孝武好文章，天下悉以文采相尚，莫以專經為業。」〔註30〕同時也反映了《藝文類聚》的編者重視選錄前朝帝王作品的傾向。吳邁遠的《長相思詩》為代表作。其善為樂府，詩多征人思婦之情、男女贈答之辭。湯惠休入選的詩均是七言，為思婦之辭；其《怨詩行》比較著名，但《藝文類聚》未收。

南朝齊，共選錄17人的96題詩作。按照選錄數量的多少排序，依次為：謝朓，41題；王融，21題；虞羲，7題；竟陵王蕭子良，5題；王儉，5題；劉繪，4題；孔稚珪，2題；陸厥，2題；隨郡王蕭子隆、石道慧、張融、丘巨源、卞伯玉、徐孝嗣、袁彖、劉瑱、陸慧曉，各1題。

張融的《別詩》，是其現存詩中最好的一首。孔稚珪的《遊太平山詩》，寫山中的奇觀異景，詩境新鮮活潑。王儉的《後園餞從兄豫章詩》，較為輕巧。劉繪的詩，《有所思行》寫相思，含蓄委婉；《送別詩》寫別情，真摯深沉。竟陵王蕭子良的《同隨王經劉先生墓詩》較好，《遊後園詩》淡雅閒適。謝朓的詩，選錄41題。他與沈約、王融並稱為「永明體」的創始人。王融的詩，選錄21題，沈約的詩，選錄112題，可見《藝文類聚》對永明體詩人的推重。但以詩歌成就論，謝朓為最。其山水詩成就最高，《晚登三山望京邑詩》《夜發新林至京邑詩》《遊敬亭山詩》《宣城郡內登望詩》等，清俊秀麗，體物入微，描寫逼真，意境清新。《鼓吹曲》《臨高臺行》《玉階怨詩》等，為永明體詩，篇幅短小，凝練工巧，影響到唐代律詩、絕句的形成。王融的《巫山高》頗有風致；但《古意》《江皋曲》《思公子》《王孫遊》《詠池上梨花》等諸多好詩，仍漏選。陸厥的《奉答內兄顧希叔詩》較好。虞羲的《霍將軍北伐詩》一洗綺靡華豔詩風；《見江邊竹詩》為頗有情致和新意的

<hr />

〔註29〕 同〔註17〕，第63頁。
〔註30〕 （唐）李延壽：《南史・王儉傳》，中華書局，1975年6月第1版，第595頁。

詠竹佳作;《橘詩》以描寫生動見長,富於情韻。

　　南朝梁,共選錄 99 人的 1000 題詩作。按照選錄數量的多少排序,依次
爲:梁簡文帝蕭綱,181 題;沈約,112 題;梁元帝蕭繹,85 題;庾肩吾,
67 題;吳均,67 題;劉孝綽,47 題;劉孝威,40 題;范雲,31 題;何遜,
29 題;王僧孺,25 題;梁武帝蕭衍,21 題;王筠,20 題;任昉,18 題;江
淹,15 題;昭明太子蕭統,15 題;江洪,11 題;柳惲,10 題;蕭子顯,9
題;王臺卿,9 題;劉孝儀,9 題;鮑泉,8 題;丘遲,8 題;朱超,7 題;
蕭子範,7 題;劉緩,7 題;范靖妻沈氏,5 題;戴嵩,5 題;蕭子雲,5 題;
梁宣帝、張率、虞騫、徐摛、徐悱妻劉氏、費昶、劉遵、劉孝先,各 4 題;
張纘、裴子野、邵陵王蕭綸、何思澄、朱超道、蕭子暉、劉邈、劉孝標、陸
罩,各 3 題;高爽、王規、王錫、鄧鏗、殷鈞、豫章王蕭綜、定襄侯蕭祇、
褚沄、范筠、蕭琛、劉瑗、劉孝勝、劉苞,各 2 題;庾仲容、庾成師、施榮
泰、王訓、王脩己、王孝禮、張騫、到溉、孔燾、孔翁歸、伏挺、朱異、朱
越、釋惠、鮑至、徐君蒨、徐勉、徐昉、徐悱、宗懔、宗夬、江祿、武陵王
蕭妃、沈趨、湯僧濟、紀少瑜、李鏡遠、蕭瑱、蕭巡、任豫、蕭若靜、蕭曄、
賀文摽、楊曒、劉霽、劉孺、劉綏、劉顯、王叔英妻劉氏、陸倕、聞人蒨,
各 1 題。

　　沈約是「永明體」的創始人之一,也是梁代文學的開拓者。他的詩風以
自然工麗爲主。鍾嶸云:「觀休文眾製,五言最優。」「雖文不至,其工麗亦
一時之選也。」〔註31〕他的樂府詩,辭藻綺麗,但大都內容貧弱;較有特色
者,如《春白紵歌》《夏白紵歌》《秋白紵歌》《冬白紵歌》《夜夜曲》《朝雲
曲》等,委婉眞摯,頗爲清新。他的描摹山水和抒寫離情別緒的詩,最爲傳
誦。《泛永康江詩》《渡新安江貽京邑遊好詩》《石塘瀨聽猿詩》等描寫自然
風光的詩,大多作於任新安太守時。《八詠詩》,《藝文類聚》選錄其中 6 題,
即《望秋月》《臨春風》《守山東》《悲落桐》《聽曉鴻篇》《聞夜鶴篇》,一題
寫一景,即景抒懷,聲韻和諧,對偶工巧。《懷舊詩》一組九首,全是五言
八句,感情濃烈,其中「吏部信才傑」傷謝朓,是公認的名作。《別范安成
詩》《送友人別詩》《別謝文學詩》等,都表達了對友人的眞摯情誼。江淹的
詩多刻意雕飾,善於模擬。《雜體三十首》分別模擬自漢無名氏至晉宋諸家,
頗肖各家風格;《藝文類聚》分別以《擬古雜體詩》《擬魏帝遊宴詩》《擬班

〔註31〕同〔註17〕,第 52〜53 頁。

婕妤詠扇》為題，選錄 3 題。《效阮公詩》15 題，亦極似阮籍之《詠懷》；《藝文類聚》選錄其中 3 題。除模擬之作外，還有一些頗具特色的抒懷詩，如《望荊山詩》《遊黃蘗山詩》等。范雲的詩，以寫朋友之情和男女之情為主。《別詩》（洛陽城東西）是與何遜所作的聯句。《送沈記室夜別詩》是送別沈約之作，寫景寄情，感情真摯、細膩。《贈俊公道人詩》寫朋友爽約後作者的深切懷思。《別詩》（孤煙起新豐）是代言體，寫思婦傷別懷遠。《巫山高》借巫山神女的傳說，抒發對遠方伊人的思念。寫景詩《四色詩》從具體景物著手，描摹自然界綠、赤、白、玄四種顏色；《之零陵郡次新亭詩》描寫江天遠樹雲煙，筆調疏淡，語言清麗。任昉的詩簡練樸素，不追求華麗的辭藻，但學過於才，缺乏情韻。唯《濟浙江詩》寫船行錢塘江上的景象，輕快、清新，富有餘味。《哭范僕射詩》凝練悲涼，哀感動人。《苦熱詩》狀夏日酷暑，精細真切。丘遲的詩辭采麗逸，對仗工整。《題琴樸（筆者按，應作「材」）奉柳吳興詩》借詠琴材，表達對朋友的仰慕。《旦發漁浦潭詩》描述早發浙江漁浦潭，舟行富春江上的情景，文辭清美。《望雪詩》用奇特細膩的筆觸，渲染壯美的雪景。梁武帝蕭衍創作的樂府詩，大多是當時的新聲，即吳聲、西曲，其中《子夜四時歌》《襄陽白銅堤歌》較為著名。《藝文類聚》選《子夜四時歌》3 題，即《春歌》《夏歌》《秋歌》，主要歌唱青年男女愛情，自然婉轉。《襄陽白銅鞮歌》，《樂府詩集》作「《襄陽蹋銅蹄》」，並引《古今樂錄》曰：「襄陽蹋銅蹄者，梁武西下所製也。」〔註 32〕認為是蕭衍從襄陽領兵西下所作，而《隋書‧樂志》則認為是蕭衍即位後所作。所選「龍馬紫金鞍」，描寫馬的神駿不凡，誇讚襄陽翩翩少年。《籍田詩》反映天子耕籍的有關情況。另有一些儒學詩、佛理詩，如《撰孔子正言竟述懷詩》《靈空詩》《十喻幻詩》等，質木無文，意義不大。柳惲的詩清新秀逸，善為離愁閨怨之辭，尤工寫景，如《江南曲》《搗衣詩》《七夕穿針詩》《獨不見》等。江洪的詩，雖輕豔卻多有情致，以《胡笳曲》《詠荷詩》《秋風曲》《採菱詩》較好。何遜的詩，多抒寫離情別緒和鄉愁旅思，尤善描寫山水景物，格調清新婉轉，如《與胡興安夜別詩》《從鎮江州與遊故別詩》《行經范僕射故宅詩》《富陽浦口和朗上人詩》。《詠早梅詩》為詠物詩，也為人們稱道。他的詩均是五言，工於鍊字，音韻和諧，寫景抒情，婉轉清幽。吳均的詩，遊俠、邊塞題材的較有特色。前者如《行路難》「前有濁尊酒」等；後者如《古意詩》《邊城詩》

〔註 32〕同〔註 5〕，第 708 頁。

《邊城將詩》等。他的贈答之作，蒼涼悲慨，如《答柳惲詩》《贈周興嗣詩》《贈別詩》等。王筠的詩工穩但稍遜情韻，《夕霽詩》等較好。他的詩選錄過多，但《行路難》《楚妃吟》等較受稱頌的作品，卻未選。裴子野的詩，不尚駢儷，風格樸素。《梁書》本傳稱其「爲文典而速，不尚麗靡之詞，其製作多法古，與今文體異」。〔註33〕但《藝文類聚》只選其詩3題，可見編者對「與今文體異」的作品的態度。《詠雪詩》通過詠雪，表達高尚志趣。《答張貞成國詩》是答贈出征友人之作，慷慨豪壯。劉孝綽的《愛姬贈主人詩》《淇上戲蕩子婦詩》等，是典型的宮體題材，但這類作品，《藝文類聚》選錄的數量也只有5、6題；即使是這類詩，也秀雅而不過於濃豔，在表現手法上頗有可資借鑒之處。《夕逗繁昌浦詩》是山水行旅之作，意境閒遠渾成，語言純淨，不事雕繪。《夜不得眠詩》描繪淒清的秋夜，抒發哀愁。《登陽雲樓詩》是抒情懷古之作，表達生逢亂世的憂愁與悲婉。劉孝儀的《帆渡吉陽洲詩》，敘事寫景，樸實精練，是梁詩中的上乘之作。《從軍行詩》歌詠漢代征討匈奴的聲威，表現從軍之樂。劉孝威的詩，雖深染宮體淫風，但《藝文類聚》選錄其這類詩很少，所選頗有一些俊逸典雅之作，如《望雨詩》《登覆舟山望湖北詩》《春宵詩》《冬曉詩》《望隔牆花詩》等。不過，他的詩入選40題，與其在文壇的地位不符，這反映出《藝文類聚》編者格外重視南朝，特別是重視梁代作品的傾向。劉孝先的《竹詩》，詠物抒懷，氣骨遒勁。庾肩吾是最講究聲律和鍊字的宮體詩人，其詩清麗工巧，因此選錄較多，但大多內容單薄。《望月詩》是對甜美月色的讚歎。《奉使江州船中七夕詩》詠七夕傳說，並融入自身感觸。《尋周處士弘讓詩》描寫尋訪周弘讓時所見山間美景，空靈超逸。《冬曉詩》攝取生活剪影，抒寫思婦愁緒，全用白描，頗有民歌風味。《亂後經吳郵亭詩》和《亂後經夏禹廟詩》，寫侯景之亂，凝重悲涼，與他的許多詩作風格不同。蕭子範的《春望古意詩》《夏夜獨坐詩》，意趣不俗。蕭子雲的《落日郡西齋望海山詩》，描摹眼前景觀，抒發歸隱之念。《春思詩》寫女主人春日裏的怨情。蕭子顯的《春別詩》選3題，寫春天別離之苦，情意纏綿。《烏棲曲》麗而不淫。梁昭明太子蕭統的詩，平板質樸，缺少文采。因其當時文壇領袖的地位，以及所編《文選》是《藝文類聚》的重要藍本，所以他的詩選錄較多。梁簡文帝蕭綱是宮體詩的代表作家，

〔註33〕　（唐）姚思廉：《梁書·裴子野傳》，中華書局，1973年5月第1版，第443頁。

今存詩有三分之一左右寫豔情;《詠內人晝眠詩》《詠美人看畫詩》等,是宮體詩的代表作,但《藝文類聚》對這類作品選錄很少,由此可見編者的態度。他的寫景詠物之作,如《折楊柳詩》《春日詩》《春日想上林詩》《納涼詩》《玩漢水詩》《詠蛺蝶詩》《詠新燕詩》《詠單鳧詩》《詠蜂詩》《詠螢詩》等,觀察細緻入微,輕靈秀逸。他的邊塞詩,如《雁門太守行》《從軍行》《渡(筆者按,應作「度」)關山行》等,借古諷今,抒情言志,風格硬朗。他的行旅詩,如《經琵琶峽詩》《蜀道難曲》等,以山川峽谷為表現對象,描繪奇險怪異的風光。梁元帝蕭繹的詩,追求華豔新巧。他的閨怨豔情之作,如《燕歌行》《寒閨詩》《閨怨詩》《代舊姬有怨詩》等,描摹生動,婉麗多情。他的寫景詠物詩,多用畫筆,喜描春景,如《登江州百花亭懷荊楚詩》《春日詩》《晚景遊後園詩》《折楊柳詩》《出江陵縣還詩》《細草詩》《詠梅詩》等,婉轉秀麗,富有情趣。邊塞之作《紫騮馬》描繪長安少年的英姿;《關山月》是一幅邊塞征戰寒夜思家圖。鮑泉的詩,多寫景詠物,風格柔靡綺麗。《江上望月詩》清婉幽麗,別具情思。《奉和湘東王春日詩》是重字體,即每句詩中必須重複同一字,體裁獨特。全詩以「新」字為主幹,寫新景、新愁。《秋日詩》抒秋日行旅情懷,清絕婉曲。《寒閨詩》寫女子思念征夫的悲苦之情。《詠剪綵花詩》讚美剪紙藝人。劉緩的詩多寫女子,《看美人摘薔薇花詩》筆觸活潑,情致深厚而不庸俗。《詠江南可采蓮詩》借漢樂府民歌中的句子做題目,表現青年男女愛情,語言工巧,結構嚴謹。王臺卿的詩,多為奉和應令之作,內容多寫景詠物,詞華意淺。《詠風詩》抓住風的特點加以描寫,藉此詠懷。

　　南朝陳,共選錄 30 人的 147 題詩作。按照選錄數量的多少排序,依次為:陰鏗,32 題;張正見,27 題;徐陵,16 題;沈炯,14 題;周弘正,9題;祖孫登,8 題;劉刪,8 題;伏知道,3 題;蕭詮,3 題;楊縉,3 題;阮卓,3 題;李爽,2 題;賀循,2 題;謝燮、許倪、孔魚、孔奐、徐伯陽、徐湛、韋鼎、蕭琳、蕭有、賀徹、劉那、陳明、陽慎、周弘讓、蘇子卿、周弘直,各 1 題。

　　周弘正的《看新婚詩》「名都宮觀綺」,風格綺靡豔麗,是其早年之作。較著名的是《還草堂尋處士弟詩》,感物抒情,風格淒清。《隴頭送征客詩》樸素遒勁。《答林法師詩》寫北上途中的見聞和感受,抒發辛苦勞頓之意。《詠老敗鬥雞詩》寫一隻鬥敗了的老公雞,構思不同尋常。其弟周弘讓的《無名

詩》，寫訪山中隱士，娓娓道來，全用口語，清新率眞。沈炯的憑弔梁亡之作《望郢州城詩》《長安還至方山愴然自傷詩》《賦得邊馬有歸心詩》，抒寫戰亂之慨與滄桑之感，沉鬱蒼涼。《長安少年詩》託漢代遺老之口，寫治亂興亡，實寓現實之感。陰鏗是陳代比較重要的詩人，其詩以寫景見長，喜歡描寫江上景色，展現洞庭、武昌一帶長江風物。他善於鍛鍊字句，《閒居對雨詩》《晚出新亭詩》等，都有修辭和聲律上頗見用心的佳句。在雕琢字句的同時，也講究謀篇，注意到通篇的完整，如《晚泊五洲詩》對仗工整，平仄協調，已經接近成熟的五言律詩。此外如《新成安樂宮詩》《遊巴陵空寺詩》《秋閨怨詩》《經豐城劍池詩》等，均可視爲唐代律體的濫觴。一些詩還表現了思鄉之情，如《和侯司空登樓望鄉詩》用「信美」的他鄉之景，反襯自己的懷土思歸之情。送別詩，如《和傅郎歲暮還湘州詩》從景物的描寫之中反襯友人旅途的辛苦；《江津送劉光祿不及詩》寫追送友人不及，只得惆悵獨立江津，目送去帆。他也寫過一些豔詩，如《和樊晉陵傷妾詩》《侯司空第山園詠妓詩》。陰鏗生活在宮體詩全盛的時期，自然難免時代風氣的影響，但能夠在浮華綺麗中獨標高格，擁有自己的特色，非常難能可貴。他的詩之所以選錄如此之多，一是因爲自身風格獨具，二是因爲一些詩已近律詩，處在非格律詩向格律詩轉變的重要環節，與唐初詩體接近。徐陵是著名的宮體詩人，但此類作品入選並不多，《詠舞詩》寫宮中舞妓，描寫細膩，但不免流於輕薄。一些寫景、送別之作，清新流麗，如《春情詩》渲染春光乍至的喜氣，文字清雅。《新亭送別應令詩》畫面蒼涼遼遠，表達出送別者的無限掛念。《別毛永嘉詩》是作者晚年寫的送別詩，語言淺近，但感情深摯，格調蒼老，在徐詩中不多見。閒適之作，如《內園逐涼詩》寫家居之樂，極有情味。奉和侍宴之作，如《奉和簡文帝山齋詩》《奉和山池詩》等，也有一些細密的佳句。可貴的是，他還寫過一些較爲遒勁的邊塞詩，如《出自薊北門行》等。徐陵在梁代已經成名，把他列入陳朝，是因爲他在陳號稱「一代文宗」。〔註34〕張正見的詩選錄較多，大概是由於他的新體詩語言流麗，對仗工巧，韻律和諧，對律詩的形成有一定貢獻的緣故。《陳書‧張正見傳》載：「其五言詩尤善，大行於世。」〔註35〕從詩的形式上看，多爲樂府詩，且一些詩以「賦得××」爲題，如《賦得山

〔註34〕　（唐）姚思廉：《陳書‧徐陵傳》，中華書局，1972年3月第1版，第335頁。
〔註35〕　（唐）姚思廉：《陳書‧張正見傳》，中華書局，1972年3月第1版，第470頁。

卦名詩》《賦得日中市朝滿詩》。從詩的內容上看，有寫景紀遊詩，如《遊匡山簡寂館詩》《後湖泛舟詩》《行經季子廟詩》；有詠物詩，如《寒樹晚蟬疏詩》；有送別詩，如《秋日別庾正員詩》。他的宮體豔情詩均未選錄，即使抒寫男女之情，如《賦得佳期竟不歸詩》，纏綿婉轉，但無涉豔情。劉刪的《泛宮亭湖詩》《詠青草詩》《詠蟬詩》等，多為寫景、詠物之作。祖孫登亦多寫景、詠物詩，《宮殿名登高臺詩》明用或暗用一些宮殿名來作詩，構思奇特；雖為文字遊戲，但也與所寫之景、所抒之情相切合。《賦得紫騮馬詩》通過對馬的描寫，塑造邊塞騎兵的英勇形象。蕭詮的《賦婀娜當軒織詩》對棄婦的不幸遭遇有所同情。陳明的《昭君辭》詠王昭君出塞事，通過景色渲染，反映人物心緒，含蓄委婉。伏知道的《從軍五更囀》（5首）以民歌的形式，從一更敘寫到五更，描寫軍旅生活和戍卒愁思。

北魏，共選錄 2 人的 2 題詩作，分別是盧元明，1 題，溫子昇，1 題。

盧元明的《晦日泛舟應詔詩》寫春日泛舟之景，與南朝某些應制之作類似。溫子昇的《春日臨池詩》，寫景詠物，描寫細緻，情調綿軟，風格綺麗，受南朝詩風影響明顯。

北齊，共選錄 7 人的 15 題詩作。按照選錄數量的多少排序，依次為：邢子才，5 題；劉逖，3 題；裴讓之、祖孝徵，各 2 題；裴訥之、魏收、趙宗儒，各 1 題。

邢子才的《冬日傷志詩》寫洛陽的殘破和自己的「衰病」，感慨極深，不尚華藻，古拙悲涼。《七夕詩》為傳統題材，寫法也和梁、陳同類題材的作品類似，逞詞靡麗。魏收竭力模倣南朝詩風，雖有清新可讀之作、典麗工整的篇什，但整體上缺少特色。《晦日泛舟應詔詩》與盧元明的詩同題，乃奉詔應景之作，非魏詩中的上乘。祖孝徵的《望海詩》，落筆於大海的遼闊、天空的高遠，氣勢雄壯。《從北征詩》用邊塞壯闊之景，襯托行伍的軍威，樂觀豪邁。劉逖的詩重藻飾，豔麗工整。《對雨有懷詩》描摹景物細微，形象逼真。《秋朝野望詩》意境遼闊，頗有情致。趙宗儒的《詠龜詩》，筆致多端；詠龜詩並不常見，此詩較為難得。裴讓之的《公館讌酬南使徐陵詩》表達對梁朝使者徐陵的深摯情義。《從北征詩》描寫邊塞風光、戰爭陰雲，展現行伍的軍威和氣勢。裴訥之的《鄴館公宴詩》，寫盛情款待使者，展現出外交往來的彬彬有禮；語言明白、曉暢。

北周，共選錄 5 人的 98 題詩作。按照選錄數量的多少排序，依次為：庾

信，65 題；王褒，28 題；周明帝，3 題；宗羈、蕭撝，各 1 題。

　　庾信在南朝創作的詩，以「宮體」著名，風格綺豔。內容上，無非詠物寫景，流連歌舞，題材狹窄，而在形式上卻爭馳新巧，頗變舊體，風華靡麗。《奉和山池詩》應是奉和梁東宮太子蕭綱《山池》詩的，體物入微，用典渾化無跡。《詠舞詩》描寫舞女姿態美好，如飄飄欲仙的神女一般。《和同泰寺浮圖詩》是和梁簡文帝之作，描寫塔的高俊輝煌，窮形盡相，十分生動，只是用語略嫌堆砌。在江陵時所作的《燕歌行》，描寫邊關將士「無箭竹」「乏水源」的極端困境，抒發少婦閨中獨守的相思之情，激昂慷慨，於悲感中見風骨。《周書·王褒傳》載：「（王）褒曾作《燕歌行》，妙盡關塞寒苦之狀，元帝及諸文士並和之，而竟爲淒切之詞。」〔註36〕庾信的《燕歌行》即是當日的和詩，無論是委曲的情致，還是開闔的筆法，均遠勝他人。及至北方，遭受家破國亡的哀痛，又受北人清新剛健風氣的感染，詩風轉變爲雄健遒勁、沉鬱蒼涼。最突出的內容是抒發鄉關之思。正如《周書·庾信傳》所言：「（庾）信雖位望通顯，常有鄉關之思。」〔註37〕《擬詠懷》27 首，《藝文類聚》選錄 5 首。《擬詠懷》大抵作於北周保定三年至四年間，詩人羈旅北朝已 10 年之久。模擬阮籍的《詠懷詩》，借詠史和比興手法，感慨身世，哀痛家國，隱晦曲折的筆法中，頗有抑鬱不平之氣。《寄王琳詩》五言四句，所表達的雖也是鄉關之思，但直抒胸臆，「造句能新，使事無跡。」〔註38〕王褒寫於南朝的詩，多以寫景、贈別見長，平易自然。如《山池落日詩》寫孤舟晚歸，境界清幽，生動傳神。《始發宿亭詩》是詩人宦遊的剪影，旨趣玄遠。《遊俠篇》是他早年鬥雞走馬貴公子生活的寫照。樂府詩《燕歌行》《關山篇》等，寫邊塞的苦寒，風格蒼勁，但作時、作地已難確考。入北後，詩多爲對舊友的思念和愁緒的抒發。如《贈周處士詩》描寫詩人北上時的情形和心境，表達對故土和親友的無限思念，意境闊大，無過分刻鏤的痕跡。《送劉中書葬詩》是爲舊友撰寫的悼詩，感歎故人命運不佳，死後淒涼，不免物傷其類。《詠雁詩》全用比體，借詠雁表達身處異域對故鄉的思念。《雲居寺高頂詩》雖也寫於入北後，但景象壯麗，描摹真切，頗類前期詩作。《藝文

〔註36〕 （唐）令狐德棻等：《周書·王褒傳》，中華書局，1971 年 11 月第 1 版，第731 頁。
〔註37〕 （唐）令狐德棻等：《周書·庾信傳》，中華書局，1971 年 11 月第 1 版，第734 頁。
〔註38〕 （清）沈德潛：《古詩源》，中華書局，1963 年 6 月新 1 版，第 345 頁。

類聚》收錄王袞詩 4 題，即《入關故人送別詩》《別裴儀同詩》《別陸才子詩》《別王都官詩》。據逯欽立《先秦漢魏晉南北朝詩》（北周詩卷一）載，「王袞」應作「王褒」。宗羈的《登渭橋詩》收錄在卷九水部下·橋。同卷還收錄有庾信的《看治渭橋詩》。庾信在周閔帝時曾任司水下大夫，治渭橋，作《看治渭橋詩》。渭橋位於長安，橫跨渭水。宗詩當作於庾詩之後。蕭撝的《和梁武陵王遙望道館詩》作於南朝，展現大自然的秀美、生活的清閒，語言雕琢，極盡藻飾。

隋代，共選錄 12 人的 57 題詩作。按照選錄數量的多少排序，依次為：江總，36 題；王由禮，4 題；虞世基，4 題；盧思道，2 題；顏之推，2 題；岑德潤，2 題；薛道衡，2 題；王眘，1 題；張文恭，1 題；殷英童，1 題；虞茂，1 題；陽休之，1 題。

江總是當時較有影響的詩人。《陳書·江總傳》云：「（江總）好學，能屬文，於五言七言尤善，然傷於浮豔，故為後主所愛幸。多有側篇，好事者相傳諷玩，於今不絕。」〔註39〕陳亡之前，他的詩風浮豔，為宮體詩人；入隋以後，詩風漸趨悲涼清勁。其七言詩多為豔體；《閨怨詩》（寂寂青樓大道邊）是名篇，寫思婦在空閨中思念從軍的丈夫，語言華美，對仗嚴整工致；《藝文類聚》對這類作品選錄不多，只有 6、7 首。他的五言詩有一些作於離亂或亡國後，與穠豔的七言詩迥異，如《遇長安使寄裴尚書詩》表達身處異鄉、愁苦萬端、急切盼歸的心情，《藝文類聚》對這類作品選錄得更少。江總詩作，入選最多的是描寫景物、唱和贈答之作，因為這類作品較符合選錄的標準。王由禮的《賦得岩穴無結構詩》題中的「岩穴無結構」，是左思《招隱》詩中的句子，王詩描繪山中清幽景色，流露出企羨之意，與左詩頗為近似。顏之推的《古意詩》（十五還詩書），回憶作者在梁時的情形，寫江陵之敗亡，情辭哀婉。盧思道的七言歌行《聽鳴蟬》是其代表作。《北史·盧思道傳》載：「周武帝平齊，授儀同三司，追赴長安。與同輩陽休之等數人作《聽蟬鳴篇》。思道所為，詞意清切，為時人所重。新野庾信遍覽諸同作者，而深歎美之。」〔註40〕詩由聽蟬鳴而引出鄉思，再寫因宦遊不達而生歸隱之意。《藝文類聚》將此詩收錄在卷九十七蟲豸部·蟬「賦」體中，文

〔註39〕 （唐）姚思廉：《陳書·江總傳》，中華書局，1972 年 3 月第 1 版，第 347 頁。

〔註40〕 （唐）李延壽：《北史·盧思道傳》，中華書局，1974 年 10 月第 1 版，第 1076 頁。

體歸屬不當，蓋因前文有宋顏延之《寒蟬賦》，因此連類而誤。贈別詩《贈司馬幼之南聘詩》，剛健明快，挺拔開朗。《上巳禊飲詩》寫上巳節的活動和景致，表現出喜愛自然風光、厭惡人世囂塵的情趣。他的樂府詩大多模倣南朝豔情詩，風格華豔軟媚；其樂府詩的唯一佳作是《從軍行》，詞意蒼涼，剛健勁逸，但《藝文類聚》未選。薛道衡的詩，雖仍帶有較濃厚的齊梁綺靡色彩，但已顯露剛健清新的趨勢。《人日思歸詩》敘寫鄉思之情，委婉含蓄。《遊昆明池詩》描寫景物，語言典雅華麗。閨怨詩《昔昔鹽》是其代表作，但《藝文類聚》未選。一些較爲剛健的詩，如《出塞》《渡河北》，《藝文類聚》也均未選錄，可見編者偏愛柔媚勝於剛健。虞世基的《晚飛烏詩》抒寫去國懷鄉的情感；《出塞》《入關》等是歷代選家注目的詩，但《藝文類聚》均未選。

第二節　賦　論

這裡所論的「賦」，包括標注「賦」的作品，也包括標注「七」的作品。

「七」體是賦的一個特殊分支。傅玄《七謨序》云：「昔枚乘作《七發》，而屬文之士若傅毅、劉廣世、崔駰、李尤、桓麟、崔琦、劉梁、桓彬之徒，承其流而作之者紛焉，《七激》《七興》《七依》《七款》《七說》《七蠲》《七舉》《七設》之篇，於是通儒大才馬季長、張平子亦引其源而廣之。馬作《七厲》，張造《七辨》，或以恢大道而導幽滯，或以黜瑰奓而託諷詠，揚輝播烈，垂於後世者，凡十有餘篇。自大魏英賢迭起，有陳王《七啓》，王氏《七釋》，楊氏《七訓》，劉氏《七華》，從父侍中《七誨》，並陵前而邀後，揚清風於儒林，亦數篇焉。世之賢明，多稱《七激》工，余以爲未盡善也，《七辨》似也。非張氏至思，比之《七激》，未爲劣也。《七釋》僉曰『妙哉』，吾無間矣。若《七依》之卓轢一致，《七辨》之纏綿精巧，《七啓》之奔逸壯麗，《七釋》之情密閒理，亦近代之所希也。」[註41]傅玄列舉了「七」體「源」與「流」的一些重要作品，描述了「七」成爲一種專門文體的過程。「七」體之所以成爲專門文體，主要是因爲題目中均含有「七」字和在創作數量上的眾多，而從表現手法等方面看，它仍然屬於賦體。《藝文類聚》將「七」

[註41]　（晉）傅玄《七謨序》，載（清）嚴可均輯：《全晉文》，商務印書館，1999年10月第1版，第473頁。

獨標一體，是受到前代文體學著作和總集的影響，摯虞的《文章流別論》、任昉的《文章緣起》、劉勰的《文心雕龍》等，均論述過「七」體，蕭統的《文選》錄有「七」體 3 篇。但是劉熙載的《藝概》稱《七發》爲賦，言其源「出於宋玉《招魂》」；〔註 42〕姚鼐的《古文辭類纂》將枚乘的《七發》選錄在辭賦類，並云：「余今編辭賦，一以漢《略》爲法。」爲什麼依此爲標準呢？因爲他認爲《文選》分體碎雜，文體立名多有不當，不能作爲確定文體的依據。〔註 43〕當代的有關論著和文學史教材，也無不把「七」體看作賦，如姜書閣的《漢賦通論》、馬積高的《賦史》、程章燦的《魏晉南北朝賦史》、游國恩等主編的《中國文學史》等，均如此。因此將「七」體歸入賦加以論述。

《藝文類聚》收錄的賦作

朝代	作者人數	作品總計	收錄作品較多的作者及其數量
先秦	2 人	14 題	宋玉，9 題；荀況，5 題
西漢	12 人	28 題	揚雄，8 題；司馬相如，6 題
東漢	30 人	76 題	張衡，11 題；蔡邕，10 題；李尤，6 題；班彪，5 題
魏	30 人	164 題	曹植，46 題；曹丕，26 題；王粲，23 題；應瑒，11 題；繁欽，7 題；陳琳，6 題；劉楨，5 題；楊脩，5 題
吳	4 人	8 題	楊泉，5 題
晉	91 人	360 題	傅咸，35 題；傅玄，30 題；陸機，30 題；夏侯湛，19 題；潘岳，18 題；成公綏，16 題；孫楚，16 題；潘尼，14 題；郭璞，9 題
宋	26 人	67 題	謝靈運，14 題；鮑照，8 題；謝莊，5 題；謝惠連，5 題；傅亮，5 題；顏延之，5 題
齊	7 人	18 題	謝朓，8 題；卞伯玉，3 題
梁	26 人	113 題	江淹，22 題；蕭綱，18 題；沈約，17 題；蕭繹，7 題；張纘，7 題；吳均，5 題；蕭子範，5 題
陳	5 人	9 題	沈炯，3 題；張正見，3 題
北齊	1 人	1 題	
北周	2 人	15 題	庾信，14 題
隋	2 人	8 題	江總，7 題

〔註 42〕 （清）劉熙載：《藝概》，上海古籍出版社，1978 年 12 月第 1 版，第 92 頁。
〔註 43〕 （清）姚鼐：《古文辭類纂》，上海古籍出版社，1998 年 7 月第 1 版，第 17 頁。

　　對於賦體的界定，在唐代以前頗有不一致之處，同一篇作品，有人認爲是賦，有人則認爲非賦，界限較爲模糊。賦體在形成、發展的過程中，融合多種文體形式，以至於有時賦體的界限不清楚，給人們判斷孰者爲賦，孰者非賦，帶來一定困難與混亂。特別是在漢代，更是如此。具體表現爲，第一，辭、賦不分。《漢書‧敘傳》稱讚司馬相如「文豔用寡，子虛烏有，寓言淫麗，託風終始，多識博物，有可觀採，蔚爲辭宗，賦頌之首。」〔註44〕「辭宗」即「賦頌之首」，「辭」與「賦頌」的意思相同。《漢書‧藝文志》載：「《成相雜辭》十一篇。」〔註45〕《成相》爲荀子所做的賦，實爲3篇，載於《荀子》。此稱「辭」，可見辭、賦不分。第二，賦、頌不分。《漢書‧揚雄傳》云：「正月，（揚雄）從上甘泉，還奏《甘泉賦》以風。」〔註46〕而王充《論衡‧譴告》云：「孝成皇帝好廣宮室，揚子雲上《甘泉頌》，妙稱神怪，若曰非人力所能爲，鬼神力乃可成。」〔註47〕《甘泉頌》就是《甘泉賦》，賦、頌混稱，頌即是賦，賦即是頌。第三，騷體屬於賦。《史記‧屈原賈生列傳》云：「乃作《懷沙》之賦。」〔註48〕《懷沙》是屈原《九章》中的一篇。《九章》又是《楚辭》中的作品，此徑稱爲賦。《漢書‧地理志》云：「始楚賢臣屈原被讒放流，作《離騷》諸賦以自傷悼。」〔註49〕《漢書‧賈誼傳》云：「屈原，楚賢臣也，被讒放逐，作《離騷賦》。」〔註50〕明確將《離騷》及其他騷體作品稱爲賦。第四，認爲弔文是賦。《文選》收錄賈誼的《弔屈原文》，並列爲弔文類第一篇。劉勰《文心雕龍‧哀弔》云：「自賈誼浮湘，發憤弔屈，體同而事核，辭清而理哀，蓋首出之作也。」〔註51〕蕭統和劉勰都認爲賈誼的《弔屈原文》

〔註44〕（漢）班固撰，（唐）顏師古注：《漢書‧敘傳》，中華書局，1962年6月第1版，第4255頁。

〔註45〕（漢）班固撰，（唐）顏師古注：《漢書‧藝文志》，中華書局，1962年6月第1版，第1753頁。

〔註46〕（漢）班固撰，（唐）顏師古注：《漢書‧揚雄傳》，中華書局，1962年6月第1版，第3522頁。

〔註47〕（漢）王充：《論衡》，載《諸子集成》（7），上海書店影印，1986年7月第1版，第144頁。

〔註48〕（漢）司馬遷：《史記‧屈原賈生列傳》，中華書局，1982年11月第2版，第2487頁。

〔註49〕（漢）班固撰，（唐）顏師古注：《漢書‧地理志》，中華書局，1962年6月第1版，第1668頁。

〔註50〕（漢）班固撰，（唐）顏師古注：《漢書‧賈誼傳》，中華書局，1962年6月第1版，第2222頁。

〔註51〕同〔註7〕，第241頁。

是弔文。而《史記・屈原賈生列傳》云：「賈生既辭往行，聞長沙卑濕，自以壽不得長，又以適去，意不自得。及渡湘水，爲賦以弔屈原。」〔註52〕《漢書・賈誼傳》亦云：「（賈）誼既以適去，意不自得，及度湘水，爲賦以弔屈原。」〔註53〕均明確指出這篇悼念屈原的文章是賦。第五，認爲設論體屬於賦。《文選》收錄東方朔《答客難》、揚雄《解嘲》、班固《答賓戲》，列入「設論」類。劉勰的觀點與蕭統相同。他認爲：「自對問以後，東方朔效而廣之，名爲客難，託古慰志，疏而有辨。揚雄解嘲，雜以諧讔，迴環自釋，頗亦爲工。班固賓戲，含懿采之華。」〔註54〕劉勰說的對問就是《文選》中的設論，他也認爲揚雄《解嘲》等 3 篇是設論，而漢代人卻將這類作品看作賦。許愼《說文解字》解釋「氐」時曰：「揚雄賦：響若氐隤。」〔註55〕「響若氐隤」出自揚雄《解嘲》，可見許愼將《解嘲》看作賦。

鑒於賦體與其它文體時有混淆不清的情況，爲了廓清賦體的界限，《藝文類聚》的編者採用的方法是：由題定體，即凡是在文題中含有「賦」的字樣的文章，便確定爲賦。檢《藝文類聚》收錄的賦，大多數均爲「《××賦》」的形式。這樣的文章題目，實際上包含了兩個部分，即篇名和體裁名。篇名主要表明內容，體裁名則是標出文章體裁。題目中的體裁標誌，有的是作者自定的，有的可能是《藝文類聚》的編者給確定的。後者如荀況的幾篇賦：《雲》《禮》《針》《智》，在《荀子・賦篇》中只在每篇之末，標出一字的題目，文題中並沒有「賦」字，顯然，《雲賦》《禮賦》《針賦》《智賦》等題目中的「賦」字，是《藝文類聚》的編者後加上去的。在這幾篇的文題中各加上一個「賦」字，大概是因爲《荀子・賦篇》中有個「賦」字。

賦，是《藝文類聚》中收錄較多的文體，分別在 77 卷 292 個子目下收錄有賦體作品。共收錄賦家 238 家，賦作 881 題。

賦作爲一種文學體裁，它的公認的文體特徵是什麼呢？比較權威的說法有二。《漢書・藝文志》云：「不歌而誦謂之賦。」〔註56〕《文心雕龍》云：「賦者，鋪也；鋪采摛文，體物寫志也。」〔註57〕前者是根據賦的起源加以

〔註52〕同〔註48〕，第 2492 頁。

〔註53〕同〔註50〕。

〔註54〕同〔註7〕，第 254～255 頁。

〔註55〕（漢）許愼：《說文解字》，中華書局，1963 年 12 月第 1 版，第 265 頁。

〔註56〕同〔註45〕，第 1755 頁。

〔註57〕同〔註7〕，第 134 頁。

概括的，後者則大體上概括了從漢代到劉勰所處的宋齊時代賦的內容和形式特色。

　　先秦時期，共選錄賦家 2 人，賦作 14 題。第一個賦家是荀況，共選其賦作 5 篇。荀況的賦，《漢書·藝文志》著錄爲 10 篇。《荀子·賦篇》有《禮》《智》《雲》《蠶》《針》5 篇賦，《藝文類聚》收錄了除《蠶》以外的其它 4 篇。《荀子·賦篇》末還附有兩賦：一是《佹詩》，二是荀子給楚春申君的賦；《藝文類聚》將其合二爲一，題名《賦》。荀況賦基本上是儒家者言，訓誡的意味很濃，風格與古代的箴銘相類。第二個賦家是宋玉，共選其賦作 9 題，分別是《風賦》《登徒子好色賦》《大言賦》《小言賦》《諷賦》《釣賦》《笛賦》《高唐賦》《神女賦》。宋玉的賦，《漢書·藝文志》著錄有 16 篇。王逸《楚辭章句》收其《九辯》《招魂》兩篇。《文選》收其《風賦》《登徒子好色賦》《高唐賦》《神女賦》。《九辯》雖然是宋玉的重要作品，但因其爲騷體，所以《藝文類聚》未予選錄，說明編者騷、賦的界限是很清楚的。《藝文類聚》選錄的 9 篇宋玉作品中有 4 篇出自《文選》，可見對《文選》的重視與依賴。《風賦》是宋玉的重要賦作，是一篇詠物賦，又是一篇寓言賦。作者把風分爲「大王之風」和「庶人之風」，並寓諷諫之意。《登徒子好色賦》寫了三種對待男女關係的態度，區分了好淫與好色。《高唐賦》《神女賦》是互相銜接的姊妹篇，寫楚王與巫山高唐神女戀愛的故事。

　　西漢時期，共選錄賦家 12 人，賦作 28 題。收錄賦體較多的作家爲揚雄和司馬相如，分別爲 8 題和 6 題。司馬相如是西漢著名的賦家。《美人賦》《子虛賦》《上林賦》是文賦。《美人賦》是模擬之作，意淺辭蕩。《子虛賦》《上林賦》名爲兩篇，其實已融爲一篇；其結構簡單，但氣勢強盛。《弔秦二世賦》是司馬相如侍從漢武帝過宜春宮時所獻。《大人賦》是爲迎合漢武帝的愛好而作，難怪漢武帝讀了此賦，竟飄飄然欲仙了。〔註58〕《長門賦》以寫怨爲主同時又包含著自責。這 3 篇都是騷體賦。揚雄是西漢又一位著名的賦家。劉勰稱其賦「理贍而辭堅」，〔註59〕但也有好爲艱深之辭的毛病，又有模擬前人作品的痕跡。《甘泉賦》《幸河東賦》《羽獵賦》都是諷諭皇帝奢華生活的，但往往借古立言，文辭亦極婉曲。這與他對賦的看法是一致的。《法言·吾子》

〔註58〕（漢）司馬遷：《史記·司馬相如列傳》，中華書局，1982 年 11 月第 2 版，第 3063 頁。
〔註59〕同〔註7〕，第 699 頁。

載：有人問：「賦可以諷乎？」他回答：「諷乎？諷則已；不已，吾恐不免於勸也。」〔註60〕諷與勸兩個功能彼此相連，諷的目的還是勸，這些賦體現了漢大賦「勸百諷一」的正統。揚雄的一些賦，語言雖然艱深，但《酒賦》《逐貧賦》等，卻很少僻字奇詞，同時也反映了作者不汲汲於名利，又希望一顯身手的思想。《酒賦》是詠物小賦，全用四言句式，促進了四言詩體賦的發展。漢初的賈誼，《漢書·藝文志》著錄其賦7篇。《鵩鳥賦》（「鵩」，《藝文類聚》作「服」）因載於《漢書》本傳，故得其全文。作品以「予」與鵩鳥問答的形式表達賦旨。《西京雜記》載：「賈誼在長沙，鵩鳥集其承塵。長沙俗以鵩鳥至人家，主人死。誼作《鵩鳥賦》，齊死生，等榮辱，以遣憂累焉。」〔註61〕其調子較低，雖有自我傷悼，而更多自我排遣。《旱雲賦》，《藝文類聚》作《旱雲頌》，收在卷一百災異部·旱「頌」體中，題為漢東方朔，然在《漢書·東方朔傳》中找不到佐證。枚乘的賦，《藝文類聚》卷六十五產業部上·園中收錄《梁王兔園賦》一篇，語句錯訛頗多。枚乘最著名的賦作是《七發》，收錄在《藝文類聚》卷五十七雜文部三·七，「七」是文體名稱，在「七」這個子目下，收錄了大量「七」體文，可見《藝文類聚》對賦體和七體是有嚴格區別的。淮南王君臣作賦較多，但大多散佚，只留下兩篇：其中劉安的《屏風賦》，借《藝文類聚》得以保存，收在卷六十九服飾部上·屏風的「賦」體中。漢武帝劉徹的《李夫人賦》，纏綿悱惻，《漢書·外戚傳》載：「上（指漢武帝）思念李夫人不已，方士齊人少翁言能致其神。乃夜張燈燭，設帷帳，陳酒肉，而令上居他帳，遙望見好女如李夫人之貌，還幄坐而步。又不得就視，上愈益相思悲感，……上又自為作賦，以傷悼夫人。」〔註62〕《李夫人賦》為後世悼亡之作所祖。董仲舒的《士不遇賦》、司馬遷的《悲士不遇賦》，都是抒情言志之作，借《藝文類聚》得以流傳。兩賦說理成分較多，而少誇飾；董賦多儒家言，遷賦多憤世語。孔臧《蓼蟲賦》《鴞賦》，皆四言詩體，文詞甚淺，後人疑為偽託。王褒的《洞簫賦》對簫的製作及其聲音做了具體細緻的描寫，為當時後宮傳誦，被後世詠物賦作者奉為圭臬。劉歆的《遂初賦》「歷敘於紀傳」，〔註63〕為後來班彪《北征賦》、潘岳《西征賦》所本。班婕好的

〔註60〕（漢）揚雄著，李軌注：《法言》，載《諸子集成》，上海書店影印（7），1986年7月第1版，第4頁。

〔註61〕（晉）葛洪：《西京雜記》，中華書局，1985年1月第1版，第38頁。

〔註62〕（漢）班固撰，（唐）顏師古注：《漢書·外戚傳》，中華書局，1962年6月第1版，第3952頁。

〔註63〕同〔註7〕，第615頁。

《自傷賦》自述其入宮到失寵的遭遇，爲騷體；《搗素賦》爲駢體，疑係晉以後人擬作。

東漢時期，共選錄賦家 30 人，賦作 76 題。班彪的《覽海賦》《冀州賦》，憑藉《藝文類聚》得以保存片段。《覽海賦》是中國文學史上第一篇描寫海的作品。《北征賦》仿劉歆《遂初賦》，典雅、含蓄。其女班昭曾仿之作《東征賦》，收錄在《藝文類聚》卷二十七人部十一·行旅中。杜篤的《論都賦》，不堆砌辭藻，與西漢逞辭大賦相比，是一種進步。班固的《幽通賦》雖乏精彩，亦有可留意之處。《西都賦》和《東都賦》，即所謂《兩都賦》，借貶抑西漢帝王的奢侈豪華，爲東漢統治者提供鑒戒，並宣揚崇儒思想。傅毅的賦，有 3 篇借《藝文類聚》得以流傳，它們是《琴賦》《洛都賦》《七激》；《七激》收錄在《藝文類聚》卷五十七雜文部三·七體中，被作爲七體。他的《舞賦》描寫舞姿的變化，刻畫形容細膩、委曲。崔駰以賦名篇的作品，今存 4 篇殘文，其中 3 篇載於《藝文類聚》，它們是《大將軍西征賦》《反都賦》《大將軍臨洛觀賦》。李尤的《函谷關賦》寫關山形勝，較爲可觀，《辟雍賦》《德陽殿賦》《平樂觀賦》《東觀賦》均無特色。張衡的賦不少爲模擬前人之作，《二京賦》（即《藝文類聚》中收錄的《西京賦》《東京賦》）模擬班固的《兩都賦》，《南都賦》模擬揚雄的《蜀都賦》。他的賦寫得很精美的，只有《歸田賦》，是中國文學史上第一篇表現田園隱居之樂的作品，也是現存的東漢第一篇完整的抒情小賦。另外，《定情賦》《舞賦》《羽獵賦》等，借《藝文類聚》得以保存片段。馬融的賦，《廣成賦》《長笛賦》較好。前者載《漢書》本傳，《藝文類聚》未收錄；後者載於《文選》，《藝文類聚》摘錄片段。這一現象說明，《藝文類聚》選錄文章，一般不從史書中取材，而是從現成的文學選本中取材。《琴賦》《樗蒲賦》等，借《藝文類聚》得以保存片段。王逸的《機賦》《荔支賦》的殘篇，見於《藝文類聚》；前者是現存賦中第一篇描寫勞動和勞動工具的作品。王延壽的《魯靈光殿賦序》，對靈光殿的描寫頗爲詳盡，是研究漢代建築的絕好材料。《夢賦》和《王孫賦》，雖無甚新意，卻奇譎可喜。趙壹現存《刺世疾邪賦》《窮鳥賦》《迅風賦》，《藝文類聚》摘錄後兩篇的片段，但未收錄其揭露統治者腐朽的《刺世疾邪賦》。這一現象說明，《藝文類聚》選錄文章的標準是追求文辭華麗、雕琢，而一些具有社會意義和歷史意義的質樸的作品，反遭摒棄。蔡邕是漢代賦家中寫作題材最廣泛的一位，其中有詠物的《琴賦》《蟬賦》，有記天災的《傷故栗賦》，有

寫水的《漢津賦》，有記征行的《述行賦》，有寫愛情與婚姻的《檢逸賦》《青衣賦》，《藝文類聚》對蔡邕賦的選錄全面。禰衡的《鸚鵡賦》借題發揮，抒發優生之感，悱惻動人；不論是當時還是後代，描寫鸚鵡的賦作鮮有及此者。

三國時期，共選錄賦家 34 人，賦作 172 題。這一時期，作家林立，賦作也多。很多作家的賦作，借《藝文類聚》的輯錄才得以保存，但均爲節錄。這時的賦，雖還有模擬之作，但針對現實的抒情言志之作，較漢代大爲增加。抒情賦體式多樣，而以駢賦居多，題材也較過去有較大擴展。首先是景物抒情賦增加，如王粲的《登樓賦》、曹丕的《濟川賦》《登臺賦》《臨渦賦》、曹植的《遊觀賦》《臨觀賦》、劉楨的《黎陽山賦》、夏侯惠的《景福殿賦》、楊泉的《五湖賦》等，後來的山水抒情賦即胚胎於此。其次是征行賦的數量也頗多。這類賦雖然上承劉歆的《遂初賦》、班彪的《北征賦》、蔡邕的《述行賦》，但已不限於一般的行旅生活的見聞，而是以描寫軍旅生活爲主，如王粲的《初征賦》、曹丕的《述征賦》、曹植的《東征賦》、應瑒的《撰征賦》、繁欽的《征天山賦》、阮瑀的《紀征賦》、楊脩的《出征賦》、徐幹的《西征賦》等。再次是出現了大量反映愛情與婚姻的賦，如曹丕的《出婦賦》《寡婦賦》《離居賦》、曹植的《出婦賦》《洛神賦》《感婚賦》、王粲的《出婦賦》《寡婦賦》《神女賦》《閑邪賦》、陳琳的《止欲賦》《神女賦》、阮瑀的《止欲賦》、丁廙的《蔡伯喈女賦》、應瑒的《正情賦》等，其中寡婦與出婦的內容，都是以前的賦家沒有接觸的題材。婦女題材的出現，是作家關注社會生活範圍擴大的一個顯著標誌。詠物賦也呈現新面貌。託物言志之作，有的已經達到高度擬人化的境界，如曹丕的《柳賦》、曹植的《蝙蝠賦》《鷁雀賦》等。同題的抒情詠物小賦時有出現，如曹丕、曹植都有《登臺賦》，王粲、陳琳、楊脩等都有《神女賦》，楊脩、鍾會都有《孔雀賦》，何晏、韋誕、夏侯惠都有《景福殿賦》等，這是文人創作時互相模倣和文人集團出現的反映。

兩晉時期，共選錄賦家 91 人，賦作 360 題。西晉時期，大賦一度受到重視，作爲漢大賦的迴響，產生了左思的《三都賦》、木玄虛的《海賦》等名篇。關於《三都賦》的作意，李善曰：「『三都』者，劉備都益州，號『蜀』；孫權都建鄴，號『吳』；曹操都鄴，號『魏』。思作賦時，吳、蜀已平，見前賢文之是非，故作斯賦以辨眾惑。」〔註64〕作者從晉承魏統的立場出發，帝

〔註64〕 （南朝梁）蕭統編，（唐）李善注：《文選》，上海古籍出版社，1986年8月第
　　　　 1 版，第 172 頁。

魏而臣蜀、吳，表現出封建正統觀念。《三都賦》的另一作意，是誇飾三地形勝物產，與《二京賦》和《兩都賦》爭勝。《三都賦序》云：「余既思慕《二京》而賦《三都》，其山川城邑則稽之地圖，其鳥獸草木則驗之方志。風謠歌舞，各附其俗；魁梧長者，莫非其舊。」〔註65〕《蜀都賦》描寫蜀中富庶及風俗的文字神采煥發，而《吳都賦》《魏都賦》則頗乏精彩之筆。木玄虛《海賦》的體制亦模倣漢大賦，結構宏偉，氣勢雄壯，當推西晉文賦第一。這一時期描寫自然現象的詠物賦較多，如成公綏的《天地賦》《雲賦》，陸機的《浮雲賦》《白雲賦》，楊乂的《雲賦》，李充、陸沖、湛方生、江逌、王凝之的《風賦》，孫楚的《雪賦》，李顒的《雪賦》《雷賦》，顧凱之的《雷電賦》等。諷刺賦也在此時出現，但限於編者審美取向的偏狹，《藝文類聚》收錄的此類作品，除仲長敖的《核性賦》、阮籍的《獮猴賦》外，寥寥無幾。西晉賦在藝術上有創新的作品並不多。即使是《藝文類聚》收錄作品較多的傅玄、傅咸父子，其賦大部分是詠物之作，鮮有新意。較有特色的賦家是阮籍、左思、向秀、張華、陸機、陸雲、潘岳、成公綏等。《藝文類聚》只選錄了阮籍的一篇賦作，即上面提到的《獮猴賦》。這是一篇詠物賦，借寫獮猴，意在諷世，表達了對「禮法之士」的深惡痛絕。左思的賦，除上面提到的《三都賦》外，《白髮賦》是一篇別開生面的作品，雖為遊戲之作，但文字生動活潑，沒有生澀艱深的語句。向秀的《思舊賦》，寫重睹亡友故居的內心感受，抒發深摯的懷念之情，吟歎諮嗟，情真意切。《文選》收此篇入賦之「哀傷」類。張華的《永懷賦》《朽社賦》《相風賦》平淡無奇，《歸田賦》模擬張衡，《感婚賦》模擬曹植，只有《鷦鷯賦》獨出機杼；作者以鷦鷯自擬，表達「任自然以為資，無誘慕於世僞」的主旨。此賦繼承賈誼《鵩鳥賦》、禰衡《鸚鵡賦》等的傳統，又不相蹈襲，設譬言志，為魏晉詠物賦的名篇。陸機賦，《藝文類聚》選錄較多，惜摘錄的均為片段。《歎逝賦》是傷悼亡友的抒情賦。《感時賦》《思親賦》《行思賦》《懷土賦》《述思賦》《思歸賦》《感丘賦》等，流露出明顯的優生、思歸之感。在其所有賦作中，《文賦》對後世影響最大。其弟陸雲亦能賦，《歲暮賦》《逸民賦》較好。潘岳賦，《文選》選錄 8 篇，即《秋興賦》《西征賦》《懷舊賦》《寡婦賦》《籍田賦》《笙賦》《閑居賦》《射雉賦》，《藝文類聚》亦予摘錄片段。他的賦，思想內容較為平淡，但是，其抒情賦和詠物賦在構思和技巧上卻有一些獨到之處。

〔註65〕同〔註64〕，第 174 頁。

成公綏的《天地賦》，首次把天地當作賦的描寫對象，以技巧與辭采見長。

　　東晉時期，賦作無論就質量，還是數量來說，都不及西晉。較有特色的是郭璞、庾闡、孫綽、湛方生等。郭璞的《江賦》最爲當時所稱，描寫長江，氣勢雄奇，辭采華麗，與木玄虛的《海賦》同爲寫江海的巨製。《文選》李善注引《晉中興書》曰：「璞以中興，三宅江外，乃著《江賦》，述川瀆之美。」〔註66〕《南郊賦》亦見賞於晉元帝。劉勰曾謂：「景純豔逸，足冠中興，郊賦既穆穆以大觀，仙詩亦飄飄而凌雲矣。」〔註67〕認爲《南郊賦》和《遊仙詩》是郭璞兩大代表作。《流寓賦》記作者於西晉末從故鄉南遷的經歷，指切時事，包含較多的社會內涵，也抒發了身處亂世，欲逃不能的感慨，與他的《遊仙詩》互爲印證。西晉末反映戰亂的作品不多，此雖爲殘篇，亦可寶貴。《登百尺樓賦》是一篇抒情短賦，對西晉末的動亂亦有直接的描寫。庾闡最著名的賦是《揚都賦》，意在讚美「揚都」建康。今觀其殘文，知其已具京都大賦的格局，氣象恢宏。《世說新語》載有關於此賦的兩條逸事。其一云：「庾仲初作《揚都賦》成，以呈庾亮，亮以親族之懷，大爲其名價云『可三《二京》，四《三都》。』於此人人競寫，都下紙爲之貴。謝太傅云：『不得爾，此是屋下架屋耳，事事擬學，而不免儉狹。』」〔註68〕庾闡此賦名聲大噪，與庾亮的鼓吹有一定的關係，但它不脫模擬之跡，謝安的「屋下架屋」「事事擬學」道破其弊。《涉江賦》於描摹山水之中，寄寓理趣。《浮查賦》寫物態，兼抒情志。孫綽的《遊天台山賦序》爲《文選》選錄，《藝文類聚》亦摘片段。它雖多言玄理，但刻畫山水，文字清麗。《望海賦》僅爲殘篇。湛方生的《風賦》《懷春賦》，描寫景物能夠做到人與自然相得益彰。

　　南北朝和隋代，共選錄賦家69人，賦作231題。晉宋之際，賦作在悲觀消極的情調之中，又呈現幾分慷慨不平之氣；反映現實的賦作較少，較多的是寫景抒情和託物言志之作。受玄學影響，賦作亦雜有玄言佛理，同時也講究文辭的華美。代表作家是陶淵明、傅亮、謝靈運、謝惠連、謝莊、鮑照等。《歸去來》是陶淵明的代表作；此賦是從彭澤令歸來所作，寫樂天安命、陶醉田園的情調。《藝文類聚》將陶淵明歸於宋，當代學者均以爲陶淵明應該屬晉，因爲他入宋不久就去世了。傅亮，今存賦6篇，其中5篇載於《藝文類聚》，惜均爲片段，《感物賦》尚完整，載於《宋書》本傳，且有一定的

〔註66〕同〔註64〕，第557頁。
〔註67〕同〔註7〕，第701頁。
〔註68〕同〔註18〕，第258頁。

社會現實意義，但《藝文類聚》未收錄。這是《藝文類聚》往往直接從前代詩文總集或選集中直接選文，而不從史書中錄文的又一個證明。謝靈運的賦選錄 14 題，他的大部分賦作借《藝文類聚》得以保存，惜多為片段。《歸途賦》是一篇寫景抒情賦，藝術上較為可取。他最好的作品是《山居賦》《撰征賦》。《山居賦》借鑒漢賦的結構，吸收漢賦鋪排的傳統寫法，但沒有枯燥的物品羅列，而是側重於寫景，表現其貴族的閒情逸趣。《撰征賦》敘寫對當時政治事件的所見所感，此類賦在當時較為少見。謝惠連的《雪賦》是其代表作，它沿用漢賦中自設主客的形式，描寫素淨、奇麗的雪景，抒發年歲易暮、及時行樂的思想。謝莊的《月賦》亦為名篇，在秋景的襯托下展現了月色之美，兼有懷人之意。奉詔作的《赤鸚鵡賦》和《乘輿舞馬賦》，頗盡體物之妙。鮑照的賦辭采清麗，代表作《蕪城賦》描寫廣陵昔日的繁華和戰後的荒涼，極盡慷慨悲歌之致。《遊思賦》抒發自己的漂泊之苦，充滿慷慨不平之氣。《舞鶴賦》《野鵝賦》《尺蠖賦》等均是詠物賦。

齊、梁、陳三代，寫景抒情賦得到進一步發展，賦作更趨於駢儷化、對偶化。代表作家有謝朓、沈約、江淹等。謝朓的《思歸賦》回顧自己的仕途經歷，並對仕途的險惡深懷憂慮，表達意欲歸隱的想法。《酬德賦》寫他與沈約的交情。《遊後園賦》長於寫景，頗具情致。《野鶩賦》借物寫人，表達欲報知遇之恩的意願。沈約的《郊居賦》是其賦作中唯一的長篇，為晚年的得意之作，抒寫作者被梁武帝疏遠以後的牢騷，表達意欲歸隱的志向。《擬風賦》《高松賦》《桐賦》，是奉竟陵王蕭子良之命而作。《愍衰草賦》抒發歲暮的蕭瑟悲涼之感。《麗人賦》對女性的描寫較前代同題材的作品放蕩、細膩。江淹的《燈賦》模倣宋玉的《風賦》，將燈分為大王之燈和庶人之燈，藉以表達自己忠不被察的不滿。《待罪江南思北歸賦》描寫他鄉荒涼的景色，抒發思鄉的愁緒，表達失職的憂憤。《四時賦》寫四時景色引起的思鄉之情。《恨賦》《別賦》分別寫各種「飲恨吞聲」的死亡和「黯然銷魂」的離別；辭采華美，慷慨悲涼，為駢賦的名篇。《江上之山賦》表達於世路艱難中欲自保節操的意願。張纘的《南征賦》，記敘其從建康到湘州所見，展現發生在其間的諸多史實，有實錄性質。蕭綱的《述羈賦》《阻歸賦》為思歸之作，《秋興賦》《臨秋賦》《序愁賦》為寫景抒懷之作。《箏賦》描繪歌女的體態神情細緻入微。蕭繹的《蕩婦秋思賦》用秋天之景渲染倡婦對蕩子的思念。《採蓮賦》描繪採蓮圖景和對採蓮女子的喜愛。吳筠的《吳城賦》，弔古傷

今，情調與鮑照的《蕪城賦》頗似，只是篇幅短小。何遜的《窮鳥賦》，自比屈沉下僚的窮鳥，述失意之悲，文辭淒苦。蕭子暉的《冬草賦》寫冬草凌寒不衰的倔強精神。沈炯（炯，《藝文類聚》作「烱」）的《歸魂賦》（《藝文類聚》一作《歸魂賦》，一作《魂歸賦》，兩篇實爲一賦），是作者從長安回建康後，追述被俘入關經歷的作品。陳弘讓的《山蘭賦》，讚美山蘭「自然之高介」，「屏山幽而靜異」，體物入微，格調高雅。張正見的《石賦》，句句對仗，實開律賦之先河。

隋代的作家有江總、盧思道。江總的《南越木槿賦》贊其夏盛，憫其秋零，實寓身世之感。盧思道的《聽鳴蟬》表達對隱逸生活的嚮往。雖然《藝文類聚》是作爲賦作收錄的，但它更像一首雜言歌行。可能《藝文類聚》的編者對它的文體歸類也有些猶豫，所以文題中並未加「賦」字，並將它排列在卷九十七·蟬「文」的部分賦體的最後。

北朝賦風與南朝相似。晚年羈留在周的庾信，是北朝賦的著名作家，實際上也是南北朝賦的集大成者。《春賦》《蕩子賦》《鏡賦》《象戲賦》《燈賦》《對燭賦》《鴛鴦賦》《七夕賦》，作於南朝的梁，《三月三日華林園馬射賦》《哀江南賦》《傷心賦》《小園賦》《竹杖賦》《枯樹賦》，作於北朝的魏、周。庾信在梁時的賦，以描寫女性居多。如《春賦》寫貴族婦女遊春；《蕩子賦》寫思婦在丈夫戍邊後的孤寂愁苦；《鏡賦》詠閨中之物，兼及婦女的體態和心理；《燈賦》重在寫燈下美人；《對燭賦》《鴛鴦賦》亦宮廷豔賦。較有價值的是後期的作品。《枯樹賦》以枯樹自比，寄託身世之感。《小園賦》寫小園的簡陋、荒蕪，引出故國鄉關之思。《哀江南賦》歷敘梁代興亡和作者經歷，以其宏闊的規模容納豐富的歷史內容，在藝術構思和語言技巧上均達到很高成就；文采富麗，情調悲憤，爲南北朝賦的壓卷之作。

第三節　其它文體論

《藝文類聚》在不同的子目下選錄了 51 種文體，（已見上文）。其中除了詩、賦兩個大類以外，屬於「其它文體」的有：贊，表，文，頌，銘，令，序，祭文，啓，論，箴，碑，書，述，誄，章，議，哀策，敕，箋，謚策，詔，教，墓誌，說，解，疏，訓，誥，哀辭，志，弔，傳，策，奏，難，連珠，移，戒，檄，行狀。共計 41 種。現依次分別論述。

　　贊，《藝文類聚》在 53 卷的 144 個子目下選錄有贊體文，具體是：東漢：蔡邕，2 篇；班固，1 篇。三國魏：曹植，30 篇；楊脩，1 篇；繁欽，1 篇；繆襲，1 篇；王粲，1 篇。晉代：郭璞，85 篇；左九嬪，12 篇；夏侯湛，9 篇；孫楚，7 篇；戴逵，6 篇；湛方生，5 篇；庾肅之，4 篇；傅玄，4 篇；庾闡，3 篇；孫綽，3 篇；殷仲堪，2 篇；陸機，2 篇；羊孚，1 篇；顧愷之，1 篇；曹毗，1 篇；庾亮，1 篇；王珣，1 篇；袁宏，1 篇；潘岳，1 篇；王凝之妻謝氏，1 篇；王叔之，1 篇；支曇諦，1 篇；王升之，1 篇；謝莊，1 篇；阮修，1 篇；孔甯子，1 篇；鈕滔母孫氏，1 篇；孔璠之，1 篇。南朝宋：謝惠連，5 篇；陶潛，5 篇；宋孝武帝劉駿，5 篇；卞敬宗，4 篇；謝靈運，4 篇；范泰，3 篇；顏延之，1 篇；顏延年 1 篇；顏峻，1 篇；顏測，1 篇。南朝齊：王儉，1 篇。南朝梁：梁元帝蕭繹，6 篇；江淹，4 篇；沈約，3 篇；梁昭明太子蕭統，3 篇；劉孝威，2 篇。北周：庾信，17 篇。隋代：江總，4 篇。綜合統計：東漢 2 人，3 篇；三國魏 5 人，34 篇；晉代 28 人，157 篇；南朝宋 10 人，30 篇；南朝齊 1 人，1 篇；南朝梁 5 人，18 篇；北周 1 人，17 篇；隋代 1 人，4 篇。

　　關於贊，劉熙《釋名》云：「稱人之美曰讚，讚，纂也，纂集其美而敘之也。」〔註69〕指出「贊」的意思是稱讚人，故其文體的內涵就是總結概括人的美德並敘寫出來。劉勰云：「贊者，明也，助也。……至相如屬筆，始贊荊軻。及遷史固書，託贊褒貶。約文以總錄，頌體以論辭，又紀傳後評，亦同其名。而仲恰流別，謬稱爲述，失之遠矣。及景純注雅，動植必贊，義兼美惡，亦猶頌之變耳。」〔註70〕按劉勰的意見，贊體有二種，一是說明或總結，如《史記》《漢書》每篇紀傳末尾的「贊曰」。二是讚美，也包括貶斥，如司馬相如的《荊軻贊》、郭璞的《山海經圖贊》。明代吳訥、徐師曾明確說明贊體文是稱贊、贊美的文體。吳訥《文章辨體序說》云：「贊者，贊美之辭。」〔註71〕徐師曾《文體明辨序說》云：「字書云：『贊，稱美也，字本作讚。』……其體有三：一曰雜贊，意專褒美，若諸集所載人物、文章、專書諸贊是也。二曰哀贊，哀人之沒而述德以贊之者是也。三曰史贊，詞兼褒貶，

〔註69〕（清）王先謙：《釋名疏證補》，上海古籍出版社，1984 年 3 月第 1 版，第 175
　　　　頁。
〔註70〕同〔註7〕，第 158 頁。
〔註71〕（明）吳訥：《文章辨體序說》，人民文學出版社，1962 年 8 月第 1 版，第 47
　　　　頁。

若《史記索引》（按司馬貞《史記索引》在《史記》每篇後，皆附《述贊》。）、《東漢》、《晉書》諸贊是也。」〔註72〕贊體文是對整篇文章內容進行簡短概括、闡明的言辭，或對人物、事蹟及事物等進行稱頌贊美的文章，它或放在文章的末尾，或獨立成篇。

　　《藝文類聚》的贊體文，多用「贊」標出，也有用「讚」標明的。漢代是贊體文的形成期，《藝文類聚》收錄的贊體文有 3 篇：蔡邕的《焦君贊》《太尉陳公贊》，班固的《公孫弘贊》。對漢代贊體文的收錄不夠，特別是《漢書》《史記》中大量的史贊均未收錄，不能不說是一個遺憾。蔡邕是漢末寫贊體文最多的作家，在促進贊體文發展的過程中起了重要作用。《藝文類聚》收其贊體文 2 篇，可以說是對其贊體文地位的肯定。魏晉南北朝時期，是贊體文創作的繁榮期，《藝文類聚》收錄這一時期的贊體文也最多。三國時期的贊體文，以曹植爲最多，爲 30 篇。晉代的贊體文，以郭璞爲最多，爲 85 篇；其次分別是左九嬪 12 篇，夏侯湛 9 篇。畫贊的創作在此時呈現繁榮局面。曹植的畫贊共收錄有：《庖羲贊》《女媧贊》《神農贊》《黃帝贊》《黃帝三鼎贊》《少昊贊》《帝顓頊贊》《帝嚳贊》《帝堯畫贊》《帝舜贊》《夏禹贊》《禹治水贊》《禹渡河贊》《殷湯贊》《湯禱桑林贊》《文王贊》《文王赤雀贊》《周武王贊》《周成王贊》《周公贊》《漢高皇帝贊》《漢文帝贊》《漢景帝贊》《漢武帝贊》《姜嫄簡狄贊》《禹妻贊》《許由巢父池主贊》《卞隨贊》《南山四皓贊》，內容基本是人物或人物的相關事蹟，形式多爲四言八句。魏晉時期的其他畫贊，如庾闡的《虞舜像贊並序》《二妃像贊》，傅玄的畫贊，郭璞的畫贊等，均有收錄。特別是郭璞的《爾雅圖贊》《山海經圖贊》，是郭璞研究《爾雅》《山海經》的成果。他不但作注，又畫圖，且有贊文。現存這類作品 267 則，而其中選錄在《藝文類聚》中的就有 80 則，可見《藝文類聚》在保存郭璞圖贊方面的作用。南北朝時期著名的畫贊作品，如梁元帝的《職貢圖贊》，劉孝威的《辟厭青牛畫贊》，庾信的《黃帝見廣成畫贊》《舜干戚畫贊》《漢高祖置酒沛宮畫贊》等，均有收錄。雜贊也是魏晉南北朝時期不可忽視的創作。雜贊主要是祥瑞贊、雅器寶物贊、山水景物贊等。收錄的這一時期的祥瑞贊有：曹植的《吹雲贊》、繆襲的《神芝贊》、宋孝武帝劉駿的《清暑殿薈嘉禾贊》《景陽樓慶雲贊》等。關於雅器寶物贊，收錄的有：殷仲堪的《琴贊》、謝惠連的《琴贊》、庾肅之的《玉贊》、卞敬宗的《無患枕贊》等。雜贊中數量較多的是山水景物

〔註72〕同〔註2〕，第 143 頁。

贊，這與當時山水題材創作的豐富有關。收錄的山水景物贊有：庾肅之的《雪贊》《山贊》《水贊》，羊孚的《雪贊》，戴逵的《山贊》，殷仲堪、顧凱之、孔甯子的《水贊》，謝惠連的《雪贊》《松贊》，謝莊的《竹贊》，沈約的《雪贊》，江總的《香贊》《花贊》等。

　　表，《藝文類聚》在 46 卷的 97 個子目下選錄有表體文，具體是：東漢：班固，1 篇；蔡邕，1 篇；孔融，1 篇；三國魏：曹植，17 篇；魏武帝曹操，6 篇；邯鄲淳，1 篇；魏文帝曹丕，1 篇；辛毗，1 篇；桓階，1 篇；傅嘏，1 篇；卞蘭，1 篇；桓範，1 篇；殷褒，1 篇；王朗，1 篇。三國吳：張儼，1 篇；胡綜，1 篇；謝承，1 篇。晉代：劉琨，4 篇；庾亮，2 篇；范寧，2 篇；傅玄，2 篇；王述，2 篇；江逌，1 篇；左九嬪，1 篇；張士然，1 篇；孫毓，1 篇；盧諶，1 篇；殷仲文，1 篇；陸雲，1 篇；桓溫，1 篇；范汪，1 篇；王肅，1 篇；皇甫謐，1 篇，卞壺，1 篇；殷仲堪，1 篇。南朝宋：謝莊，5 篇；顏延之，4 篇；傅亮，2 篇；王弘，1 篇；鄭鮮之，1 篇；謝靈運，1 篇；趙伯符，1 篇；宋孝武帝劉裕，1 篇，江敩，1 篇。南朝齊：謝朓，5 篇；王融，3 篇；孔稚珪，3 篇；竟陵王，1 篇；王儉，1 篇。南朝梁：沈約，20 篇；梁簡文帝蕭綱，18 篇；任昉，9 篇；劉孝儀，8 篇；江淹，7 篇；王僧孺，6 篇；陸倕，5 篇；丘遲，5 篇；王筠，4 篇；劉潛，4 篇；梁元帝蕭繹，4 篇；范雲，3 篇；蕭子範，3 篇；庾肩吾，2 篇；張纘，2 篇；吳均，1 篇；任孝恭，1 篇；邵陵王，1 篇；諸葛恢，1 篇，南康王蕭會理，1 篇；范筠，1 篇。南朝陳：沈炯，7 篇；徐陵，6 篇；周弘正，1 篇。北魏：溫子昇，9 篇。北齊：邢子才，8 篇。北周：庾信，5 篇；王褒，4 篇。隋代：江總，10 篇。綜合統計：東漢：3 人，3 篇；三國魏：11 人，32 篇；三國吳：3 人，3 篇；晉代：18 人，25 篇；南朝宋：9 人，17 篇；南朝齊：5 人，13 篇；南朝梁：21 人，106 篇；南朝陳：3 人，15 篇；北魏：1 人，9 篇；北齊：1 人，8 篇；北周：2 人，9 篇；隋 1 人，10 篇。

　　關於表，吳訥《文章辨體序說》云：「韻書：『表，明也，標也，標著事緒使之明白以告乎上也。』三代以前，謂之敷奏。秦改曰表。漢因之。竊嘗考之，漢晉皆尚散文，蓋用陳達情事，若孔明《前後出師》、李令伯《陳情》之類是也。唐宋以後，多尚四六。其用則有慶賀、有辭免、有陳謝、有進書、有貢物，所用既殊，則其辭亦各異焉。」〔註73〕吳訥勾勒了表的發展簡況，

〔註73〕同〔註71〕，第 37 頁。

指出它多方面的、廣泛的功能與用途。劉勰認為表文的特點是：「表體多包，情偽屢遷，必雅義以扇其風，清文以馳其麗。然懇惻者辭為心使，浮侈者情為文使，繁約得正，華實相勝，脣吻不滯，則中律矣。」〔註74〕表，始於秦，漢代已有長足發展。據《後漢書》記載，東漢擅長作表文的有10餘人，但《藝文類聚》選錄的漢代的表文，只有東漢班固、蔡邕、孔融3人3篇。選錄的數量少，一是說明《藝文類聚》的編者對漢代的表文不夠重視，二是說明在唐初，漢代的表文存世已經不是很多。三國時期，選錄表文最多的是曹植，《自試表》《諫伐遼東表》等名篇，均已選錄，但未收其《求通親親表》，此表《文選》收錄。劉勰云：「魏初表章，指事造實，求其靡麗，則未足美矣。……陳思之表，獨冠群才。觀其體贍而律調，辭清而志顯，應物掣巧，隨變生趣，執轡有餘，故能緩急應節矣。」〔註75〕劉勰的評價是公允的。曹植的表文，氣勢壯，有生氣，辭采清麗，音節瀏亮。曹操所作，較有意義的是薦舉人才的表文，如《郭嘉有功早死宜追贈封表》。諸葛亮的《出師表》是這一時期重要的表文，但《藝文類聚》未選；這篇表現忠君思想的作品，定不會與《藝文類聚》的選編標準相左，大概由於編者在選文時較為草率以致遺漏，或者由於《出師表》沒有哪個子目可以歸屬。晉代，庾亮在東晉以章表聞於世，代表作為《讓中書監表》，《文選》收錄，但《藝文類聚》未收。范寧的《為豫章郡表》和《為豫章郡守》，看其題目，觀其內容，似同一篇表。嚴可均輯《全晉文》，即認為它們是同一篇文章，所以繫於標題《為豫章郡表》下。李密的《陳情表》亦為表中名文，《文選》收錄，但《藝文類聚》未錄。這幾處漏選，足以說明《藝文類聚》在錄文時不能從文體發展的角度考慮，而是隨意摘取，顯得粗疏、草率，缺乏周密安排。南北朝時期，特別是南朝時期，選錄的表文較多，看出編者對這一時期文章的重視，這也與全書選錄南朝作品偏多的情況相一致。梁簡文帝的表文，並不見得怎樣出色，卻選錄18篇，為收錄表文較多的作家。而一些著名的作品，如任昉的《為范尚書讓吏部封侯表》（筆者按，《文選》收錄）、《江淹》的《為蕭拜太尉揚州牧表》等，均未收錄。這種主次倒置的現象，一是說明《藝文類聚》的編者對前朝皇帝文章的重視；二是說明對宮體、豔情詩文作者的重視；三是選文不顧文體的發展狀況，主觀隨意。

〔註74〕同〔註7〕，第408頁。
〔註75〕同〔註7〕，第407頁。

　　文，《藝文類聚》在 18 卷的 24 個子目下選錄有「文」，具體是：西漢：司馬相如，1 篇；揚雄，1 篇；賈誼，1 篇。東漢：蔡邕，2 篇；潘勗，1 篇。三國魏：曹植，2 篇；魏武帝曹操，1 篇；魏文帝曹丕，1 篇。晉代：潘岳，4 篇；孫楚，3 篇；陸機，3 篇；庾闡，2 篇；張敏，1 篇；劉琨，1 篇；王羲之，1 篇；殷闡，1 篇；殷允，1 篇；王珣，1 篇；周穎文，1 篇；庾亮，1 篇；湛方生，1 篇；曹毗，1 篇。南朝宋：袁淑，3 篇；謝惠連，2 篇；宋孝武帝劉裕，1 篇；顏延之，1 篇；王僧遠，1 篇；陶潛，1 篇；謝延之，1 篇；傅亮，1 篇。南朝齊：謝朓，2 篇；卞伯玉，1 篇；孔稚珪，1 篇。南朝梁：梁簡文帝蕭綱，3 篇；梁元帝蕭繹，3 篇；陸倕，2 篇；任孝恭，2 篇；徐悱妻劉氏，1 篇；王僧孺，1 篇；沈約，1 篇。南朝陳：沈炯，2 篇。北魏：溫子昇，1 篇。綜合統計：西漢：3 人，3 篇；東漢：2 人，3 篇；三國魏：3 人，4 篇；晉代：14 人，22 篇；南朝宋，8 人，11 篇；南朝齊：3 人，4 篇；南朝梁：7 人，13 篇；南朝陳：1 人，2 篇；北魏，1 人，1 篇。

　　作爲一種文體，「文」的標注是不恰當的。從《藝文類聚》所分的文體看，除了詩、賦等少數幾個文種外，都可以稱作「文」，再分出一個文體「文」來，那麼「文」就包括了其它幾乎所有的文種，這樣就造成了文體分類標準的失當。《藝文類聚》中的各個文種，應該是平行並列的，而不應該是互相包容的。雖然魏晉南北朝時期，也有「文」的概念，不過那多是與「筆」對舉的，且含義也與此不同。劉勰云：「今之常言，有文有筆，以爲無韻者筆也，有韻者文也。」〔註76〕有韻的才叫「文」，而且是「常言」，即人們普遍習用的講法。《藝文類聚》中的「文」顯然不是這個意思。爲了獲得對《藝文類聚》中「文」的合理解釋，可以借用徐師曾的說法。他對「文」的解釋是：「蓋文中之一體也。其格有散文，有韻語，或仿楚辭，或爲四六，或以盟神，或以諷人，其體不同，其用亦異。」〔註77〕意謂「文」從形式上說，可以是散體的，也可以是押韻的；從作用上說，可以盟神，還可以諷人。《藝文類聚》中的「文」，雖不完全是這樣，但與此類似。有散體的，如殷允的《祭徐孺子文》曰：「惟豫章太守殷君，謹奠漢故聘士豫章徐先生。惟君資純玄粹，含眞太和，卓爾高尚，道映南岳，逍遙環堵，萬物不干其志，負褐行吟，軒冕不易其樂。時攜虛榻，佇金蘭之眷；千里命契，寄生芻之詠。非

〔註76〕同〔註7〕，第 655 頁。
〔註77〕同〔註2〕，第 137 頁。

夫超悟身名，遁世無悶者，孰若是乎？夫誠素自中，微物為重，蘋藻是歆，實過牲牢。」〔註78〕也有押韻的，如王僧遠《祭顏延之文》曰：「氣高叔夜，方嚴仲舉，逸翮獨征，孤風絕侶。」〔註79〕「舉」與「侶」押韻，為「語」韻。語言形式上與徐師曾所說的類似，功能上則不完全相同。可用於封禪祭祀，如司馬相如的《封禪文》、庾亮的《釋奠祭孔子文》；可用於祭悼，如蔡邕的《弔屈原文》、梁簡文帝蕭綱的《祭戰亡者文》；可用於祈天，如曹毗的《請雨文》、宋孝武帝劉裕的《請晴文》。

頌，《藝文類聚》在 34 卷的 65 個子目下選錄有頌體文，具體是：西漢：王褒，2 篇；揚雄，1 篇；史岑，1 篇；張浚，1 篇；東方朔，1 篇。東漢：蔡邕，5 篇；班固，3 篇；崔駰，2 篇；張超，1 篇；崔瑗，1 篇；馬融，1 篇；傅毅，1 篇。三國魏：曹植，8 篇；傅遐，1 篇；韋誕，1 篇；何晏，1 篇；王粲，1 篇；劉伶，1 篇。三國吳：薛綜，2 篇。晉代：牽秀，4 篇；劉臻妻，3 篇；傅統妻，3 篇；左九嬪，3 篇；潘尼，2 篇；孫楚，2 篇；劉柔妻王氏，2 篇；成公綏，2 篇；庾峻，1 篇；潘岳，1 篇；孫綽，1 篇；傅咸，1 篇；陸機，1 篇；張子並，1 篇；江偉，1 篇；張載，1 篇；庾闡，1 篇；王讚，1 篇；蘇彥，1 篇；湛方生，1 篇；黃伯仁，1 篇。南朝宋：宋孝武帝劉駿，2 篇；顏延之，2 篇；謝靈運，1 篇；鮑照，1 篇；何承天，1 篇。南朝齊：王融，5 篇。南朝梁：江淹，12 篇；梁簡文帝蕭綱，3 篇；沈約，1 篇。南朝陳：徐陵，1 篇。北齊：邢子才，1 篇。隋代：江總，1 篇。綜合統計：西漢，5 人，6 篇；東漢，7 人，14 篇；三國魏，6 人，13 篇；三國吳，1 人，2 篇；晉，21 人，34 篇；南朝宋，5 人，7 篇；南朝齊，1 人，5 篇；南朝梁，3 人，16 篇；南朝陳，1 人，1 篇；北齊，1 人，1 篇；隋，1 人，1 篇。

關於頌，劉勰云：「頌者，容也，所以美盛德而述形容也。……容告神明謂之頌。」〔註80〕它的特點是「原夫頌惟典雅，辭必清鑠」。〔註81〕吳訥亦云：「頌須鋪張揚厲，而以典雅豐縟為貴。」〔註82〕劉勰和吳訥均認為頌的基本風格是「典雅」。各朝代不同作家的頌體文，由於內容的不同，而呈現出各自的特色，但是從總體上講，均保持了「典雅」的風格。而「其詞或用散文，

〔註78〕《藝文類聚》，第 679 頁。
〔註79〕《藝文類聚》，第 679 頁。
〔註80〕同〔註7〕，第 156～157 頁。
〔註81〕同〔註7〕，第 158 頁。
〔註82〕同〔註71〕，第 47 頁。

或用韻語」。〔註83〕劉勰、吳訥等論及的《詩經》中的《時邁》《那》《清廟》等篇，《藝文類聚》均未作爲頌體文收錄。這反映了編者對頌體文的觀點：頌是文，《詩經》中的作品是詩，頌與詩是兩種不同的文體。漢代，有的作品只是名稱上是頌，而實爲賦，如王褒的《甘泉宮頌》，但因其篇名有「頌」字，故《藝文類聚》將其收錄在「頌」體。漢代人往往對賦、頌區分不明，用賦體來寫頌，也經常賦、頌混稱，致使賦、頌無別。《藝文類聚》選錄的頌體文，篇名中均含有「頌」字。這一現象說明，《藝文類聚》對頌體文的界定，採取了「由題定體」的整齊劃一的方法，這樣有利於編撰時的操作。崔瑗的《南陽文學頌》、班固的《竇將軍北征頌》、蔡邕的《京兆樊惠渠頌》等，都是漢代頌體文的名篇。蔡邕的《五靈頌》，是一篇詠物頌，頌麟、白虎等 5 種祥瑞之物。魏晉南北朝時期，頌體文題材擴大，出現了一些比較完善的頌體文類型，如求仙隱逸頌、美物頌、符瑞頌、佛教頌等。求仙隱逸頌，在東漢末年就已出現，只是數量較少。魏晉，此類頌的創作增多，如曹植的《玄俗頌》、牽秀的《黃帝頌》《老子頌》《彭祖頌》《王喬赤松頌》、潘岳的《許由頌》等。與漢代相比，這時的美物頌題材明顯擴大，從日常用品擴大到花草樹木和鳥類等，如曹植的《露盤頌》《宜男花頌》、王粲的《靈壽杖頌》、成公綏的《菊花頌》、王讚的《梨樹頌》、傅統妻辛女的《燕頌》、江淹的《杜若頌》《山桃頌》《杉頌》。劉伶的《酒德頌》，是借題發揮之作，借頌酒德表達對禮法的蔑視，與前代的頌截然不同。符瑞頌，於魏晉初露端倪，至南北朝則大量湧現，三國魏何晏有《瑞頌》，三國吳薛綜有《麟頌》《鳳頌》，晉代湛方生有《木連理頌》，南朝宋鮑照有《河清頌》，南朝宋孝武帝劉駿有《芳春琴堂橘連理頌》，北齊邢子才有《甘露頌》，均以黃河清、甘露降等所謂吉祥的象徵，爲統治者歌功頌德。南北朝時期，頌體文還深受佛教影響，出現了以佛教活動爲題材的佛教頌，如謝靈運的《無量壽佛頌》、王融的《法門頌》等，但《藝文類聚》以弘揚儒學爲要義，所以，這類佛教頌選錄的並不多。

　　銘，《藝文類聚》在 35 卷的 81 個子目下選錄有銘體文，具體是：西漢：劉向，2 篇。東漢：李尤，49 篇；崔駰，6 篇；馮衍，6 篇；崔瑗，4 篇；蔡邕，4 篇；班固，1 篇；士孫瑞，1 篇。三國魏：王粲，2 篇；曹植，2 篇；卞蘭，1 篇；傅選，1 篇；魏文帝曹丕，1 篇；何晏，1 篇；毋丘儉，1 篇。晉代：張協，5 篇；傅玄，4 篇；張載，3 篇；孫綽，3 篇；李充，2 篇；裴景聲，2

〔註83〕同〔註2〕，第 142 頁。

篇；嵇含，2篇；摯虞，2篇；蘇彥，2篇；成公綏，2篇；湛方生，1篇；孫楚，1篇；盧播，1篇；王隱，1篇；習鑿齒，1篇；殷允，1篇；傅咸，1篇；劉柔妻王氏，1篇；王導，1篇；殷仲堪，1篇；王淑之，1篇；江統，1篇。南朝宋：鮑照，2篇；傅亮，1篇；謝靈運，1篇；顏延之，1篇；張悅，1篇；何偃，1篇。南朝齊：竟陵王蕭子良，3篇。南朝梁：梁簡文帝蕭綱，14篇；梁元帝蕭繹，4篇；陸倕，3篇；庾肩吾，2篇；沈約，2篇；丘遲，1篇；周捨，1篇；劉孝儀，1篇；陶弘景，1篇。南朝陳：徐陵，5篇；沈炯，1篇；虞荔，1篇。北齊：邢子才，2篇。北周：庾信，3篇；王褒，3篇，佚名，1篇。隋代：江總，4篇。綜合統計：西漢，1人，2篇；東漢，7人，71篇；三國魏，7人，9篇；晉代，22人，39篇；南朝宋，6人，7篇；南朝齊，1人，3篇；南朝梁，9人，29篇；南朝陳，3人，7篇；北齊，1人，2篇；北周，3人，7篇；隋代，1人，4篇。

　　銘，是刻在金石和器物上的韻文，或稱頌功德，或警戒自省，後來逐漸演化為一種獨立的文體。吳訥云：「銘者，名也，名其器物以自警也。漢《藝文志》稱道家有《黃帝銘》六篇，然亡其辭。獨《大學》所載成湯《盤銘》九字，發明日新之義甚切。迨周武王，則凡几席觸豆之屬，無不勒銘以致戒警。厥後又有稱述先人之德善勞烈為銘者，如春秋時孔悝《鼎銘》是也。又有以山川、宮室、門關為銘者，若漢班孟堅之《燕然山》，則旌征伐之功；晉張孟陽之《劍閣》，則戒殊俗之僭叛，其取義又各不同也。傳曰：『作器能銘，可以為大夫。』陸士衡云：『銘貴博約而溫潤。』斯蓋得之矣。」〔註84〕吳訥對銘體文的發展演變和特徵，做了大致的概括和總結，他所列的銘文《燕然山銘》《劍閣銘》，《藝文類聚》均選錄。先秦是銘體文的發軔形成期，《藝文類聚》未選這一時期的作品。秦漢是銘體文的定型成熟期。秦代李斯有銘體文傳世，但《藝文類聚》未選。李尤是漢代選錄銘體文最多的作者。從內容上劃分，有山川銘，如《河銘》等；有器物銘，如《鏡銘》《筆銘》等；有居室銘，如《堂銘》《永安宮銘》等。漢代選錄作品較多的其他作者，其銘體文也大抵不出這幾方面的內容。魏晉南北朝時期，銘文的內容進一步發展與完善，產生了寓戒勉之意的山川銘，張載的《劍閣銘》是其代表。而以記勝頌奇、禮贊山川為主的山川銘更是大量創作，如孫綽的《太平山銘》、湛方生的《靈秀山銘》、鮑照的《石帆銘》、庾信的《梁東宮行雨山銘》、梁簡文帝蕭綱

〔註84〕同〔註71〕，第46～47頁。

的《明月山銘》等，這些作品勾畫流雲、溪水的神韻，攝取高巖幽林的風采，流露出對大自然的一往深情。這一時期還出現了緣情託興的抒情之銘，如庾信的《思舊銘》。南北朝時期，銘文由質樸莊重走向華美流麗。

　　令，《藝文類聚》在 4 卷的 4 個子目下收錄有令體文，具體是：三國魏武帝曹操，1 篇；三國魏曹植，2 篇；晉元帝司馬睿，1 篇；南朝梁任昉，3 篇；總計 7 篇。劉勰說：「令者，命也。出命申禁，有若自天，管仲下命如流水，使民從也。」〔註85〕徐師曾亦云：「劉良云：『令，即命也。七國之時並稱曰令；秦法，皇后太子稱令。』至漢王有《赦天下令》，淮南王有《謝群公令》，則諸侯王皆稱令矣。意其文與制詔無大異，特避天子而別其名耳。」〔註86〕諸侯王用令，如曹操有《明罰令》，曹植有《黃初五年令》等。皇后也可以用令，如任昉的《敦勸梁王令》，是爲宣德皇后所寫的勸令蕭衍接受南齊和帝封贈的詔命，任昉是代筆。此文，《文選》作《宣德皇后令》。

　　序，也作「敘」。王兆芳云：「敘者，通作序，次第也，端緒也，述也。」〔註87〕《藝文類聚》在 26 卷的 38 個子目下選錄有序體文，具體是：西漢：孔安國，1 篇。東漢：傅幹，1 篇。三國魏：曹植，2 篇；繆襲，1 篇。晉代：嵇含，5 篇；蘇彥，2 篇；傅咸，2 篇；王羲之，1 篇；孫綽，1 篇；顧愷之，1 篇；杜豫，1 篇；張斐，1 篇；傅玄，1 篇；潘尼，1 篇；伏滔，1 篇；王叔之，1 篇；曹毗，1 篇；湛方生，1 篇；沈充，1 篇；成公綏，1 篇；阮籍，1 篇；袁山松，1 篇；王廙，1 篇。南朝宋：顏延之，1 篇；謝靈運，1 篇；范曄，1 篇。南朝齊：王融，1 篇。南朝梁：梁元帝蕭繹，10 篇；梁簡文帝蕭綱，4 篇；沈約，3 篇；陶弘景，2 篇；王僧儒，2 篇；劉孝標，1 篇；梁武帝蕭衍，1 篇；梁昭明太子蕭統，1 篇；任昉，1 篇。南朝陳：顧野王，1 篇；劉師知，1 篇；徐陵，1 篇。北周：庾信，1 篇。隋代：江總，1 篇。綜合統計：西漢，1 人，1 篇；東漢，1 人，1 篇；三國魏，2 人，3 篇；晉代，19 人，25 篇；南朝宋，3 人，3 篇；南朝齊，1 人，1 篇；南朝梁，9 人，25 篇；南朝陳，3 人，3 篇；北周，1 人，1 篇；隋代，1 人，1 篇。（以上統計，包含標注「敘」和「集序」兩個子目中的序體文。）

　　序，指序文，是指寫在一部書或者一篇詩文前的文字。但唐以前，一般

〔註85〕同〔註7〕，第 458 頁。
〔註86〕同〔註2〕，第 120 頁。
〔註87〕（清）王兆芳：《文體通釋》，1925 年印本。

來說，為文集寫的序，多置於書後，少數置於書前；為單篇詩、文寫的序，多置於作品之前。任昉認為：「序起《詩大序》，序所以序作者之意，謂其言次第有序也。」「其為體有二：一曰議論，二曰敘事。」〔註88〕《詩大序》即《毛詩序》，《藝文類聚》分別選錄在卷十九、二十六、三十、三十五、四十三、五十六的相關子目的「事」的部分，未按序體文選錄。從所選序體文的朝代看，除西漢1篇、東漢1篇、三國魏3篇外，其餘多是晉代和南朝的作品。晉以前，有許多優秀的序體文，如司馬遷的《太史公自序》、劉向的《戰國策序》等，均未選錄。從這點可以看出《藝文類聚》的選文側重。從所選序體文的種類看，占多數的是書序和篇章小序。前者如蕭統的《文選序》、任昉的《齊王儉集序》、徐陵的《玉臺新詠序》等；後者如繆襲的《青龍賦序》、傅玄的《朝華賦序》等。篇章小序，數量較多，又多是賦序，這與本時期賦作興盛的現實密切相關。其次是宴記之序，數量很少，代表作品為王羲之的《三日蘭亭詩序》，即《蘭亭集序》，它對後世序文的發展具有開創之功，其語言和創作模式，都被後世文人傚仿。從所選序體文的表現方法看，書序總體上以敘事和議論為主；篇章小序，雖也交代寫作緣起，卻多以抒情為主，而不是敘事。值得注意的是序文的同題現象，如王羲之、孫綽都有《三日蘭亭詩序》，梁簡文帝蕭綱、顏延之都有《三日曲水詩序》。這類同題唱和之作，與當時文人的崇尚有關，蘊涵一定的文化內涵。先唐時期的序體文，尚未達到獨立發展的程度，還需依託各類文體而存在。

祭文，《藝文類聚》在5卷的5個子目下選錄有祭文，具體是：東漢：蔡邕，1篇；滕輔，1篇。晉代：袁宏，1篇；顧愷之，1篇；應碩，1篇。南朝宋：陶潛，1篇；顏延之，1篇；謝惠連，1篇；王誕，1篇；鄭鮮，1篇。南朝齊，謝朓，1篇。南朝梁：邵陵王，1篇；沈約，1篇。總計13篇。

祭文，是用於祭祀神靈、天地、祖先和祭奠親友的文辭，但祭文常用以祭奠親朋好友，如徐師曾所說：「祭文者，祭奠親友之辭也。」〔註89〕祭文常用韻語，也可用散體。徐師曾云：「（祭文）其辭有散文，有韻語，有儷語；而韻語之中，又有散文、四言、六言、雜言、騷體、儷體之不同。」〔註90〕

〔註88〕　（南朝梁）任昉：《文章緣起》，載《景印文淵閣四庫全書》，（臺北）商務印書館，1983年版。
〔註89〕　同〔註2〕，第154頁。
〔註90〕　同〔註2〕，第154頁。

所選之义，大體分為兩類：一類是一般的悼念親朋好友的祭文，如陶潛的《祭從弟文》、謝惠連的《為學生祭周居士文》。一類是祭神文，主要是祭軍神，是在出師祭祀時宣讀的祭文。滕輔的《祭牙文》是現存較早的祭軍神之作，其後有袁宏、顧愷之、鄭鮮的《祭牙文》，王誕的《伐廣固祭牙文》也是此類作品。

啓，《藝文類聚》在 45 卷的 109 個子目下選錄有啓體文，具體是：晉代：翟鏗，1 篇。南朝宋：江夏王劉義恭，1 篇。南朝齊：王融，12 篇；謝朓，3篇；孔稚珪，1 篇。南朝梁：庾肩吾，23 篇；梁元帝蕭繹，22 篇；梁簡文帝蕭綱，22 篇；劉孝儀，17 篇；沈約，16 篇；劉孝威，10 篇；梁皇太子，7 篇；劉孝綽，5 篇；任孝恭，4 篇；陸倕，4 篇；張纘，2 篇；王僧孺，3 篇；任昉，2 篇；丘遲，2 篇；邵陵王，2 篇；湘東王，1 篇；王儒，1 篇；何胤，1 篇。南朝陳：徐陵，7 篇；周弘正，5 篇。北周：庾信，4 篇；王褒，2 篇。隋代：江總，4 篇。綜合統計：晉代，1 人，1 篇；南朝宋，1 人，1 篇；南朝齊，3人，16 篇；南朝梁，18 人，143 篇；南朝陳，2 人，12 篇；北周，2 人，6 篇；隋代，1 人，3 篇。

啓是奏議體之一。劉勰云：「啓者開也。」〔註91〕他認為，兩漢時期，因為避漢景帝劉啓諱，所以在奏疏中沒有用「啓」字的，至三國魏時，在奏書中才出現「啓聞」的字樣。又說：「自晉來盛啓，用兼表奏。陳政言事，既奏之異條；讓爵謝恩，亦表之別幹。」〔註92〕將「啓」的含義、啓體文的發展脈絡和功能，述說得很清楚。至於啓的特徵，劉勰云：「必斂飭入規，促其音節，辨要輕清，文而不侈」。〔註93〕就是說，啓文要嚴謹簡要，輕靈小巧。啓體文的內容是多方面的，但總的說來，不出劉勰所云「陳政言事」「讓爵謝恩」的範圍。王兆芳云：「啓者，……主於就事開聞，要其所至。」〔註94〕「主於就事開聞」，說明啓體文的內容具有即時性。它一般是就某件事上啓，如劉孝威的《為皇太子謝敕賚功德馬啓》、任孝恭的《謝示圍棋啓》、蕭綱的《謝敕賚長生米啓》等。《藝文類聚》選錄最多的是謝物啓，如王融的《謝武陵王賜弓啓》、謝朓的《謝隋王賜紫梨啓》、蕭繹的《謝晉安王賜馬啓》等，多涉及

〔註91〕同〔註7〕，第 423 頁。
〔註92〕同〔註7〕，第 423～424 頁。
〔註93〕同〔註7〕，第 424 頁。
〔註94〕同〔註87〕。

日常物用和食物，表現出對日常生活的關注。這類謝物啓基本上通篇是頌揚。

論，《藝文類聚》在 32 卷的 47 個子目下選錄有論體文，具體是：西漢：賈誼，1 篇；東方朔，1 篇；谷永，1 篇；吾丘壽王，1 篇。東漢：孔融，3篇；班彪，1 篇；朱穆，1 篇；崔寔，1 篇；王符，1 篇；班固，1 篇。三國魏：曹植，9 篇；王粲，6 篇；曹羲，3 篇；曹冏，2 篇；高貴鄉公曹髦，2篇；魏文帝曹丕，2 篇；丁儀，2 篇；嵇康，2 篇；阮籍，1 篇；徐幹，1 篇；夏侯玄，1 篇；阮瑀，1 篇；應瑒，1 篇；何晏，1 篇；王朗，1 篇。三國吳：韋昭，1 篇。晉代：庾闡，3 篇；張輔，3 篇；干寶，2 篇；陸機，2 篇；劉寔，2 篇；裴秀，1 篇；張韓，1 篇；歐陽建，1 篇；孫盛，1 篇；李康，1篇；袁準，1 篇；袁宏，1 篇；石崇，1 篇；王叔之，1 篇；楊乂，1 篇；摯虞，1 篇；魯褒，1 篇；杜恕，1 篇；裴頠，1 篇。南朝宋：范曄，4 篇；何承天，1 篇。南朝梁：沈約，4 篇；梁元帝蕭繹，2 篇；劉孝標，2 篇。隋代：李德林，1 篇。綜合統計：西漢，4 人，4 篇；東漢，6 人，8 篇；三國魏，15 人，36 篇；三國吳，1 人，1 篇；晉代：19 人，26 篇；南朝宋，2 人，5篇；南朝梁，3 人，8 篇；隋代，1 人，1 篇。

按照《藝文類聚》「由題定體」的原則，這裡所說的「論」是專指以論名篇的論說文。劉勰云：「聖哲彝訓曰經，述經敘理曰論。論者，倫也；倫理無爽，則聖意不墜。」〔註95〕倫，是有條理的意思。文章寫得有條理，道理才能講清楚。從內容上劃分，論體文可以分為政論、史論和雜論。賈誼的《過秦論》是現存第一篇以論名篇的政論。著名的政論還有班彪的《王命論》、曹冏的《六代論》、陸機的《五等論》、劉孝標的《辨命論》等。史論是專指史官寫進史籍的評論文章。如干寶的《晉紀總論》《晉武革命論》、范曄的《皇后紀論》《逸民傳論》《宦者論》《二十八將論》、沈約的《宋書恩倖傳序論》，均選自《文選》的「史論」。這類史論是依附於史書，而不獨立成篇的；《藝文類聚》不直接從史書中選文，只從總集或別集中選文。探討關於社會、自然、人生的各種事情的論說文，可以稱作雜論。如徐幹的《中論》中有一些是論個人德行修養的，嵇康的《養生論》是談養生觀的，韋昭的《博弈論》是講棋藝的，摯虞的《文章流別論》是辭章學論文，阮籍的《樂論》是音樂論文；凡此種種，也可概稱為理論文。

箴，《藝文類聚》在 18 卷的 44 個子目下選錄有箴體文，具體是：西漢：

〔註95〕同〔註7〕，第 326 頁。

揚雄，22篇。東漢：崔駰，3篇；劉騊駼，1篇；皇甫規，1篇；傅幹，1篇；張紘，1篇。三國魏：王朗，1篇。晉代：張華，2篇；摯虞，2篇；潘尼，1篇；裴頠，1篇；溫嶠，1篇；蘇彥，1篇；庾凱，1篇；江逌，1篇；潘岳，1篇；王廙，1篇；陸機，1篇；齊王攸，1篇；傅玄，1篇。南朝宋：謝惠連，2篇；周祇，1篇；顏延之，1篇。南朝梁：梁武帝蕭衍，1篇；蕭子範，1篇。北周：王褒，1篇。隋代：戴逵，1篇。綜合統計：西漢，1人，22篇。東漢，5人，7篇。三國魏，1人，1篇。晉代，13人，15篇。南朝宋，3人，4篇。南朝梁，2人，2篇。北周，1人，1篇。隋代，1人，1篇。

　　箴，劉勰云：「箴者，所以攻疾防患，喻針石也。」〔註96〕箴，有官箴和私箴之分。官箴是臣下對君王或其他上層執政者所作的規勸；私箴是自我警戒的文字。《藝文類聚》所選以官箴為主，而且選文始於漢代。《後漢書·胡廣傳》載：「初，楊雄依《虞箴》作《十二州二十五官箴》，其九箴亡闕，後涿郡崔駰及子瑗又臨邑侯劉騊駼增補十六篇，（胡）廣復繼作四篇，文甚典美。乃悉撰次首目，為之解釋，名曰《百官箴》，凡四十八篇。」〔註97〕揚雄的《二十五官箴》是以百官為規誡對象的系列箴文，有《司空箴》《尚書箴》《衛尉箴》等，都是勸朝中百官執忠守節的。他人增補所作的「百官箴」，《藝文類聚》選錄崔駰3篇，即《河南尹箴》《太尉箴》《司徒箴》。揚雄的《十二州箴》雖未擺脫箴諫的傳統，但是它們的大部分篇幅卻是歌頌國家的統一與強盛，與前代箴文相比，這是全新的主題，是漢代箴文開拓的新領域。漢代箴文另一開拓就是用箴文來吟詠物品，如張紘的《瑰材枕箴》。魏晉，隨著規誡對象的進一步擴大，出現了以作者自身為規誡對象的私箴，如王朗的《雜箴》，就是產生較早的私箴。溫嶠的《侍臣箴》、潘尼的《乘輿箴》，是晉代箴文的代表作。南北朝與隋代，箴文處於相對沈寂狀態，與前代相比，不僅箴文數量減少，而且內容和形式均無突破。只有蕭子範的《子冠子箴》較為特殊，是為勉勵其子成為「良士」而作。

　　碑，《藝文類聚》在22卷的37個子目下選錄有碑文，另外，在卷七十六「內典上」的子目「內典」中誤標作文體名稱的「寺碑」下，在卷七十七「內典下」的子目「寺碑」中（含誤標作文體名稱的「放生碑」「眾食碑」下），

〔註96〕同〔註7〕，第194頁。
〔註97〕（漢）班固撰，（唐）顏師古注：《漢書·胡廣傳》，中華書局，1962年6月第
　　　　　1版，第1511頁。

均選錄有碑文。具體爲：東漢：蔡邕，16篇；禰衡，2篇；張昶，1篇；班固，1篇；胡廣，1篇；桓驎，1篇；潘勗，1篇；孔融，1篇；邯鄲淳，1篇；張超，1篇。三國魏：劉楨，1篇。晉代：孫綽，7篇；袁宏，2篇；潘岳，2篇；孫楚，2篇；潘尼，1篇；張林，1篇；裴希聲，1篇。南朝宋：傅亮，2篇。南朝齊：孔稚珪，2篇；王儉，1篇；王巾，1篇。南朝梁：梁元帝蕭繹，17篇；梁簡文帝蕭綱，9篇；沈約，7篇；陶弘景，3篇；王筠，2篇；王僧孺，2篇；劉孝綽，2篇；裴子野，2篇；陸雲，1篇；劭陵王蕭綸，1篇；任昉，1篇；劉孝儀，1篇；劉勰，1篇；陸倕，1篇；張縜，1篇；任孝恭，1篇。南朝陳：徐陵，9篇；沈炯，2篇。北魏：溫子昇，6篇。北齊：邢子才，4篇。北周：王褒，9篇；庾信，3篇。隋代：江總，5篇。綜合統計：東漢，10人，26篇；三國魏，1人，1篇；晉代，7人，16篇；南朝宋，1人，2篇；南朝齊，3人，4篇；南朝梁，16人，52篇；南朝陳，2人，11篇；北魏，1人，6篇；北齊，1人，4篇；北周，2人，12篇；隋代，1人，5篇。

碑，即碑文，亦稱碑誌或碑銘，是刻在石碑上的文辭。碑文細分之，「有山川之碑，有城池之碑，有宮室之碑，有橋道之碑，有壇井之碑，有神廟之碑，有家廟之碑，有古跡之碑，有風土之碑，有災祥之碑，有功德之碑，有墓道之碑，有寺觀之碑，有託物之碑。」〔註98〕按照其用途和內容，概而言之，大致有三種：紀功碑文、宮殿廟宇碑文、墓碑文。碑文始出先秦，東漢以後，作者漸盛。漢代碑文的成就主要體現在東漢。蔡邕是碑文創作的大家。劉勰云：「自後漢以來，碑碣雲起。才鋒所斷，莫高蔡邕。觀楊賜之碑，骨鯁訓典；陳郭二文，詞無擇言。周乎眾碑，莫非清允。」〔註99〕劉勰提到的蔡邕的幾篇碑文，被《藝文類聚》選錄的有《楊太尉碑銘》《郭泰碑》《太傅胡廣碑銘》。蔡邕的碑文以墓碑文爲主，風格古樸而不失清雅流麗。魏晉碑文的主要作家是曹植和孫綽。曹植的碑文，《藝文類聚》未選。孫綽是東晉碑文創作的名家。《晉書·孫綽傳》載：「綽少以文才垂稱，於時文士，綽爲其冠。溫（嶠）、王（導）、郗（鑒）、庾（亮）諸公之薨，必須綽爲碑文，然後刊石焉。」〔註100〕劉勰云：「孫綽爲文，志在碑誄。」〔註101〕他

〔註98〕同〔註2〕，第144頁。

〔註99〕同〔註7〕，第214頁。

〔註100〕（唐）房玄齡等：《晉書·孫楚（附孫綽）傳》，中華書局，1974年11月第1版，第1547頁。

〔註101〕同〔註7〕，第214頁。

的碑文數量相當可觀，並且有一種自然空靈之氣，如《太尉庾亮碑》等。南北朝是碑文創作的繁榮期，以徐陵、庾信爲代表。徐陵的碑文以紀功碑爲主，庾信的碑文以墓碑爲主。徐陵的 3 篇德政碑《爲司空徐州刺史侯安都德政碑》《廣州刺史歐陽頠德政碑》《晉陵太守王勵德政碑》，碑主身份爲刺史或太守，與前代碑文相比，碑主身份有所降低。他的碑文在辭采、聲韻、偶對、典故的運用上相當成熟，表現出對形式美的刻意追求。庾信由南入北創作了大量墓碑文。《北史・庾信傳》記載他「特蒙恩禮。……群公碑誌，多相託焉。」〔註 102〕他的碑文偶對工整，大量使用典故，部分碑文堪稱精美的駢文。

書，《藝文類聚》在 46 卷的 57 個子目下選錄有書體文，具體是：先秦：魯仲連，1 篇；李斯，1 篇；叔向，1 篇。西漢：鄒陽，2 篇；司馬相如，2 篇；李陵，2 篇；張敞，2 篇；劉向，1 篇；枚乘，1 篇；司馬遷，1 篇；楊惲，1 篇；蘇武，1 篇；谷永，1 篇；王褒，1 篇；晁錯，1 篇；東方朔，1 篇。東漢：孔融，6 篇；張奐，4 篇；秦嘉妻徐淑，3 篇；馮衍，2 篇；秦嘉，2 篇；司馬徽，1 篇；馬援，1 篇；崔駰，1 篇；朱浮，1 篇；竇玄舊妻，1 篇；延篤，1 篇；崔瑗，1 篇；馬融，1 篇；孔臧，1 篇；班固，1 篇；劉騊駼，1 篇。三國魏：應璩，8 篇；魏文帝曹丕，6 篇；魏武帝曹操，4 篇；曹植，2 篇；吳質，2 篇；應瑒，1 篇；王脩，1 篇；阮瑀，1 篇；桓範，1 篇；阮籍，1 篇；管寧，1 篇。三國吳：陸景，3 篇。晉代：鈕滔母，2 篇；桓玄，2 篇；羊祜，2 篇；劉琨，2 篇；辛曠，2 篇；袁山松，1 篇；嵇康，1 篇；徐藻妻陳氏，1 篇；殷袞，1 篇；孫楚，1 篇；趙景眞，1 篇；嵇茂齊，1 篇；庾冰，1 篇；劉臻妻陳氏，1 篇；皇甫謐，1 篇；庾翼，1 篇；蔡謨，1 篇；慧遠法師，1 篇。南朝宋：陶潛，1 篇；謝莊，1 篇；鮑照，1 篇。南朝齊：謝朓，1 篇；虞義，1 篇；陸厥，1 篇；孔稚珪，1 篇。南朝梁：梁簡文帝蕭綱，16 篇；梁元帝蕭繹，6 篇；劉孝標，4 篇；任昉，4 篇；陶弘景，4 篇；吳均，3 篇；王僧孺，3 篇；沈約，3 篇；劉孝威，2 篇；徐勉，1 篇；范縝，1 篇；邵陵王蕭綸，1 篇；丘遲，1 篇；何遜，1 篇；任孝恭，1 篇；劉孝儀，1 篇；劉孝綽，1 篇；昭明太子蕭統，1 篇；江淹，1 篇；劉之遴，1 篇；庾肩吾，1 篇。南朝陳：張種，1 篇；沈炯，1 篇；周弘讓，1 篇；徐陵，1 篇；

〔註 102〕　（唐）李延壽：《北史・庾信傳》，中華書局，1974 年 10 月第 1 版，第 2794頁。

伏知道，1 篇。北周：王褒，1 篇；庾信，1 篇。綜合統計：先秦，3 人，3
篇；西漢，13 人，17 篇；東漢，16 人，28 篇；三國魏，11 人，28 篇；三
國吳，1 人，3 篇；晉代，18 人，23 篇；南朝宋，3 人，3 篇；南朝齊，4 人，
4 篇；南朝梁，21 人，56 篇；南朝陳，5 人，5 篇；北周，2 人，2 篇。

　　書，就是書信，分爲兩種類型。吳訥云：「昔臣僚敷奏，朋舊往復，皆
總曰書。」〔註 103〕一種是臣僚所上奏章，一種是親友之間往來的書信。但
「書」的含義也在發生變化，後來專指親友之間的書信：「近世臣僚上言，
名爲表奏；惟朋舊之間，則曰書而已。」〔註 104〕《藝文類聚》所選，則是
兩種類型均有，前者如鄒陽的《上書諫吳王》、司馬相如的《上書諫武帝》，
後者如應璩的《與龐惠恭書》、桓玄的《與劉牢之書》等。從書體文的發展
看，源於春秋時代，劉勰云：「三代政暇，文翰頗疏。春秋聘繁，書介彌盛。」
〔註 105〕這時的書體文與後世有很大不同，實乃外交辭令的書面化，《藝文類
聚》未選這一時期的書體文。戰國時代，人們又用書的名義向國君侯王進言
陳辭，如魯仲連的《與燕將書》、李斯的《上書諫始皇》（即《諫逐客書》）。
書體文被用於私人之間溝通信息、交流思想，始於西漢。司馬遷的《報任安
書》、楊惲的《報孫會宗書》，是其代表。東漢，書體文又應用於家庭成員之
間，如馬援的《誡兄子書》、秦嘉的《與妻書》、秦嘉妻徐淑的《與嘉書》等。
魏晉南北朝，書體文的數量增多，《文心雕龍·書記》中提到的魏晉書體文
作家，如阮瑀、應璩、嵇康、趙景眞等，另外，像劉琨、陶潛、鮑照、江淹、
吳均、陶弘景等，均有作品選錄。這時的書體文，有的論政，如劉琨的《答
盧諶書》；有的論文學，如曹丕的《與吳質書》；有的諷刺現實，如嵇康的《與
山濤絕交書》；有的記旅遊，如鮑照的《與妹書》；有的寫山水，如吳均的《與
朱元思書》、陶弘景的《答謝中書》；有的酬問答，如徐陵的《答尹義尙書》。

　　述，《藝文類聚》在 2 卷的 7 個子目下選錄有述體文，具體是：東漢班
固，6 篇；三國魏邯鄲淳，1 篇；總計 7 篇。徐師曾說：「字書云：『述，譔
也，纂譔其人之言行以俟考也。』」〔註 106〕他引用的說法並不完備。清代學
者的說法較爲接近述體文創作發展的實際。王兆芳《文體通釋》說：「述者，
循也，循乎古也。鄭子曰：述者，述其古事。主於循舊申言，不敢妄作。源

〔註 103〕同〔註 71〕，第 41 頁。
〔註 104〕同〔註 71〕，第 41 頁。
〔註 105〕同〔註 7〕，第 455 頁。
〔註 106〕同〔註 2〕，第 148 頁。

出吳陸績《周易述》，流有隋劉炫《尙書毛詩春秋孝經述義》，及魏邯鄲子叔《受命述》。」〔註107〕吳曾祺《文體芻言》說：「述與序相似。謂之述者，取述而不作之義。古今人著書，或以述義、述聞名篇，即此義也。今專取發明作書之旨者，則列於此。」〔註108〕《藝文類聚》選錄了邯鄲淳的《上受命述》，班固的 6 篇述體文《高祖紀述》《文帝述》《景帝述》《武帝述》《昭帝述》《宣帝述》，皆選自《漢書·敘傳》，這正是《漢書》的「序」且是「取述而不作之義」，即爲班固對這幾位皇帝的評價，並非一家之言，而是引述眾人公允的意見。

誄，《藝文類聚》在 9 卷的 27 個子目下選錄有誄體文，具體是：先秦：柳下惠妻，1 篇。西漢：揚雄，1 篇。東漢：張衡，3 篇；崔瑗，2 篇；傅毅，2 篇；蘇順，1 篇；杜篤，1 篇。三國魏：曹植，8 篇；魏文帝曹丕，1 篇。晉代：潘岳，6 篇；陸機，5 篇；張華，3 篇；左九嬪，2 篇；盧諶，2 篇；劉參妻王氏，1 篇；成公綏，1 篇；劉琨，1 篇；傅玄，1 篇。南朝宋：謝莊，2 篇；謝靈運，2 篇；顏延之，2 篇。南朝齊：丘遲，1 篇。南朝梁：梁簡文帝蕭綱，1 篇。隋代：江總，1 篇。綜合統計：先秦，1 人，1 篇；西漢，1 人，1 篇；東漢，5 人，9 篇；三國魏，2 人，9 篇；晉代，9 人，22 篇；南朝宋，3 人，6 篇；南朝齊，1 人，1 篇；南朝梁，1 人，1 篇；隋代，1 人，1 篇。

誄，是累列死者生平，並致以哀悼的文體。劉勰云：「誄者，累也；累其德行，旌之不朽也。」〔註109〕誄文最初是在追贈死者諡號時使用的。自漢以下，誄文漸與定諡脫節；而且「賤不誄貴，幼不誄長」的規定，〔註110〕也不復存在。徐師曾云：「蓋古之誄本爲定諡，而今之誄惟以寓哀，則不必問其諡之有無，而皆可爲之。至於貴賤長幼之節，亦不復存在。」〔註111〕誄文的特點，正如劉勰所云：「詳夫誄之爲制，蓋選言錄行，傳體而頌文，榮始而哀終。」〔註112〕意思是說，誄文要記敘死者的生平並加以頌揚，開

〔註107〕同〔註87〕。
〔註108〕（清）吳曾祺：《文體芻言》，轉引自金振邦：《文章體裁辭典》（修訂本），東北師範大學出版社，1995 年 11 月第 2 版，第 131 頁。
〔註109〕同〔註7〕，第 212 頁。
〔註110〕（漢）鄭玄注，（唐）孔穎達等正義：《禮記正義》，載（清）阮元校刻：《十三經注疏》，中華書局，1980 年 9 月第 1 版，第 1398 頁。
〔註111〕同〔註2〕，第 154 頁。
〔註112〕同〔註7〕，第 213 頁。

頭寫他的榮耀，結尾表達悲哀。《藝文類聚》所選的最早的誄文是柳下惠妻的《柳下惠誄》，劉勰云：「柳妻之誄惠子，則辭哀而韻長矣。」〔註113〕西漢揚雄的《皇后誄》，被劉勰譏為「煩穢」，蓋因有奉承王莽之嫌。東漢誄文創作繁盛。張衡的《司空陳公誄》，盛讚死者的德行與業績功勳；杜篤的《大司馬吳漢誄》，用語典雅；蘇順的《和帝誄》，紀述和帝功德，不免溢美。三國曹植的《侍中王粲誄》，述其世系行跡而寓哀傷之意。晉代潘岳的誄文，如《散騎常侍夏侯湛誄》，不僅繼承了前代誄文述德的傳統，而且善寫哀情。劉勰說他的誄文「巧於序悲，易入新切」，〔註114〕可謂確當。南朝顏延之的《陶徵士誄》，頌揚陶淵明高潔超逸的品德，表達深切的懷念和哀悼。謝莊的《孝武帝宣貴妃誄》等誄文，如《南齊書·文學傳論》云：「謝莊之誄，起安仁之塵。」〔註115〕魏晉以來，誄文的抒情功能加強，突破了應用文體的束縛，成為哀悼文學的一種重要文體。

　　章，《藝文類聚》在5卷的7個子目下收錄有章體文，具體是：三國魏：曹植，3篇。南朝宋：謝莊，2篇。南朝齊：王儉，1篇；謝朓，1篇。南朝梁：梁簡文帝蕭綱，2篇；江淹，1篇；沈約，1篇；庾肩吾，1篇；陸倕，1篇。隋代：江總，1篇。總計14篇。劉勰說：「章以謝恩，……章者，明也。詩云為章於天，謂文明也；其在文物，赤白曰章。」劉勰認為，章的稱呼，大概從這裡來的。〔註116〕徐師曾說：「漢定禮儀，乃有四品，其一曰章，用以謝恩。及考後漢，論諫慶賀，間亦稱章，豈其流之浸廣歟？自唐而後，此制遂亡。」〔註117〕章體文，《文選》未收，可見它不是常用文體，《藝文類聚》收錄亦較少。從功能上看，曹植的《改封陳王謝恩章》、江總的《為陳六宮謝章》等，是謝恩的；曹植的《慶文帝受禪章》，是慶賀的。

　　議，《藝文類聚》在8卷的11個子目下選錄有議體文，具體是：東漢：孔融，1篇。三國魏：傅幹，1篇。晉代：潘岳，2篇；張華，1篇；曹志，1篇；程咸，1篇；陸機，1篇；蔡謨，1篇。南朝宋：顏延之，1篇。南朝梁：沈約，2篇；梁元帝蕭繹，1篇。北齊：邢子才，1篇。總計14篇。

〔註113〕同〔註7〕，第213頁。
〔註114〕同〔註7〕，第213頁。
〔註115〕（南朝梁）蕭子顯：《南齊書·文學傳論》，中華書局，1972年1月第1版，第908頁。
〔註116〕同〔註7〕，第406頁。
〔註117〕同〔註2〕，第121頁。

議，是議論政事。劉勰云：「周爰諮謀，是謂爲議；議之言宜，審事宜也。……周書曰，議事以制，政乃弗迷。議貴節制，經典之體也。」〔註118〕將普遍訪問謀劃稱爲議，並提出議體文的寫作要求：「言宜」，「審事宜」，「貴節制」。徐師曾概括議體文的功能與作用爲：「古者國有大事，必集群臣而廷議之，交口往復，務盡其情，若罷鹽鐵、制匈奴之類是也。厥後下公卿議，乃始撰詞書之簡牘以進，而學士偶有所見，又復私議於家，或商今，或訂古，由是議浸盛焉。」〔註119〕指出其行文風格：「其大要在於據經析理，審時度勢。文以辯潔爲能，不以繁縟爲巧；事以明核爲美，不以深隱爲奇，乃爲深達議體者爾。」〔註120〕漢代的應劭、晉代的傅玄，都精於議，但《藝文類聚》均未選其議體文。所選之文，大致分爲三類：一類是臣下向君王陳述不同意見的奏議，即劉勰所云「議以執異」，〔註121〕故也稱爲駁議，如潘岳的《上客舍議》；一類是私議，即某些文人有感於社會政治問題而模倣奏議，私下寫作的帶有辯論色彩的政論文，如陸機的《大田議》；一類是謚議，即專門爲帝王或公卿大臣死後追贈稱號而寫的奏議，如顏延之的《武帝謚議》、沈約的《齊明帝謚議》。

　　哀策，《藝文類聚》在3卷的8個子目下選錄有哀策，同時在2卷的2個子目下選錄有哀策文，在1卷的1個子目下選錄有策文。哀策、哀策文、策文，均爲同一種文體，即哀策。因爲，第一，在「哀策」的文體下選錄的文章，文題均爲《××哀策文》，如徐陵的《文帝哀策文》。第二，在「策文」的文體下選錄的文章，文題或爲《××哀策》，如王珣的《孝武帝哀策》；或爲《××哀策文》，如郭璞的《元皇帝哀策文》。「策文」應作「哀策」或「哀策文」，漏掉一「哀」字。三種標注方式下選錄的是同一種文體，具體爲：三國魏：魏文帝，1篇。晉代：張華，2篇；郭璞，1篇；潘岳，1篇；王珣，1篇；佚名，4篇；南朝宋：謝莊，2篇；顏延之，1篇。南朝齊：王儉，2篇；謝朓，1篇；王融，1篇。南朝梁：沈約，1篇；任昉，1篇；王筠，1篇。南朝陳：沈炯，1篇；徐陵，1篇。北齊：邢子才，1篇。隋代：江總，1篇。總計24篇。

〔註118〕同〔註7〕，第437頁。
〔註119〕同〔註2〕，第133頁。
〔註120〕同〔註2〕，第133頁。
〔註121〕同〔註7〕，第406頁。

哀策是寄寓哀思的詔書。摯虞云：「今所哀策者，古誄之義。」〔註122〕劉勰云：「漢代山陵，哀策流文。周喪盛姬，內史執策。然則策本書贈，因哀而為文也。」〔註123〕哀策本來是寫贈諡的，因為哀悼而成為哀策文。又云，哀策用誄文開頭，結尾表達哀傷之意，儀式是祝告。〔註124〕它可以用於帝王，如沈約的《齊明帝哀策文》；也可以用於皇后、太子等人，如謝朓的《敬皇后哀策文》、王筠的《昭明太子哀策文》。

敕，《藝文類聚》在 2 卷的 2 個子目下選錄有敕體文，即梁沈約的 3 篇敕體文。敕，也稱戒敕、戒書，是天子誡約或贈封臣下的命令。劉勰云：「漢初定儀則，則命有四品：……四曰戒敕。敕戒州部」。〔註125〕徐師曾云：「字書云：『敕，戒敕也，亦作勑。』劉熙云：『敕，飭也，使之警飭不敢廢慢也。』」〔註126〕《藝文類聚》對敕體文的選錄較偏，僅就選錄的沈約的《武帝踐阼後與諸州郡敕》《為武帝與謝朏敕》《與何胤敕》而言，多是為梁武帝代筆。

箋，《藝文類聚》在 11 卷的 11 個子目下收錄有箋體文，具體是：東漢：班固，1 篇。三國魏：應璩，2 篇；繁欽，1 篇；魏文帝，1 篇。晉代：何禎，1 篇；孫楚，1 篇；庾闡，1 篇；陸機，1 篇；桓溫，1 篇；劉諡之，1 篇；喻益期，1 篇。南朝宋：晃道元，1 篇；宋孝武帝，1 篇。南朝梁：任昉，2 篇，王筠，1 篇。總計 17 篇。

箋是書體的一種。到了東漢時期，書體有了新的發展。劉勰說：「迄至後漢，稍有名品，公府奏記，而郡將奉箋。記之言志，進己志也。箋者，表也，表識其情也。」〔註127〕徐師曾沿襲劉勰的說法，並補充說：「（東漢）太子諸王大臣皆得稱箋，後世專以上皇后太子，於是天子稱表，皇后太子稱箋，而其他不得用矣。」〔註128〕選文中比較有代表性的作品是繁欽的《與太子箋》、任昉的《為百辟勸進梁王箋》。

諡策，《藝文類聚》在 2 卷的 2 個子目下選錄有諡策，即南朝宋謝莊的《殷貴妃諡策文》、南朝齊謝朓的《明皇帝諡策文》。諡策，是贈諡的詔書。定諡的功能本來是由誄文來完成的，後來發生變化，定諡由「諡策」等專門

〔註122〕（宋）李昉等：《太平御覽》，中華書局，1960 年 2 月第 2 版，第 2687 頁。
〔註123〕同〔註7〕，第 177 頁。
〔註124〕同〔註7〕，第 177 頁。
〔註125〕同〔註7〕，第 358 頁。
〔註126〕同〔註2〕，第 113 頁。
〔註127〕同〔註7〕，第 456～457 頁。
〔註128〕同〔註2〕，第 123 頁。

文體來完成，而誄文就不一定與定諡有必然聯繫了。由朝廷賜予的諡號爲「官諡」，由親友、門人追稱的諡號爲「私諡」。諡策是由朝廷發佈的，賜予的是官諡，兩篇選文即是如此。

詔，《藝文類聚》在 11 卷的 13 個子目下收錄有詔體文，具體是：漢代：漢獻帝劉協，2 篇。三國魏：魏明帝曹叡，3 篇；魏文帝曹丕，2 篇。南朝宋：傅亮，1 篇；宋武帝劉裕，1 篇。南朝梁：任昉，7 篇；沈約，4 篇；梁武帝蕭衍，1 篇。南朝陳：徐陵，3 篇。北魏：溫子昇，3 篇。北齊：邢子才，1 篇。隋代：江總，1 篇；總計 29 篇。詔，又稱詔書。所謂詔，即告的意思，詔書就是詔告百官之書。任昉認爲：「詔起秦時璽文《秦始皇傳國璽》。」〔註 129〕吳訥論及詔體文的發展演變：「三代王言，見於《書》者有三：曰誥，曰誓，曰命。至秦改之曰詔，歷代因之。」〔註 130〕因爲《藝文類聚》的選文側重在南朝，所以，在此之前的詔體名文，如漢高祖劉邦的《求賢詔》、漢武帝的《求茂材異等詔》等，均未選錄。從文學角度衡量，詔體文眞正有價值的並不多，只有一些興學、招賢的詔書，才具有充實的內容，如傅亮的《立學詔》、沈約的《爲武帝搜訪隱逸詔》、任昉的《求薦士詔》、江總的《舉士詔》等。

教，《藝文類聚》在 9 卷 13 個子目下收錄有教體文，具體是：三國魏：魏文帝，1 篇。晉代：湛方生，1 篇。南朝宋：傅亮，2 篇；宋孝武帝劉駿，1 篇。南朝齊：謝朓，1 篇。南朝梁：梁簡文帝蕭綱，8 篇；陸倕，2 篇；江淹，1 篇；梁元帝蕭繹，1 篇；丘遲，1 篇；任昉，1 篇；王僧孺，1 篇。北周：庾信，1 篇。總計 22 篇。

《文心雕龍·詔策》云：「教者，效也；出言而民效也。契敷五教，故王侯稱教。」〔註 131〕徐師曾亦云：「李周翰云：『教，示於人也。』秦法，王侯稱教；而漢時大臣亦得用之，若京兆尹王尊出教告屬縣是也。」〔註 132〕《文心雕龍》和《文體明辨序說》論及的鄭弘、孔融、庾翼和王尊的教體文，《藝文類聚》均未選錄，其所選除三國魏 1 篇和晉代 1 篇外，其餘都是南北朝時期的作品。選錄作品最多的是蕭綱，這與《藝文類聚》對蕭綱等作家的偏重有關，但蕭綱的教體文無非是官樣文章，價值不大。

〔註 129〕同〔註 88〕。
〔註 130〕同〔註 71〕，第 35 頁。
〔註 131〕同〔註 7〕，第 360 頁。
〔註 132〕同〔註 2〕，第 120 頁。

墓誌，《藝文類聚》在 9 卷的 19 個子目下選錄有墓誌，具體是：南朝宋：謝莊，2 篇；宋武帝劉裕，1 篇。南朝齊：謝朓，4 篇；王融，2 篇。南朝梁：梁簡文帝蕭綱，12 篇；梁元帝蕭繹，8 篇；沈約，6 篇；任昉，1 篇；張纘，2 篇；王僧孺，1 篇；邵陵王蕭綸，1 篇；陸倕，1 篇。南朝陳：徐陵，3 篇。北齊：邢子才，1 篇。北魏：溫子昇，2 篇。隋代：江總，4 篇。總計，16 人，51 篇。

墓誌，在《藝文類聚》的選文中，有題為某某墓誌者，有題為某某墓誌銘者，有題為某某墓銘者，在此則統稱為墓誌銘。墓誌銘是埋於地下的墓記，屬碑刻的一種。其內容多為歌頌墓主的功德，記述墓主的行跡，以彰顯墓主的一生。就文體而論，墓誌銘與墓碑文幾乎雷同。兩者的區別在於：墓誌銘埋於墓中，墓碑文立於墓前，兩者在內容上是一致的，只是由於墓誌銘要埋於墓中，故文字較為簡練。一般有志，有銘。其志多用散文，敘死者姓氏、籍貫、生平等；銘則用韻文，是對死者的贊揚、悼念之詞。南北朝時期，墓誌銘從碑的一類分離，開始作為一種獨立的文體加以運用，所以，《藝文類聚》所選均為這一時期的作品。

說，《藝文類聚》在 2 卷的 2 個子目下選錄有說體文，即三國魏曹植的《髑髏說》、南朝梁吳均的《餅說》。說，是一種解釋、說明道理的文章。吳訥云：「說者，釋也，述也，解釋義理而以己意述之也。」〔註 133〕魏晉以來，作者絕少，故只選錄 2 篇。

解，《藝文類聚》在 1 卷的 1 個子目下選錄有解體文，即晉代湛方生的《上貞女解》。解，是指解釋疑難的文章。劉勰云：「解者，釋也。解釋結滯，徵事以對也。」〔註 134〕解，另有假設問答一體，如揚雄的《解嘲》，但《藝文類聚》未按解體文選錄，而是按照賦體選錄的。

疏，《藝文類聚》在 1 卷的 1 個子目下選錄有疏體文，即東漢班超的《上疏》。疏，是向天子陳事的文書，漢代開始使用。劉勰云：「自漢以來，奏事或稱上疏；儒雅繼踵，殊採可觀。」〔註 135〕徐師曾亦云：「漢時諸王官屬於其君，亦得稱疏」。〔註 136〕這也符合《藝文類聚》選文的實際。只是一些著

〔註 133〕同〔註 71〕，第 43 頁。
〔註 134〕同〔註 7〕，第 459 頁。
〔註 135〕同〔註 7〕，第 422 頁。
〔註 136〕同〔註 2〕，第 124 頁。

名的疏體文，如賈誼的《論積貯疏》、晁錯的《論貴粟疏》等，均未選錄。

訓，《藝文類聚》在 2 卷的 2 個子目下收錄有訓體文，即三國魏繁欽的《祿里先生訓》、晉代潘岳的《兩階銅人訓》。訓，是用於教誨、開導的文辭。《左傳・襄公四年》引有《夏訓》，《尚書》中有《伊訓》篇，可見，其體非常古老。

誥，《藝文類聚》在 2 卷的 2 個子目下選錄有誥體文，即東漢張衡的《東巡誥》、南朝宋顏延之的《庭誥》。誥，是訓誡勉勵的文告。徐師曾云：「字書云：『誥者，告也，告上曰告，發下曰誥。』古者上下有誥」。〔註137〕顏延之的《庭誥》，意即家戒、家訓，是告誡子弟的文辭。

哀辭，《藝文類聚》在 1 卷的 1 個子目下選錄有哀辭，具體是：三國魏：曹植，3 篇；晉代：潘岳，7 篇；陸機，1 篇。總計 11 篇。哀辭，是哀悼死者的文辭，一般用於哀悼童稚夭亡或不幸早逝者。摯虞云：「哀辭者，誄之流也。……率以施於童殤夭折，不以壽終者。」〔註138〕哀辭，當流行於東漢。徐師曾云：「昔漢班固初作《梁氏哀辭》，後人因之，代有撰著。」〔註139〕班固所作哀辭，《藝文類聚》未選。所選哀辭，或哀悼晚生，如曹植的《金瓠哀辭》，悼念亡女；或為他人代筆，如潘岳的《為任子咸妻作孤女澤蘭哀辭》，為他人哀悼女兒。潘岳是訴情敘悲的高手，因此，他的哀辭選錄也最多；其《哀永逝辭》是為哀悼亡妻而作，辭情悲苦。

志，《藝文類聚》在 3 卷的 3 個子目下收錄有志體文，具體是：東漢班固，2 篇；三國魏王粲，1 篇；南朝梁陶弘景，1 篇；梁劉孝標，1 篇；總計 5 篇。志，屬於「記」體之一。徐師曾說：「字書云：『志者，記也，字亦作誌。』其名起於《漢書・十志》，而後人因之，大抵記事之作也。」〔註140〕班固的《述五行志》《藝文志述》，均為志體文的起源之作。志體文不僅像徐師曾所言可以記事，如王粲的《荊州文學記官志》，而且可以記山川，如陶弘景的《尋山誌》、劉孝標的《山棲誌》。從《文選》不列其類、劉勰不著其說的情況看，唐以前志體文的創作尚少，所以《藝文類聚》選錄的也就較少。

弔，《藝文類聚》在 1 卷的 1 個子目下選錄有弔體文，即東漢胡廣、三國

〔註137〕同〔註2〕，第 115 頁。
〔註138〕（晉）摯虞：《文章流別傳》，載（宋）李昉等：《太平御覽》，中華書局，1960年 2 月第 2 版，第 2687 頁。
〔註139〕同〔註2〕，第 153 頁。
〔註140〕同〔註2〕，第 146 頁。

魏王粲、麋元的《弔夷齊》，三國魏阮瑀的《弔伯夷》。總計 4 篇。弔，是憑弔死者的文辭。徐師曾云：「弔文者，弔死之辭也。」〔註141〕弔文分兩類：一類是弔唁親友的「弔死之辭」，一類是追弔古人的「弔古之文」。《藝文類聚》所選的 4 篇弔文，均屬於後者。

傳，《藝文類聚》在 2 卷的 2 個子目下選錄有傳體文，即南朝梁王僧孺的《太常敬子任府君傳》、江淹的《自序傳》。傳，用於記載人物事跡。所謂「傳者，傳也，紀載事跡以傳於後世也」。〔註142〕傳，分為史傳、單篇傳記和傳記小說三種。《藝文類聚》所選 2 篇均為單篇傳記。

策，《藝文類聚》在 1 卷的 1 個子目下選錄有策體文，即漢武帝的 3 篇策文：《使御史大夫策諸子立閎為齊王》《立子旦為燕王》《立子胥為廣陵王》。《藝文類聚》中的策，是指皇帝的詔書。徐師曾云：「《說文》云：『冊，符命也。』字本作『策』。蔡邕云：『策者，簡也。漢制命令，其一曰策書，……』當是之時，唯用木簡，故其字作『策』。」〔註143〕漢武帝的 3 篇策文，都是策立皇子為王的，文辭古奧，內容不外是勉勵其修德守土。這種策與朝廷選拔人才、考問士子時所作的策文不同。

奏，《藝文類聚》在 1 卷的 1 個子目下選錄有奏體文，即三國魏：黃觀，1 篇；南朝宋：謝莊，2 篇；傅亮，1 篇。總計 4 篇。在另外 1 卷的 1 個子目下又以「書奏」為文體，選錄 8 篇文章，分別是：西漢杜欽的《奏記於王鳳》，西漢貢禹、東漢張俊、三國魏鍾繇、晉代劉頌的《上書》，晉代杜預的《奏事》，劉頌的《刑獄奏》，郭璞的《奏》。「書奏」並不是一種文體的名稱。考察這些文章的名與實，均應屬於「奏」體。

奏，是上達天子之文。劉勰云：「昔唐虞之臣，敷奏以言；秦漢之輔，上書稱奏。陳政事，獻典儀，上急變，劾愆謬，總謂之奏。奏者，進也；言敷於下，情進於上也。」〔註144〕概括了奏體文的名稱與用途。唐虞之時，有「敷奏以言」的說法，〔註145〕即用言語向君主陳事，稱為奏。春秋戰國時代，臣子向君主陳事，稱為上書。秦朝初年，將上書改稱為「奏」。漢代制定禮儀，

〔註141〕同〔註2〕，第 155 頁。
〔註142〕同〔註2〕，第 153 頁。
〔註143〕同〔註2〕，第 115～116 頁。
〔註144〕同〔註7〕，第 421～422 頁。
〔註145〕（漢）孔安國傳，（唐）孔穎達等正義：《尚書正義》，載（清）阮元校刻：《十三經注疏》，中華書局，1980 年 9 月第 1 版，第 127 頁。

則有四品，其二曰奏。王充：「上書謂之奏。」〔註146〕雖然秦時已改上書爲奏，但後世「上書」作爲文體的名稱，仍繼續使用，如上面所舉的幾篇文章即是。

難，《藝文類聚》在1卷的1個子目下選錄有難體文，即漢代張敞的《議入穀贖罪蕭望之難》。難，是一種論辯文體。吳曾祺云：「難亦駁之類，蓋皆以己意不同於人者相往復也。」〔註147〕文題《議入穀贖罪蕭望之難》有誤。據《漢書·蕭望之傳》，前半部分（「以豫備百姓之急」之前）爲張敞的上書，後半部分是蕭望之等的辯駁，此將兩部分文字誤作一篇文章。

連珠，《藝文類聚》在1卷的1個子目下選錄有連珠，具體是：西漢：揚雄，1篇。東漢：班固，1篇；潘勗，1篇。三國魏：魏文帝曹丕，1篇；王粲，1篇。晉代：傅玄，1篇；陸機，1篇。南朝宋：謝惠連，1篇；顏延之，1篇。南朝齊：王儉，1篇。南朝梁：梁武帝蕭綱，1篇；梁宣帝，1篇；沈約，1篇；吳均，1篇；劉孝儀，1篇。總計15篇。

連珠，也稱「聯珠」。其辭多駢偶有韻。徐師曾云：「連珠者，假物陳義以通諷諭之詞也。連之爲言貫也，貫穿情理，如珠之在貫也。」〔註148〕其特點有三：一是往往用兩到三組駢偶而押韻的句子排比連屬；二是旨在說理，且多用比喻的方式表達；三是語言簡練，文辭華美。一般認爲，連珠體定型於西漢的揚雄，其所作即名《連珠》。其後仿作競起。後世的連珠因係承前人而作，所以在標題之中多加「擬」「仿」「演」「範」「暢」等字樣，如班固的《擬連珠》、王粲的《仿連珠》、陸機的《演連珠》、顏延之的《範連珠》、王儉的《暢連珠》等。

移，即移文，《藝文類聚》在2卷的2個子目下選錄有「移」和「移文」，具體是，西漢劉歆，1篇；南朝梁簡文帝蕭綱，1篇；南朝梁任孝恭，1篇；南朝梁吳筠，1篇；南朝陳徐陵，2篇。總計6篇。移，是勸諭訓誡的文告。同檄文類似，但不用於對敵，而是行於官府和官民之間。劉勰云：「移者，易也；移風易俗，令往而民隨者也。」〔註149〕又云：「故檄移爲用，事兼文武。」〔註150〕概括了移文的兩方面用途。用於武事的移，實際上爲檄文的衍生名稱。

〔註146〕同〔註47〕，第281頁。

〔註147〕（清）吳曾祺：《文體芻言》，轉引自金振邦：《文章體裁辭典》（修訂本），東北師範大學出版社，1995年11月第2版，第102頁。

〔註148〕同〔註2〕，第139頁。

〔註149〕同〔註7〕，第379頁。

〔註150〕同〔註7〕，第379頁。

爲了界定文種，《藝文類聚》未選此類移文。《文章緣起》認爲，最早的移文是劉歆的《移太常博士書》，其被劉勰稱爲「文移之首」，《藝文類聚》予以選錄，篇名作《讓太常博士移文》，是作者對太常博士的責讓。

戒，也作誡，《藝文類聚》在 3 卷的 3 個子目下選錄有「戒」和「誡」體文，具體是：西漢：東方朔，1 篇。東漢：鄭玄，1 篇；高義方，1 篇。三國魏：王肅，1 篇；王昶，1 篇；荀爽，1 篇；程曉，1 篇。三國蜀：諸葛亮，1 篇。三國吳：姚信，1 篇；陸景，1 篇；晉代：傅玄，1 篇；嵇康，1 篇；李充，1 篇；庾闡，1 篇。總計 14 篇。

《藝文類聚》選錄的戒體文是自我警戒的文辭。王兆芳云：「戒者，與誡通，警也，敕也。其意曰戒，其言曰誡，諢語通也。亦謂之儆，儆戒也，主於警敕人己，意嚴辭厲。」〔註 151〕所選戒體文大致有：家戒類戒文，如東方朔、鄭玄、姚信、諸葛亮的《誡子》，王肅、王昶、嵇康的《家誡》；物事類戒文，所戒多爲物或事，如高義方的《清戒》、李充的《起居戒》、庾闡的《斷酒戒》；女戒類，警戒對象爲女子，是爲其制定的各種「清規戒律」，如荀爽的《女戒》；其它類戒文，所警戒對象爲家庭以外的他人，如陸景的《誡盈》。

檄，即檄文，《藝文類聚》中標注的「檄」與「檄文」均屬同一文體。在 2 卷的 2 個子目下收錄有檄體文，具體是：西漢：司馬相如，1 篇。三國魏：陳琳，2 篇；鍾會，1 篇。晉代：庾闡，3 篇；孫惠，1 篇；桓溫，1 篇。南朝梁：梁元帝蕭繹，1 篇；裴子野，1 篇；任孝恭，1 篇；吳筠，1 篇。南朝陳：徐陵，1 篇。北魏：魏收，1 篇。總計 15 篇。

檄，是軍事性文告，主要用於聲討被征伐的對象，也可以用來通報軍情；早期檄文還可以用來征召官吏，曉諭人民。其特點是：「凡檄之大體，或述此休明，或敘彼苛虐，指天時，審人事，算強弱，角權勢，……故其植義揚辭，務在剛健：插羽以示迅，不可使辭緩；露板以宣眾，不可使義隱；必事昭而理辨，氣盛而辭斷，此其要也。若曲趣密巧，無所取才矣。」〔註 152〕其名篇有司馬相如的《喻巴蜀檄文》、陳琳的《爲袁紹檄豫州》、鍾會的《檄蜀文》等，《藝文類聚》均收錄。它們從功用上看，主要用於征討；從語言上看，主要是散體文。

〔註 151〕同〔註 87〕。
〔註 152〕同〔註 7〕，第 378～379 頁。

　　行狀，也簡稱狀，《藝文類聚》在 4 卷的 4 個子目下收錄有行狀體文，具體爲：南朝宋：顏延之，1 篇。南朝梁：任昉，2 篇；沈約，2 篇；江淹，1 篇；裴子野，1 篇。總計 7 篇。

　　所謂「行狀」，就是指一個人的德行狀貌。劉勰說：「狀者，貌也。體貌本原，取其事實，先賢表諡，並有行狀，狀之大者也。」〔註 153〕它是一種記述死者世系、籍貫和生平概略的文字。吳訥認爲它多出於「門生故舊」之手。〔註 154〕徐師曾認爲它的內容和用途是：「蓋具死者世系、名字、爵里、行治、壽年之詳，或牒考功太常使議諡，或牒史館請編錄，或上作者乞墓誌碑表之類皆用之。」〔註 155〕《藝文類聚》所選的江淹、任昉、沈約、裴子野，都是擅長寫行狀的，但所選均爲南朝宋代、梁代的作品，宋代以前的一些較好的作品均沒有選錄；對行狀的選錄較偏，未能展示其發展演變的軌跡。值得注意的是，卷九十三獸部上・馬摘錄的宋顏延之的《天馬狀》，雖名爲狀體文，但與其它選文不同，描寫的是一種神奇的馬。這大概符合劉勰所說的「狀者，貌也。體貌本原，取其事實」的說法；狀，是狀貌，最初的意思是描寫形貌。《天馬狀》其實是一篇描寫文。

　　作爲類書，《藝文類聚》以其內容駁雜與齊備見稱。僅就選錄的文體來看，同樣具有這樣的特點。它選錄的文體數量多，覆蓋面廣，但是每種文體入選的作品數量多寡不一，完全從實際情況出發；常用的、常見的文體選的多；反之，選的就少，不強求整齊劃一。

〔註 153〕同〔註 7〕，第 459～460 頁。
〔註 154〕同〔註 71〕，第 50 頁。
〔註 155〕同〔註 2〕，第 148 頁。

下編　《藝文類聚》篇目分體索引

（以各種文體在《藝文類聚》出現的先後爲序。《藝文類聚》所選文體名稱標誌錯誤的，未予改正。）

一、詩

（一）無名氏

（1）《古詩》（迢迢牽牛星）（第 76 頁），（2）《古詩》（燕趙多佳人）（第 326 頁），（3）《古詩》（驅車遠行役）（第 484 頁），（4）《古詩》（青青陵上柏）（第 500 頁），（5）《古詩》（行行重行行）（第 513 頁），（6）《古詩》（明月何皎皎）（第 513 頁），（7）《古詩》（涉江採芙蓉）（第 513 頁），（8）《古詩》（庭中有奇樹）（第 513 頁），（9）《古詩》（青青河畔草）（第 562 頁），（10）《古詩》（上山採蘼蕪）（第 562 頁），（11）《古詩》（蘭若生春陽）（第 562 頁），（12）《古詩爲焦仲卿妻作》（第 562 頁），（13）《古詩》（今日良宴會）（第 713 頁），（14）《古墟墓詩》（第 733 頁），（15）《古兩頭纖纖詩》（第 1007 頁），（16）《薰砧詩》（第 1007 頁），（17）《古五雜組詩》（第 1007 頁），（18）《古詩》（西北有高樓）（第 1131 頁），（19）《古詩》（迢迢牽牛星）（第 1167 頁），（20）《古詩》（四坐且莫諠）（第 1222 頁），（21）《古詩》（仙人騎白鹿）（第 1381 頁），（22）《古詩》（四顧何茫茫）（第 1388 頁），（23）《古詩》（新樹蘭蕙葩）（第 1388 頁），（24）《古詩》（穆穆清風至）（第 1388 頁），（25）《古詩》（青青陵中草）（第 1388 頁），（26）《古詩》（上山採蘼蕪）（第 1393 頁），（27）《樂府歌詠詩》（氍毹五水香）（第 1394 頁），（28）《江南可採蓮》

（第 1401 頁），（29）《古詩》（涉江採芙蓉）（第 1401 頁），（30）《古詩》（青蒲綠蔕）（第 1407 頁），（31）《古詩》（採葵莫傷根）（第 1417 頁），（32）《古詩》（蘇蓼出溝渠）（第 1419 頁），（33）《古詩》（新人工織縑）（第 1456 頁），（34）《古詩》（錦衾遺洛浦）（第 1458 頁），（35）《古歌詞》（桃生露井上）（第 1466 頁），（36）《古詩》（橘柚垂嘉實）（第 1477 頁），（37）《古詩》（天上何所有）（第 1526 頁），（38）《古詩》（白楊初生時）（第 1532 頁），（39）《古詩》（胡馬依北風）（第 1556 頁），（40）《古詩》（飛來白鶴）（第 1566 頁），（41）《古詩》（思爲雙飛燕）（第 1597 頁），（42）《古詩》（翩翩堂前燕）（第 1597 頁），（43）《古歌辭》（入門時左顧）（第 1604 頁），（44）《漢天馬歌》（太一貺）（第 1620 頁），（45）《漢天馬歌》（天馬來）（第 1620 頁），（46）《古歌詩》（平陵東）（第 1620 頁），（47）《古歌詩》（採取神藥山端）（第 1651 頁），（48）《古詩》（庭前有奇樹）（第 1678 頁），（49）《古詩》（胡蝶胡高飛）（第 1684 頁）

（二）西漢

1. 韋孟

（1）《諷諫詩序》（第 429 頁）

2. 李陵

（1）《贈蘇武別詩》（晨風鳴北林）（第 513 頁），（2）《贈蘇武別詩》（良時不再至）（第 513 頁）（3）《贈蘇武別詩》（嘉會難再遇）（第 513 頁），（4）《贈蘇武詩》（攜手上河梁）（第 514 頁），（5）《贈蘇武別詩》（陟彼南山隅）（第 514 頁），（6）《贈蘇武詩》（燦燦三星列）（第 514 頁），（7）《贈蘇武別詩》（鍾子歌南音）（第 514 頁），（8）《詩》（鳳皇鳴高崗）（第 1559 頁）

3. 蘇武

（1）《詩》（骨肉緣枝葉）（第 513 頁），（2）《詩》（黃鵠一遠別）（第 513 頁），（3）《別李陵詩》（雙鳧俱北飛）（第 514 頁），（4）《別李陵詩》（征夫懷往路）（第 514 頁）

4. 漢孝武皇帝（漢武帝）

（1）《柏梁臺詩》（第 1003 頁）

5. 班婕妤

（1）《扇詩》（第 1212 頁）

（三）東漢

1. 傅毅

（1）《迪志詩》（第 416 頁）

2. 蔡邕

（1）《答對元式詩》（第 545 頁），（2）《答卜元嗣詩》（第 545 頁），（3）《翠鳥詩》（第 1609 頁）

3. 張衡

（1）《四愁詩》（第 619 頁）

4. 孔融

（1）《離合詩》（郡姓名詩）（第 1004 頁）

5. 崔駰

（1）《安封侯詩》（第 1065 頁）

6. 班固

（1）《竹扇詩》（第 1212 頁）

7. 趙一（趙壹）

（1）《客秦詩》（第 1225 頁）

8. 酈炎

（1）《蘭詩》（第 1390 頁）

9. 宋子侯

（1）《董嬌饒詩》（第 1522 頁）

（四）三國・魏

1. 劉楨（劉公幹）

（1）《詩》（仰視白日光）（第 6 頁），（2）《詩》（玄雲起高岳）（第 14 頁），（3）《公宴詩》（第 714 頁），（4）《詩》（青青女蘿草）（第 1388 頁），（5）《詩》（昔君錯畦時）（第 1508 頁），（6）《詩》（亭亭山上松）（第 1513 頁），（7）《詩》（鳳皇集南嶽）（第 1559 頁），（8）《鬥雞詩》（第 1585 頁），（9）《射鳶詩》（第 1601 頁）

2. 魏文帝（曹丕）

（1）《浮雲詩》（第 14 頁），（2）《於玄武陂作詩》（第 170 頁），（3）《芙

蓉池詩》（第 171 頁），（4）《詩》（漫漫秋夜長）（第 484 頁），（5）《於明津作詩》（第 484 頁），（6）《在孟津詩》（第 500 頁），（7）《銅雀園詩》（第 500 頁），（8）《於清河作詩》（第 500 頁），（9）《代劉勳出妻王氏詩》（第 514 頁），（10）《寡婦詩》（第 595 頁），（11）《於黎陽作詩》（第 1065 頁），（12）《詩》（朝發鄴城）（第 1065 頁），（13）《詩》（殷殷其雷）（第 1065 頁），（14）《詩》（奉辭罰罪遄征）（第 1065 頁），（15）《至廣陵於馬上作詩》（第 1065 頁），（16）《詩》（良辰啓初節）（第 1258 頁），（17）《遊仙詩》（第 1332 頁），（18）《詩》（巾車出鄴宮）（第 1649 頁）

3. 陳思王曹植

（1）《喜雨詩》（第 28 頁），（2）《元會詩》（第 59 頁），（3）《詩》（逍遙芙蓉池）（第 171 頁），（4）《詩》（有美一人）（第 326 頁），（5）《美女篇》（第 326 頁），（6）《贈弟白馬王彪詩》（第 389 頁），（7）《離友詩》（第 394 頁），（7）《矯志詩》（芝桂雖芳）（第 416 頁），（8）《矯志詩》（抱璧塗乞）（第 416 頁），（9）《詩》（慶雲未時興）（第 465 頁），（10）《雜詩》（悠悠遠行客）（第 484 頁），（11）《雜詩》（遊魚潛淥水）（第 484 頁），（12）《詩》（門有萬里客）（第 514 頁），（13）《詩》（微陰翳陽景）（第 515 頁），（14）《送應氏詩》（第 515 頁），（15）《離友詩》（第 515 頁），（16）《詩》（攬衣出中閨）（第 563 頁），（17）（明月照高樓）（第 563 頁），（18）（西北有織婦）（第 563 頁），（19）《詩》（嗟爾同衾）（第 616 頁），（20）《應詔詩》（第 711 頁），（21）《公宴詩》（第 713 頁），（22）《侍太子坐詩》（第 713 頁），（23）《與丁廙詩》（第 713 頁），（24）《遊仙詩》（第 1332 頁），（25）《五遊詠》（第 1332 頁），（26）《遠遊詩》（第 1333 頁），（27）《詩》（轉蓬離本根）（第 1413 頁），（28）《詩》（都蔗雖甘）（第 1501 頁），（29）《豔歌》（第 1522 頁），（30）《詩》（雙鵠俱遨遊）（第 1566 頁），（31）《鬥雞詩》（第 1585 頁）

4. 阮瑀

（1）《詩》（苦雨滋玄冬）（第 28 頁），（2）《詩》（髮白隨櫛墜）（第 341 頁），（3）《詩》（臨川多悲風）（第 484 頁），（4）《詩》（我行自凜秋）（第 484 頁），（5）《詩》（民生受天命）（第 538 頁），（6）《七哀詩》（第 596 頁），（7）《詩》（臨川多悲風）（第 596 頁），（8）《詩》（四皓潛南嶽）（第 641 頁），（9）《詩》（誤哉秦穆公）（第 992 頁），（10）《詩》（燕丹養勇士）（第 992 頁）

5. 劉伶

（1）《北芒客舍詩》（第 137 頁）

6. 阮籍

（1）《詩》（步出上東門）（第 138 頁），（2）《詩》（西方有佳人）（第 326 頁），（3）《詩》（周鄭天下郊）（第 326 頁），（4）《詩》（二妃遊江濱）（第 327 頁），（5）《詠懷詩》（天地煙熅）（第 465 頁），（6）《詠懷詩》（月明星稀）（第 465 頁），（7）《詠懷詩》（河上有丈人）（第 465 頁），（8）《詠懷詩》（幽蘭不可佩）（第 465 頁），（9）《詠懷詩》（駕言發魏都）（第 465 頁），（10）《詠懷詩》（木槿榮丘墓）（第 466 頁），（11）《詠懷詩》（一日復一日）（第 466 頁），（12）《詠懷詩》（鴻鵠相隨飛）（第 466 頁），（13）《詠懷詩》（鷽鳩飛桑榆）（第 466 頁），（14）《詠懷詩》（嘉樹下成蹊）（第 466 頁），（15）《詠懷詩》（天馬出西北）（第 466 頁），（16）《詠懷詩》（平生少年時）（第 466 頁），（17）《詠懷詩》（步出上東門）（第 466 頁），（18）《詠懷詩》（昔年十四五）（第 466 頁），（19）《詠懷詩》（徘徊蓬池上）（第 466 頁），（20）《詠懷詩》（寧與燕雀翔）（第 466 頁），（21）《詠懷詩》（北里多奇舞）（第 466 頁），（22）《詠懷詩》（南國有佳人）（第 466 頁），（23）《詠懷詩》（夜中不能寐）（第 466 頁），（24）《詩》（昔日繁華子）（第 576 頁），（25）《詩》（昔聞東陵瓜）（第 1504 頁），（26）《詩》（鴻鵠相隨去）（第 1566 頁）

7. 應璩

（1）《詩》（古有行道人）（第 341 頁），（2）《新詩》（第 341 頁），（3）《雜詩》（第 416 頁），（4）《百一詩》（選二首）（第 430 頁），（5）《雜詩》（第 798 頁）

8. 王粲

（1）《思親詩》（第 371 頁），（2）《詩》（悠悠涉荒路）（第 500 頁），（3）《詩》（日暮遊西園）（第 500 頁），（4）《詩》（吉日簡清時）（第 500 頁），（5）《詩》（列車息眾駕）（第 500 頁），（6）《贈蔡子篤詩》（第 546 頁），（7）《七哀詩》（第 596 頁），（8）《詩》（荊蠻非我鄉）（第 596 頁），（9）《公宴會詩》（第 714 頁），（10）《從軍詩》（從軍有苦樂）（第 1065 頁），（11）《從軍詩》（原風屬秋節）（第 1065 頁），（12）《詩》（從軍征遐路）（第 1065 頁），（13）

《詩》（率彼東南路）（第 1065 頁），（14）《詩》（聯翩飛鸞鳥）（第 1560 頁），（15）《詩》（鷙鳥化爲鳩）（第 1600 頁）

9. 繁欽

（1）《遠戍勸誡詩》（第 416 頁），（2）《雜詩》（第 416 頁），（3）《贈梅公明詩》（第 546 頁），（4）《定情詩》（第 1225 頁），（5）《詠蕙詩》（第 1393 頁）

10. 陳琳

（1）《詩》（高會時不娛）（第 501 頁），（2）《詩》（節運時氣舒）（第 501 頁），（3）《宴會詩》（第 714 頁）

11. 應瑒

（1）《別詩》（朝雲浮四海）（第 515 頁），（2）《別詩》（浩浩長河水）（第 515 頁），（3）《報趙淑麗詩》（第 546 頁），（4）《公宴詩》（第 714 頁），（5）《詩》（朝雁鳴雲中）（第 1579 頁），（6）《鬥雞詩》（第 1585 頁）

12. 徐幹

（1）《爲挽舡士與新娶妻別詩》（第 515 頁），（2）《答劉楨詩》（第 546 頁），（3）《室思詩》（第 563 頁）

13. 程曉

（1）《贈傅休弈詩》（嫈嫈獨夫）（第 546 頁），（2）《贈傅休弈詩》（三光飛景）（第 546 頁）

14. 邯鄲淳

（1）《答贈詩》（第 546 頁）

15. 魏明帝

（1）《詩》（雙桐生空井）（第 1528 頁），（2）《短歌行》（翩翩春燕）（第 1597 頁）

16. 何晏

（1）《詩》（雙鶴比翼遊）（第 1566 頁）

17. 魏太祖武帝

（1）《歌詩》（月明星稀）（第 1593 頁）

（五）晉

1. 傅玄

（1）《兩儀詩》（第 3 頁），（2）《天行篇》（第 3 頁），（3）《歌》（天時泰兮昭以陽）（第 3 頁），（4）《詩》（湯谷發清曜）（第 6 頁），（5）《眾星詩》（第 12 頁），（6）《詩》（東方大明星）（第 12 頁），（7）《詩》（白雲翩翩翔天庭）（第 15 頁）（8）《詩》（徂暑未一旬）（第 28 頁），（9）《雜言詩》（雷隱隱）（第 36 頁），（10）《雜言詩》（童女掣電策）（第 36 頁），（11）《驚雷歌》（第 36 頁），（12）《詩》（朱明運將極）（第 88 頁），（13）《飛塵篇》（第 110 頁），（14）《詩》（有女懷芬芳）（第 327 頁），（15）《秋胡詩》（第 337 頁），（16）《雜詩》（第 467 頁），（17）《答程曉詩》（弈弈兩儀）（第 548 頁），（18）《答程曉詩》（羲和運玉衡）（第 548 頁），（19）《詩》（彎我繁弱弓）（第 1092 頁），（20）《庭燎詩》（第 1373 頁），（21）《詠秋蘭詩》（第 1390 頁），（22）《歌詩》（第 1401 頁），（23）《詩》（饑食野棗實）（第 1487 頁），（24）《詩》（飛蓬隨飄起）（第 1513 頁），（25）《詩》（鵲巢丘城側）（第 1595 頁），（26）《詩》（啄木高翔鳴喈喈）（第 1604 頁）

2. 張載

（1）《詩》（白日隨天迴）（第 6 頁），（2）《詩》（十日出湯谷）（第 6 頁），（3）《霖雨詩》（第 28 頁），（4）《詩》（氣力漸衰損）（第 341 頁），（5）《登成都白菟樓詩》（第 501 頁），（6）《贈虞顯度詩》（第 551 頁），（7）《七哀詩》（第 596 頁），（8）《擬四愁詩》（第 619 頁），（9）《招隱詩》（第 641 頁）

3. 陸機

（1）《詩》（安寢北堂上）（第 8 頁），（2）《詩》（節運同可悲）（第 42 頁），（3）《詩》（遲遲暮春日）（第 65 頁），（4）《詩》（軟顏收紅葉）（第 341 頁），（5）《與弟云詩》（第 389 頁），（6）《赴洛詩》（總轡登長路）（第 485 頁），（7）《赴洛詩》（遠遊越山川）（第 485 頁），（8）《尸鄉亭詩》（第 485 頁），（9）《遨遊出西城詩》（第 501 頁），（10）《祖道畢雍孫劉邊仲潘正叔詩》（第 516 頁），（11）《於承明作與弟士龍詩》（第 516 頁），（12）《送顧公直詩》（第 516 頁），（13）《擬庭中有奇樹詩》（第 516 頁），（14）《答賈謐詩》（第 547 頁），（15）《答潘尼詩》（第 548 頁），（16）《贈馮文羆詩》（第 548 頁），（17）《贈潘尼詩》（第 548 頁），（18）《贈從兄車騎詩》（第 548 頁），（19）《贈波丘令馮文羆詩》（第 548 頁），（20）《贈紀士詩》（第 548 頁），（21）《贈

顧彥先詩》（第 548 頁），（22）《爲陸思遠婦作詩》（第 563 頁），（23）《擬青青河畔草詩》（第 564 頁），（24）《擬蘭若生春陽詩》（第 564 頁），（25）《招隱詩》（第 641 頁），（26）《詩》（尋山求逸民）（第 641 頁），（27）《擬今日良宴會詩》（第 714 頁），（28）《皇太子賜宴詩》（第 714 頁），（29）《侍皇太子宣猷堂詩》（第 714 頁），（30）《擬古詩》（第 1120 頁），（31）《贈潘正叔詩》（第 1184 頁），（32）《園葵詩》（第 1417 頁），（33）《詩》（翩翩晚彫葵）（第 1417 頁），（34）《樂府歌詩》（第 1549 頁）

4. 庾闡

（1）《江都遇風詩》（第 17 頁），（2）《三月三日詩》（第 65 頁），（3）《三月三日臨曲水詩》（第 65 頁），（4）《登楚山詩》（第 123 頁），（5）《詩》（北眺衡山首）（第 133 頁），（6）《採藥詩》（第 140 頁），（7）《觀石鼓詩》（第 144 頁），（8）《遊仙詩》（十首）（第 1333 頁）

5. 張協

（1）《苦雨詩》（第 28 頁），（2）《雜詩》（金風扇素節）（第 28 頁），（3）《雜詩》（朝霞迎白日）（第 28 頁），（4）《雜詩》（大昊啓東節）（第 42 頁），（5）《詩》（瓴甋夸瑰璠）（第 467 頁），（6）《詩》（此鄉非吾地）（第 467 頁），（7）《詩》（述職投邊城）（第 485 頁），（8）《詩》（結宇窮嵐曲）（第 641 頁），（9）《詠史詩》（第 993 頁），（10）《遊仙詩》（第 1333 頁）

6. 嵇含

（1）《悅晴詩》（第 33 頁），（2）《伉儷詩》（第 723 頁）

7. 郭璞（郭景純）

（1）《詩》（青陽暢和氣）（第 42 頁），（2）《詩》（義和騁丹衢）（第 47 頁），（3）《詩》（綠羅結高林）（第 354 頁），（4）《贈溫嶠詩》（二首）（第 394 頁），（5）《詩》（林無靜樹）（第 1003 頁），（6）《詩》（杞梓生南荊）（第 1184 頁），（7）《遊仙詩》（十首）（第 1333 頁）

8. 顧凱之

（1）《神情詩》（第 42 頁）

9. 李顒

（1）《詩》（炎光燦南溟）（第 47 頁），（2）《涉湖詩》（第 169 頁），（3）《經渦路作詩》（第 1724 頁）

10. 左思

（1）《雜詩》（第 49 頁），（2）《贈妹九嬪悼離詩》（第 516 頁），（3）《招隱詩》（杖策招隱士）（第 641 頁），（4）《招隱詩》（經始東山廬）（第 641 頁），（5）《詠史詩》（被褐出閶闔）（第 993 頁），（6）《詠史詩》（吾希段干木）（第 993 頁），（7）《詠史詩》（鬱鬱澗底松）（第 993 頁），（8）《詠史詩》（主父宦不達）（第 993 頁）

11. 孫綽

（1）《詩》（蕭瑟仲秋月）（第 49 頁），（2）《三月三日詩》（第 65 頁），（3）《表哀詩》（第 372 頁）

12. 江逌

（1）《詩》（祝融解炎轡）（第 49 頁），（2）《詩》（華門不啓扇）（第 628 頁）

13. 張華

（1）《冬初歲小會詩》（第 55 頁），（2）《雜詩》（晷度隨天運）（第 55 頁），（3）《三月三日後園會詩》（第 64 頁），（4）《上巳篇》（第 64 頁），（5）《勵志詩》（第 417 頁），（6）《祖道征西應詔詩》（第 517 頁），（7）《祖道趙王應詔詩》（第 517 頁），（8）《答何劭詩》（第 546 頁），（9）《詩》（駕言歸外庭）（第 546 頁），（10）《贈摯仲治詩》（第 547 頁），（11）《情詩》（北方有佳人）（第 564 頁），（12）《情詩》（君居北海陽）（第 564 頁），（13）《詩》（遊目四野外）（第 564 頁），（14）《俠曲》（第 580 頁），（15）《遊俠篇》（第 580 頁），（16）《招隱詩》（第 641 頁），（17）《詩》（栖遲四野外）（第 641 頁），（18）《命將出征詩》（第 1061 頁），（19）《詠蕭史詩》（第 1334 頁），（20）《遊仙詩》（第 1334 頁），（21）《荷詩》（第 1401 頁），（22）《詩》（橘生湘水側）（第 1477 頁），（23）《詩》（松生壠坂上）（第 1513 頁），（24）《遊獵篇》（第 1588 頁），（25）《詩》（如黃批狡兔）（第 1640 頁）

14. 陳新塗妻李氏

（1）《冬至詩》（第 55 頁）

15. 曹毗

（1）《詠冬詩》（第 55 頁），（2）《正朝詩》（第 59 頁），（3）《夜聽擣衣詩》（第 1188 頁）

16. 荀勖

　　（1）《正大會行禮歌詩》（於皇元首）（第 59 頁），（2）《正大會行禮歌詩》（明明天子）（第 59 頁），（3）《正會公王上壽酒歌》（第 60 頁）

17. 劉和妻王氏

　　（1）《正朝詩》（第 59 頁）

18. 傅克妻辛氏

　　（1）《元正詩》（第 59 頁）

19. 潘尼

　　（1）《三日洛水作詩》（第 64 頁），（2）《七月七日侍皇太子宴玄圃園詩》（第 76 頁），（3）《皇太子社詩》（第 86 頁），（4）《送盧弋陽景宣詩》（第 516 頁），（5）《皇太子集應令詩》（第 516 頁），（6）《答傅咸詩序》（第 549 頁），（7）《贈吳王郎中令陸士衡詩》（第 550 頁），（8）《答陸士衡詩》（第 550 頁），（9）《贈隴西太守張仲治詩》（第 550 頁），（10）《贈劉佐詩》（第 550 頁），（11）《送大將軍掾盧晏詩》（第 550 頁），（12）《贈汲郡太守李茂彥詩》（第 550 頁），（13）《贈長安令劉正伯詩》（第 550 頁），（14）《答楊士安詩》（第 550 頁），（15）《贈滎陽太守吳子仲詩》（第 551 頁）

20. 王濟

　　（1）《平吳後三月三日華林園詩》（第 64 頁）

21. 閭丘沖

　　（1）《三月三日應詔詩》（第 64 頁），（2）《招隱詩》（第 641 頁）

22. 王讚（王贊）

　　（1）《三月三日詩》（第 65 頁），（2）《詩》（朔風動秋草）（第 485 頁），（3）《侍皇太子宴始平王詩》（第 715 頁），（4）《侍皇太子祖道楚淮南二王詩》（第 715 頁）

23. 阮脩

　　（1）《上巳會詩》（第 65 頁）

24. 李充

　　（1）《七月七日詩》（第 76 頁），（2）《嘲友人詩》（第 457 頁）

25. 蘇彥

　　（1）《七月七日詠織女詩》（第 76 頁），（2）《於西陵觀濤詩》（第 164 頁）

《餞太尉王公還京邑詩》（第 517 頁），（4）《贈兄詩》（第 517 頁），（5）《侍大將軍宴詩》（第 715 頁）

36. 夏侯湛

（1）《離親詠》（第 372 頁）

37. 嵇紹

（1）《贈石季倫詩》（第 417 頁）

38. 張翰

（1）《詩》（暮春和氣應）（第 467 頁），（2）《詩》（東鄰有一樹）（第 467 頁），（3）《詩》（忽有一飛鳥）（第 467 頁），（4）《周小史詩》（第 576 頁）

39. 湛方生

（1）《帆入南湖詩》（第 485 頁），（2）《還都帆詩》（第 485 頁），（3）《後齋詩》（第 1152 頁），（4）《廬山神仙詩並序》（第 1334 頁）

40. 棗據

（1）《詩》（矯足登雲閣）（第 501 頁），（2）《答阮德猷詩》（第 552 頁），（3）《詩》（有鳳適南中）（第 1559 頁）

41. 陸沖

（1）《詩》（命駕遵長途）（第 501 頁），（2）《詩》（肆觀野原外）（第 501 頁）

42. 孫楚

（1）《答弘農故吏民詩》（第 515 頁），（2）《征西官屬送別詩》（第 515 頁）

43. 王浚

（1）《從幸洛水餞王公歸國詩》（第 516 頁）

44. 王濬

（1）《祖道應令詩》（第 516 頁）

45. 左九嬪

（1）《感離詩》（第 517 頁）

46. 殷仲文

（1）《送東陽太守詩》（第 517 頁）

47. 何敬祖（何劭）

　　（1）《洛水祖王公應詔詩》（第 517 頁），（2）《贈張華詩》（第 547 頁），（3）《遊仙詩》（第 1333 頁）

48. 傅咸

　　（1）《贈褚武良詩》（第 548 頁），（2）《贈建平太守李叔龍詩》（第 549 頁），（3）《贈太尉司馬虞顯機詩》（第 549 頁），（4）《贈崔伏二郎詩》（第 549 頁），（5）《與尚書同僚詩》（第 549 頁），（6）《答潘尼詩並序》（第 549 頁），（7）《答欒弘詩並序》，（8）《孝經詩》（立身行道）（第 984 頁），（9）《孝經詩》（以孝事君）（第 984 頁），（10）《論語詩》（守死善道）（第 984 頁），（11）《論語詩》（克己復禮）（第 984 頁），（12）《毛詩詩》（無將六車）（第 984 頁），（13）《毛詩詩》（聿脩厥德）（第 984 頁），（14）《周易詩》（卑以自牧）（第 984 頁），（15）《周官詩》（惟王建國）（第 984 頁），（16）《周官詩》（辨其可任）（第 984 頁）

49. 石崇

　　（1）《贈棗腆詩》（第 551 頁），（2）《答棗腆詩》（第 552 頁）

50. 司馬彪

　　（1）《贈山濤詩》（第 551 頁），（2）《萍詩》（第 1408 頁），（3）《詩》（百草應節生）（第 1413 頁），（4）《詩》（玉出闇風側）（第 1429 頁），（5）《與山巨源詩》（第 1528 頁）

51. 曹攄

　　（1）《贈石崇詩》（第 551 頁）

52. 劉琨

　　（1）《贈盧諶詩》（第 551 頁），（2）《重贈劉琨詩》（第 551 頁）

53. 盧諶

　　（1）《答劉琨詩》（第 551 頁）

54. 棗腆

　　（1）《贈石季倫詩》（第 551 頁），（2）《答石崇詩》（第 552 頁）

55. 摯虞

　　（1）《答杜育詩》（第 552 頁）

56. 歐陽建

　（1）《答棗腆詩》（第 552 頁）

57. 杜育

　（1）《贈摯仲治詩》（第 552 頁）

58. 張望

　（1）《詩》（荒墟人跡希）（第 628 頁）

59. 王康琚

　（1）《招隱詩》（第 641 頁）

60. 辛曠

　（1）《贈皇甫謐詩》（第 642 頁）

61. 晉武帝

　（1）《華林園詩》（二首）（第 714 頁）

62. 桓玄

　（1）《南林彈詩》（第 1092 頁）

63. 許詢

　（1）《竹扇詩》（第 1211 頁），（2）《詩》（青松凝素髓）（第 1513 頁）

64. 習鑿齒

　（1）《詩》（煌煌閑夜燈）（第 1368 頁）

65. 袁山松

　（1）《菊詩》（第 1391 頁）

66. 陸筠

　（1）《芙蕖詩》（第 1401 頁）

67. 楊方

　（1）《合歡詩》（第 1547 頁）

68. 嵇康（嵇叔夜）

　（1）《贈秀才詩》（第 1560 頁），（2）《詩》（鴛鴦於飛）（第 1604 頁），（3）《詩》（婉彼鴛鴦）（第 1604 頁）

69. 劉恢

　（1）《詩》（東國有一駿）（第 1620 頁）

（六）後秦

1. 鳩摩羅什法師

（1）《十喻詩》（第 1294 頁）

2. 趙整

（1）《詩》（北園有一樹）（第 1487 頁）

（七）南朝・宋

1. 宋孝武帝

（1）《齋中望月詩》（第 8 頁），（2）《初秋詩》（第 49 頁），（3）《秋夜詩》（第 50 頁），（4）《七夕詩》（第 76 頁），（5）《遊覆舟山詩》（第 123 頁），（6）《登作樂山詩》（第 124 頁），（7）《登魯山詩》（第 124 頁），（8）《濟曲阿後湖詩》（第 169 頁），（9）《與廬陵王紹別詩》（第 518 頁），（10）《擬室思詩》（第 564 頁），（11）《拜衡陽文王義季墓詩》（第 733 頁），（12）《詠史詩》（第 993 頁），（13）《華林都亭曲水聯句效柏梁體》（第 1004 頁），（14）《離合詩》（第 1005 頁），（15）《北伐詩》（第 1066 頁）

2. 鮑照（鮑昭）

（1）《玩月詩》（第 8 頁），（2）《詠雪詩》（第 23 頁），（3）《喜雨詩》（第 28 頁），（4）《苦雨詩》（第 28 頁），（5）《秋日詩》（第 50 頁），（6）《冬至詩》（第 56 頁），（7）《冬日詩》（第 56 頁），（8）《登廬山詩》（第 134 頁），（9）《登廬山望石門詩》（第 134 頁），（10）《雜詩》（第 467 頁），（11）《還都道中詩》（第 486 頁），（12）《從臨海王西鎮發新亭詩》（第 486 頁），（13）《登黃鵠圻詩》（第 486 頁），（14）《還都在路詩》（第 486 頁），（15）《至竹里詩》（第 487 頁），（16）《行樂至城東橋詩》（第 502 頁），（17）《詩》（輕鴻戲江潭）（第 518 頁），（18）《送盛侍郎詩》（第 519 頁），（19）《行路難》（君不見河邊草）（第 538 頁），（20）（《行路難》）（寫水置平地）（第 538 頁），（21）《贈顧墨曹詩》（第 553 頁），（22）《擬古詩》（幽并重騎射）（第 580 頁），（23）《擬古詩》（日晏罷朝歸）（第 580 頁），（24）《侍宴覆舟山應詔詩》（第 715 頁），（25）《詠史詩》（第 993 頁），（26）《建除詩》（第 1006 頁），（27）《謎字詩》（第 1008 頁），（28）《數名詩》（第 1008 頁），（29）《詩》（雙劍將別離）（第 1082 頁），（30）《遇銅山採藥詩》（第 1382 頁），（31）《山行見孤桐詩》（第 1528 頁），（32）《詩》（雉朝飛）（第 1571 頁），（33）《空城雀操》（第

1596 頁），（34）《詠雙燕詩》（第 1597 頁）

3. 謝莊

（1）《喜雨詩》（第 28 頁），（2）《七夕夜詠牛女應制詩》（第 77 頁），（3）《侍宴蒜山詩》（第 143 頁），（4）《遊豫章西山觀洪崖井詩》（第 503 頁），（5）《侍東耕詩》（第 703 頁），（6）《自尋陽至都集道里名為詩》（第 1008 頁），（7）《江都平解嚴詩》（第 1066 頁），（8）《從駕頓上詩》（第 1066 頁），（9）《北宅秘園詩》（第 1161 頁），（10）《八月侍華林曜靈殿八關齋詩》（第 1294 頁）

4. 謝惠連

（1）《喜雨詩》（第 28 頁），（2）《懷秋詩》（第 50 頁），（3）《三月三日曲水集詩》（第 66 頁），（4）《七夕詠牛女詩》（第 77 頁），（5）《泛南湖至石帆詩》（第 169 頁），（6）《詩》（夕坐苦多慮）（第 467 頁），（7）《西陵獻康樂詩》（第 518 頁），（8）《與孔曲阿別詩》（第 518 頁），（9）《夜集歎乖詩》（第 518 頁），（10）《讀書詩》（第 991 頁），（11）《離合詩》（放棹遵遙途）（第 1005 頁），（12）《離合詩》（夫人皆薄離）（第 1005 頁），（13）《夜集作離合詩》（第 1005 頁），（14）《擣衣詩》（第 1188 頁），（15）《詠螺蚌詩》（第 1675 頁）

5. 謝瞻

（1）《答康樂秋霽詩》（第 33 頁），（2）《九日從宋公戲馬臺詩》（第 81 頁），（3）《答靈運詩》（第 389 頁），（4）《遊西池詩》（第 502 頁），（5）《經張子房廟詩》（第 686 頁）

6. 顏延之

（1）《夏夜呈從兄散騎詩》（第 47 頁），（2）《三日侍遊曲阿後湖詩》（第 65 頁），（3）《詔宴曲水詩》（第 65 頁），（4）《三月三日詔宴西池詩》（第 66 頁），（5）《為織女贈牽牛詩》（第 77 頁），（6）《侍遊蒜山詩》（第 143 頁），（7）《秋胡詩》（第 337 頁），（8）《北使至洛詩》（第 486 頁），（9）《罷郡還與張湘川登巴陵城樓詩》（第 502 頁），（10）《登景陽樓詩》（第 502 頁），（11）《為皇太子侍宴餞衡陽南平二王應詔詩》（第 518 頁），（12）《贈王太常僧達詩》（第 552 頁），（13）《直東宮答鄭尚書道子詩》（第 553 頁），（14）《除弟服詩》（第 597 頁），（15）《辭難潮溝詩》（第 597 頁），（16）《侍皇太子釋奠宴詩》（第 695 頁），（17）《侍東耕詩》（第 703 頁），（18）《歸鴻詩》（第 1561 頁）

7. 南平王劉鑠（宋南平王）

（1）《歌詩》（昊天清且高）（第50頁），（2）《七夕詠牛女詩》（第76頁），（3）《代收淚就長路詩》（第518頁），（4）《白紵舞曲》（第768頁）

8. 湯惠休

（1）《歌詩》（秋風嫋嫋入曲房）（第50頁），（2）《歌思引》（第50頁）

9. 謝靈運

（1）《歲暮詩》（第56頁），（2）《彭城宮中直感歲暮詩》（第56頁），（3）《詠冬詩》（第56頁），（4）《三月三日侍宴西池詩》（第66頁），（5）《七夕詠牛女詩》（第77頁），（6）《九日從宋公戲馬臺送孔令詩》（第81頁），（7）《入華子岡麻原第三谷詩》（第105頁），（8）《往北山經湖中詩》（第124頁），（9）《登廬山絕頂望諸嶠詩》（第134頁），（10）《登石門最高頂詩》（第144頁），（11）《石門岩上宿詩》（第144頁），（12）《遊赤石進帆海詩》（第151頁），（13）《石壁還湖中作詩》（第169頁），（14）《憶山中詩》（第467頁），（15）《詩》（韓亡子房奮）（第467頁），（16）《入東道路詩》（第485頁），（17）《之郡發都詩》（第485頁），（18）《發石首城詩》（第486頁），（19）《七里瀨詩》（第486頁），（20）《初往新安桐廬口詩》（第486頁），（21）《夜發石關亭詩》（第486頁），（22）《彭蠡口詩》（第486頁），（23）《初發入南城詩》（第486頁），（24）《往臨川郡發石頭城詩》（第486頁），（25）《晚出西射堂詩》（第502頁），（26）《登池上樓詩》（第502頁），（27）《登江中孤嶼詩》（第502頁），（28）《東山望海詩》（第502頁），（29）《初往新安至桐廬口詩》（第503頁），（30）《相送方山詩》（第518頁），（31）《答謝惠連詩》（第518頁），（32）《越嶺行溪詩》（第642頁），（33）《經廬陵王墓詩》（第733頁），（34）《去永嘉郡詩》（第904頁），（35）《離合詩》（第1005頁），（36）《還舊園詩》（第1161頁），（37）《石壁立招提精舍詩》（第1294頁），（38）《過瞿溪石室飯僧詩》（第1294頁）

10. 王僧達

（1）《七夕月下詩》（第77頁），（2）《依古詩》（第580頁）

11. 張望

（1）《蠟除詩》（第95頁）

12. 宗炳

（1）《登白鳥山詩》（第124頁），（2）《登半石山詩》（第124頁）

13. 王叔之

（1）《遊羅浮山詩》（第 139 頁），（2）《擬古詩》（第 1559 頁）

14. 徐湲

（1）《華林北澗詩》（第 176 頁）

15. 范泰

（1）《詩》（在生竟何豫）（第 341 頁），（2）《經漢高廟詩》（第 686 頁），
（3）《鸞鳥詩序》（第 1560 頁）

16. 陶潛

（1）《赴假還江陵夜行塗口作詩》（第 485 頁），（2）《貧士詩》（第 628
頁），（3）《詩》（安貧守賤者）（第 628 頁），（4）《讀山海經詩》（第 991 頁），
（5）《詠荊軻詩》（第 992 頁），（6）《雜詩》（種豆南山下）（第 1158 頁），（7）
《雜詩》（開荒南野際）（第 1161 頁），（8）《雜詩》（結廬在人境）（第 1161
頁），（9）《雜詩》（秋菊有佳色）（第 1161 頁），（10）《飲酒詩》（第 1248 頁）

17. 江夏王義恭（江夏劉義恭）

（1）《登景陽樓詩》（第 501 頁），（2）《彭城戲馬臺集詩》（第 502 頁），
（3）《擬詩》（第 564 頁）

18. 袁淑

（1）《登宣城郡詩》（第 502 頁），（2）《排諧集・左氏詩》（第 1604 頁）

19. 鮑令暉

（1）《題書寄行人詩》（第 553 頁），（2）《寄行人詩》（第 553 頁）

20. 顏師伯

（1）《擬詩》（第 564 頁）

21. 王徽

（1）《詠愁詩》（第 619 頁）

22. 鄭鮮之

（1）《行經張子房廟詩》（第 686 頁）

23. 何長瑜

（1）《離合詩》（第 1005 頁）

24. 賀道慶

（1）《離合詩》（第 1005 頁）

25. 王微

（1）《四氣詩》（第 1008 頁）

26. 宋文帝

（1）《北伐詩》（第 1066 頁），（2）《登景陽樓詩》（第 1131 頁）

27. 傅亮

（1）《從武帝平閩中詩》（第 1066 頁），（2）《從征詩》（第 1066 頁）

28. 吳邁遠

（1）《遊廬山觀道士石室詩》（第 1151 頁）

29. 伏系之

（1）《詠椅桐詩》（第 1528 頁）

（八）南朝·齊

1. 虞羲

（1）《詠秋月詩》（第 8 頁），（2）《望雪詩》（第 23 頁），（3）《送友人上湘詩》（第 519 頁），（4）《數名詩》（第 1008 頁），（5）《霍將軍北伐詩》（第 1066 頁），（6）《橘詩》（第 1477 頁），（7）《見江邊竹詩》（第 1552 頁）

2. 謝朓

（1）《觀雨詩》（第 28 頁），（2）《出下館詩》（第 47 頁），（3）《爲皇太子侍華光殿曲水宴詩》（第 66 頁），（4）《爲人作三日侍華光殿曲水宴詩》（第 66 頁），（5）《始之宣城郡詩》（第 119 頁），（6）《宣城郡內登望詩》（第 119 頁），（7）《和王著作登八公山詩》（第 124 頁），（8）《遊敬亭山詩》（第 124 頁），（9）《望海詩》（第 152 頁），（10）《贈友人詩》（第 394 頁），（11）《冬緒羈懷詩》（第 467 頁），（12）《和劉繪琵琶峽望積布磯詩》（第 487 頁），（13）《晚登三山望京邑詩》（第 487 頁），（14）《休沐重還道中詩》（第 487 頁），（15）《和徐勉出新林渚詩》（第 503 頁），（16）《遊東田詩》（第 503 頁），（17）《別王僧孺詩》（第 519 頁），（18）《與江水曹詩》（第 519 頁），（19）《懷故人詩》（第 519 頁），（20）《離夜詩》（第 519 頁），（21）《將發石頭上烽火樓詩》（第 519 頁），（22）《新亭渚別范雲詩》（第 519 頁），（23）《玉階怨詩》（第 539 頁），（24）《夜發新林至京邑詩》（贈西府同僚）（第 553 頁），（25）《在郡呈沈尚書詩》（第 553 頁），（26）《銅爵臺妓詩》（第 597 頁），（27）《賽敬亭廟喜雨詩》（第 686 頁），（28）《詠席詩》（第 1206 頁），（29）《詠烏皮

隱几詩》（第 1209 頁），（30）《詠竹火籠詩》（第 1221 頁），（31）《詠燈詩》
（第 1368 頁），（32）《詠燭詩》（第 1371 頁），（33）《兔絲詩》（第 1384 頁），
（34）《詠薔薇詩》（第 1397 頁），（35）《詠蒲詩》（第 1407 頁），（36）《遊
東堂詠桐詩》（第 1528 頁），（37）《牆北梔子樹詩》（第 1550 頁），（38）《詠
竹詩》（第 1552 頁），（39）《詠鸂鶒詩》（第 1606 頁）

3. 竟陵王蕭子良（竟陵王）

（1）《九日侍宴詩》（第 81 頁），（2）《侍皇太子釋奠宴詩》（第 696 頁），
（3）《同隨王經劉先生墓詩》（第 733 頁），（4）《行宅詩》（第 1144 頁），（5）
《遊後園詩》（第 1161 頁）

4. 王儉

（1）《侍皇太子九日玄圃宴詩》（第 81 頁），（2）《後園餞從兄豫章詩》（第
519 頁），（3）《贈徐孝嗣詩》（第 553 頁），（4）《侍皇太子釋奠宴詩》（第 696
頁），（5）《春日家園詩》（第 1161 頁）

5. 孔稚珪

（1）《遊太平山詩》（第 145 頁），（2）《旦發青林》（第 487 頁）

6. 劉繪

（1）《入琵琶峽望積布磯詩》（第 487 頁），（2）《送別詩》（第 519 頁），
（3）《詠博山香鑪詩》（第 1222 頁）

7. 劉瑱

（1）《上湘度琵琶磯詩》（第 487 頁）

8. 王融

（1）《奉辭鎮西應教詩》（第 519 頁），（2）《蕭諮議西上夜集詩》（第 519
頁），（3）《贈族叔衛軍詩》（第 553 頁），（4）《秋胡詩》（第 564 頁），（5）《詠
琵琶詩》（第 789 頁），（6）《抄眾書應司徒教詩》（第 991 頁），（7）《離合詩》
（第 1005 頁），（8）《迴文詩》（第 1005 頁），（9）《後園作迴文詩》（第 1005
頁），（10）《代兩頭纖纖詩》（第 1007 頁），（11）《代藁砧詩》（二首）（第 1007
頁），（12）《代五雜組詩》（第 1007 頁），（13）《四色詩》（第 1008 頁），（14）
《奉和竟陵王郡縣名詩》（第 1009 頁），（15）《從武帝琅邪城講武應詔詩》（第
1066 頁），（16）《移席琴室應司徒教詩》（第 1151 頁），（17）《詠幔詩》（第
1203 頁），（18）《詠女蘿詩》（第 1384 頁）

9. 張融

（1）《別詩》（第 520 頁）

10. 徐孝嗣

（1）《答王儉詩》（第 553 頁）

11. 陸厥

（1）《奉答內兄顧希叔詩》（第 554 頁）

12. 隨郡王蕭子隆

（1）《經劉瓛墓下詩》（第 733 頁）

13. 卞伯玉

（1）《赴中書詩》（第 875 頁）

14. 石道慧

（1）《離合詩》（第 1005 頁）

15. 丘巨源

（1）《詠七寶團扇詩》（第 1211 頁）

16. 袁彖

（1）《遊仙詩》（第 1334 頁）

17. 陸慧曉

（1）《遊仙詩》（第 1335 頁）

（九）南朝·梁

1. 李鏡遠

（1）《詩》（始臨東岳觀）（第 6 頁）

2. 劉孝綽

（1）《詠日應令詩》（第 6 頁），（2）《望月有所思詩》（第 9 頁），（3）《林下映月詩》（第 9 頁），（4）《望月詩》（第 9 頁），（5）《詠風詩》（第 18 頁），（6）《對雪詩》（第 24 頁），（7）《秋雨臥疾詩》（第 29 頁），（8）《三日侍華光殿曲水宴詩》（第 68 頁），（9）《三日侍安成王曲水宴詩》（第 68 頁），（10）《和太子落日望水詩》（第 158 頁），（11）《詠眼詩》（第 315 頁），（12）《愛姬贈主人詩》（第 328 頁），（13）《為人贈美人詩》（第 328 頁），（14）《詠姬人未肯出詩》（第 328 頁），（15）《見鄰舟人投一物眾姬爭之詩》（第 328 頁），

（16）《淇上戲蕩子婦詩》（第 329 頁），（17）《與虞弟詩》（第 390 頁），（18）《還渡浙江詩》（第 487 頁），（19）《夕逗繁昌浦詩》（第 488 頁），（20）《月半夜泊鵲尾詩》（第 488 頁），（21）《侍宴餞庾於陵應詔詩》（第 523 頁），（22）《侍宴餞張惠紹應詔詩》（第 523 頁），（23）《應令詩》（第 523 頁），（24）《江津寄劉之遴詩》（第 523 頁），（25）《發建興渚示劉陸二黃門詩》（第 523 頁），（26）《侍離宴詩》（第 523 頁），（27）《班婕妤怨詩》（第 539 頁），（28）《答張左西詩》（第 554 頁），（29）《贈任中丞詩》（第 554 頁），（30）《春宵詩》（第 567 頁），（31）《冬曉詩》（第 567 頁），（32）《古意詩》（第 567 頁），（33）《銅爵臺妓詩》（第 598 頁），（34）《夜不得眠詩》（第 620 頁），（35）《侍宴詩》（清宴延多士）（第 716 頁），（36）《侍宴詩》（茲堂乃峭嶠）（第 716 頁），（37）《侍宴集賢堂應令詩》（第 716 頁），（38）《陪徐僕射晚宴於兒宅詩》（第 716 頁），（39）《和湘東王理訟詩》（第 895 頁），（40）《登陽雲樓詩》（第 1131 頁），（41）《報王永興觀田詩》（第 1158 頁），（42）《和昭明太子鍾山解講詩》（第 1298 頁），（43）《詠梨花應令詩》（第 1474 頁），（44）《詠有人乞牛舌乳不付因餉檳榔詩》（第 1496 頁），（45）《賦得始歸雁詩》（第 1579 頁），（46）《詠百舌詩》（第 1601 頁）

3. 梁簡文帝

（1）《望月詩》（第 8 頁），（2）《望月詩》（第 8 頁），（3）《詠雲詩》（第 15 頁），（4）《詠風詩》（第 18 頁），（5）《雪朝詩》（第 23 頁），（6）《詠雪詩》（第 23 頁），（7）《詠雪顛倒使韻》（第 23 頁），（8）《賦得入階雨詩》（第 29 頁），（9）《開霽詩》（第 33 頁），（10）《春日想上林詩》（第 42 頁），（11）《晚春時詩》（第 42 頁），（12）《春日看梅詩》（第 42 頁），（13）《晚日後堂詩》（第 42 頁），（14）《春日詩》（花開幾千葉）（第 42 頁），（15）《春日詩》（年還樂應滿）（第 42 頁），（16）《秋詩》（第 50 頁），（17）《秋夜詩》（高秋渡函谷）（第 50 頁），（18）《秋夜詩》（螢飛夜的的）（第 50 頁），（19）《秋晚詩》（第 51 頁），（20）《大同十年十月戊寅詩》（第 56 頁），（21）《玄圃寒夕詩》（第 56 頁），（22）《大同十一月庚戌詩》（第 56 頁），（23）《三日侍宴林光殿曲水詩》（第 67 頁），（24）《三日率爾成詩》（第 67 頁），（25）《三日侍皇太子曲水宴詩》（第 67 頁），（26）《曲水聯句詩》（第 67 頁），（27）《七夕穿針詩》（第 77 頁），（28）《九日侍皇太子樂遊苑詩》（第 82 頁），（29）《九日賦韻詩》（第 82 頁），（30）《苦熱詩》（第 88 頁），（31）《納涼詩》（第 88

（99）《賦得白羽扇詩》（第 1212 頁），（100）《詠鏡詩》（第 1226 頁），（101）《臥疾詩》（第 1290 頁），（102）《喜疾瘳詩》（第 1290 頁），（103）《十空如幻詩》（第 1295 頁），（104）《水月詩》（第 1296 頁），（105）《如響詩》（第 1296 頁），（106）《如夢詩》（第 1296 頁），（107）《如影詩》（第 1296 頁），（108）《鏡像詩》（第 1296 頁），（109）《蒙豫懺悔詩》（第 1296 頁），（110）《往虎窟山寺詩》（第 1296 頁），（111）《侍講詩》（第 1296 頁），（112）《旦出興業寺講詩》（第 1296 頁），（113）《和會三教詩》（第 1297 頁），（114）《夜望浮圖上相輪絕句詩》（第 1297 頁），（115）《望同泰寺浮圖詩》（第 1297 頁），（116）《仙客詩》（第 1335 頁），（117）《祠伍員廟詩》（第 1349 頁），（118）《詠籠燈絕句詩》（第 1368 頁），（119）《和詩》（第 1371 頁），（120）《詠煙詩》（第 1378 頁），（121）《詠薔薇詩》（第 1397 頁），（122）《賦得詠薔薇詩》（第 1397 頁），（123）《詠芙蓉詩》（第 1401 頁），（124）《採蓮詩》（第 1401 頁），（125）《採菱詩》（第 1406 頁），（126）《香茅詩》（第 1412 頁），（127）《詠藤詩》（第 1415 頁），（128）《詠初桃詩》（第 1470 頁），（129）《雪裏覓梅花詩》（第 1472 頁），（130）《詠橘詩》（第 1478 頁），（131）《皇太子奉答南平王賚朱櫻詩》（第 1479 頁），（132）《賦詠棗》（第 1487 頁），（133）《採桑詩》（第 1522 頁），（134）《賦得雙桐生空井詩》（第 1528 頁），（135）《詠柳詩》（第 1533 頁），（136）《折楊柳詩》（第 1533 頁），（137）《和湘東王陽雲樓簷柳詩》（第 1533 頁），（138）《詠檉詩》（第 1534 頁），（139）《賦得詠疏楓詩》（第 1539 頁），（140）《詠梔子花詩》（第 1550 頁），（141）《詠洲聞獨鶴詩》（第 1566 頁），（142）《雉朝飛詩》（第 1571 頁），（143）《賦得隴坻雁初飛詩》（第 1579 頁），（144）《夜望單飛雁詩》（第 1579 頁），（145）《詠單鳧詩》（第 1582 頁），（146）《詠寒鳧詩》（第 1582 頁），（147）《鬥雞詩》（第 1585 頁），（148）《雞鳴詩》（第 1585 頁），（149）《雙燕詩》（第 1597 頁），（150）《詠新燕詩》（第 1597 頁），（151）《詠飛來雙鶺詩》（第 1606 頁），（152）《西齊行馬詩》（第 1620 頁），（153）《紫騮馬詩》（第 1620 頁），（154）《繫馬詩》（第 1620 頁），（155）《登山馬詩》（第 1620 頁），（156）《和人愛妾換馬詩》（第 1620 頁），（157）《聽早蟬詩》（第 1678 頁），（158）《詠蛺蝶詩》（第 1684 頁），（159）《詠螢詩》（第 1685 頁），（160）《詠蜂詩》（第 1688 頁）

4. 梁孝元帝（梁元帝）

（1）《望江中月影詩》（第 8 頁），（2）《詠風詩》（第 18 頁），（3）《詠細

雨詩》（第 29 頁），（4）《詠霧詩》（第 38 頁），（5）《詩》（曉霧晦階前）（第
38 頁），（6）《春日詩》（第 43 頁），（7）《納涼詩》（第 89 頁），（8）《泛蕪湖
詩》（第 169 頁），（9）《古意詩》（第 327 頁），（10）《經巴陵行部伍詩》（第
487 頁），（11）《出江陵縣還詩》（第 504 頁），（12）《詩》（朝出屠羊縣）（第
504 頁），（13）《登江州百花亭懷荊楚詩》（第 504 頁），（14）《送西歸內人詩》
（第 539 頁），（15）《寒閨詩》（第 565 頁），（16）《閨怨詩》（第 565 頁），（17）
《代舊姬有怨詩》（第 565 頁），（18）《別詩》（第 565 頁），（19）《詩》（試看
機上蛟龍錦）（第 565 頁），（20）《詩》（門前楊柳亂如絲）（第 565 頁），（21）
《詩》（日暮徙倚渭橋西）（第 565 頁），（22）《詩》（別罷花枝不共攀）（第 565
頁），（23）《詩》（三月桃花合面脂）（第 566 頁），（24）《劉生詩》（第 580 頁），
（25）《祀伍相廟詩》（第 686 頁），（26）《和劉尚書兼明堂齋宮詩》（第 689
頁），（27）《和彈箏人詩》（第 785 頁），（28）《後臨荊州詩》（第 895 頁），（29）
《示民吏詩》（第 895 頁），（30）《別荊州吏民詩》（第 895 頁），（31）《去丹
陽尹尹荊州詩》（第 901 頁），（32）《晏清言殿作柏梁體》（第 1004 頁），（33）
《離合詩》（第 1004 頁），（34）《縣名詩》（第 1009 頁），（35）《藥名詩》（第
1010 頁），（36）《姓名詩》（第 1010 頁），（37）《相名詩》（第 1010 頁），（38）
《鳥名詩》（第 1010 頁），（39）《獸名詩》（第 1011 頁），（40）《歌曲名詩》（第
1011 頁），（41）《龜兆名詩》（第 1011 頁），（42）《斜宂名詩》（第 1011 頁），
（43）《將軍名詩》（第 1011 頁），（44）《宮殿名詩》（第 1011 頁），（45）《屋
名詩》（第 1011 頁），（46）《車名詩》（第 1011 頁），（47）《船名詩》（第 1011
頁），（48）《樹名詩》（第 1011 頁），（49）《草名詩》（第 1012 頁），（50）《蕃
難未靜述懷詩》（第 1067 頁），（51）《和王僧辯從軍詩》（第 1067 頁），（52）
《遊後園詩》（第 1161 頁），（53）《晚景遊後園詩》（第 1161 頁），（54）《落日
射罷詩》（第 1265 頁），（55）《和劉尚書侍講五明集詩》（第 1297 頁），（56）
《和鮑常侍龍川館詩》（第 1335 頁），（57）《詠池中燭影詩》（第 1371 頁），（58）
《古意詠燭詩》（第 1371 頁），（59）《細草詩》（第 1388 頁），（60）《詠宜男
草詩》（第 1396 頁），（61）《看摘薔薇詩》（第 1398 頁），（62）《賦得蒲生我
池中詩》（第 1407 頁），（63）《賦得春荻詩》（第 1410 頁），（64）《詠梅詩》（第
1472 頁），（65）《賦得詠石榴詩》（第 1480 頁），（66）《詠陽雲樓簷柳詩》（第
1533 頁），（67）《折楊柳詩》（第 1533 頁），（68）《漾柳詩》（第 1533 頁），（69）
《賦得竹詩》（第 1553 頁），（70）《晚棲烏詩》（第 1592 頁），（71）《賦登山

馬詩》（第 1620 頁），（72）《後園看騎馬詩》（第 1620 頁），（73）《紫騮馬詩》
（第 1620 頁），（74）《詠螢火詩》（第 1685 頁）

5. 邵陵王蕭綸

（1）《詠新月詩》（第 8 頁），（2）《見姬人詩》（第 328 頁），（3）《迴文詩》（第 1006 頁）

6. 沈約

（1）《詠月詩》（第 8 頁），（2）《和王中書白云詩》（第 15 頁），（3）《詠餘雪詩》（第 23 頁），（4）《詠春初詩》（第 43 頁），（5）《春詠》（第 43 頁），（6）《秋夜詩》（第 51 頁），（7）《三日侍鳳光殿曲水宴詩》（第 67 頁），（8）《上巳華光殿詩》（第 67 頁），（9）《侍林光殿曲水宴詩》（第 68 頁），（10）《三日率爾成篇詩》（第 68 頁），（11）《織女贈牽牛詩》（第 78 頁），（12）《爲臨川王九日侍太子宴詩》（第 82 頁），（13）《九日侍宴樂遊苑詩》（第 82 頁），（14）《遊金華山詩》（第 124 頁），（15）《留眞人東山還詩》（第 124 頁），（16）《遊鍾山詩》（第 136 頁），（17）《泛永康江詩》（第 158 頁），（18）《渡新安江貽京邑遊好詩》（第 158 頁），（19）《大言應令詩》（第 346 頁），（20）《細言應令詩》（第 346 頁），（21）《登高望春詩》（第 504 頁），（22）《秋晨羈怨望海思歸詩》（第 504 頁），（23）《侍宴謝朏宅餞東歸應詔詩》（第 522 頁），（24）《侍宴樂遊苑餞徐州刺史應詔詩》（第 522 頁），（25）《侍宴樂遊苑餞呂僧珍應詔詩》（第 522 頁），（26）《別范安（成）詩》（第 522 頁），（27）《送友人別詩》（第 522 頁），（28）《別謝文學詩》（第 522 頁），（29）《訓謝宣城脁詩》（第 554 頁），（30）《訓孔邊通直懷蓬居詩》（第 554 頁），（31）《懷舊詩》（第 591 頁），（32）《詩》（吏部信才傑）（第 592 頁），（33）《詩》（右率馥時譽）（第 592 頁），（34）《詩》（長史體閑任）（第 592 頁），（35）《詩》（東南既擅美）（第 592 頁），（36）《詩》（少府懷貞節）（第 592 頁），（37）《詩》（韋夐識前載）（第 592 頁），（38）《詩》（處和無近累）（第 592 頁），（39）《詩》（豫州懷風範）（第 592 頁），（40）《蕭丞相弟詣世子車中作詩》（第 597 頁），（41）《侍皇太子釋奠宴詩》（第 696 頁），（42）《爲南郡王侍太子釋奠宴詩》（第 696 頁），（43）《經劉瓛墓詩》（第 733 頁），（44）《詠箏詩》（第 785 頁），（45）《去東陽與吏民別詩》（第 904 頁），（46）《奉和竟陵王郡縣名詩》（第 1009 頁），（47）《奉和齊竟陵王藥名詩》（第 1010 頁），（48）《和陸慧曉百姓名詩》（第 1010 頁），（49）《正陽堂宴勞旋詩》（第 1067 頁），（50）《出重圍和傅昭詩》

（第 1067 頁），（51）《登玄暢樓詩》（第 1131 頁），（52）《宿東園詩》（第 1161 頁），（53）《行園詩》（第 1162 頁），（54）《詠帳詩》（第 1201 頁），（55）《詠竹檳榔盤詩》（第 1256 頁），（56）《八關齋詩》（第 1298 頁），（57）《四城門詩》（第 1298 頁），（58）《和王衛軍解講詩》（第 1298 頁），（59）《華山館爲國家營功德詩》（第 1335 頁），（60）《和竟陵王遊仙詩》（第 1335 頁），（61）《陶先生登樓不復下詩》（第 1335 頁），（62）《赤松澗詩》（第 1335 頁），（63）《和劉中書仙詩》（第 1335 頁），（64）《沈道士館詩》（第 1335 頁），（65）《憩郊園和約法師採藥詩》（第 1382 頁），（66）《詠杜若詩》（第 1393 頁），（67）《詠鹿蔥詩》（第 1396 頁），（68）《詠芙蓉詩》（第 1402 頁），（69）《詠新荷應詔》（第 1402 頁），（70）《詠青苔詩》（第 1409 頁），（71）《詠菰詩》（第 1409 頁），（72）《詠李詩》（第 1466 頁），（73）《西地梨詩》（第 1474 頁），（74）《詠山榴詩》（第 1480 頁），（75）《詠甘蕉詩》（第 1499 頁），（76）《詠梧桐詩》（第 1528 頁），（77）《玩庭柳詩》（第 1533 頁），（78）《詠簷前竹》（第 1553 頁），（79）《詠湖中雁詩》（第 1579 頁），（80）《侍宴詠反舌詩》（第 1601 頁），（81）《石塘瀨聽猿詩》（第 1652 頁），（82）《聽蟬鳴應詔詩》（第 1678 頁）

7. 何遜

（1）《望初月詩》（第 9 頁），（2）《詠風詩》（第 18 頁），（3）《詠雪詩》（第 24 頁），（4）《七夕詩》（第 78 頁），（5）《爲西豐侯九日侍宴樂遊苑詩》（第 83 頁），（6）《苦熱詩》（第 88 頁），（7）《白髮詩》（第 320 頁），（8）《度連圻詩》（第 488 頁），（9）《還度五洲詩》（第 488 頁），（10）《富陽浦口和朗上人詩》（第 488 頁），（11）《與胡興安夜別詩》（第 524 頁），（12）《從鎮江州與遊故別詩》（第 524 頁），（13）《落日贈范岫詩》（第 556 頁），（14）《日夕望江贈魚司馬詩》（第 556 頁），（15）《閨怨詩》（第 567 頁），（16）《詠倡婦詩》（第 567 頁），（17）《擬輕薄篇》（第 580 頁），（18）《行經范僕射故宅詩》（第 598 頁），（19）《銅爵臺妓詩》（第 598 頁），（20）《早朝詩》（第 712 頁），（21）《看新婚詩》（第 723 頁），（22）《行經孫氏陵詩》（第 733 頁），（23）《詠扇詩》（第 1212 頁），（24）《詠鏡詩》（第 1226 頁），（25）《詠早梅詩》（第 1472 頁），（26）《詠雜花詩》（第 1508 頁），（27）《詠白鷗詩》（第 1607 頁）

8. 庾肩吾

（1）《和徐主簿望月詩》（第 9 頁），（2）《望月詩》（第 9 頁），（3）《詠

風詩》（第 18 頁），（4）《詠花雪詩》（第 24 頁），（5）《從駕喜雨詩》（第 29 頁），（6）《詩》（桃紅柳絮白）（第 43 頁），（7）《奉和便省餘秋詩》（第 51 頁），（8）《歲盡詩》（第 56 頁），（9）《三日侍蘭亭曲水宴詩》（第 69 頁），（10）《七夕詩》（第 78 頁），（11）《奉使江州船中七夕詩》（第 78 頁），（12）《侍宴九日詩》（第 83 頁），（13）《奉和山子納涼詩》（第 89 頁），（14）《遊甑山詩》（第 125 頁），（15）《山池應令詩》（第 172 頁），（16）《石橋詩》（第 183 頁），（17）《詠美人看畫詩》（第 328 頁），（18）《詩》（絳樹及西施）（第 328 頁），（19）《南苑看人還詩》（第 328 頁），（20）《舟中寒望詩》（第 489 頁），（21）《登城北望詩》（第 505 頁），（22）《和衛尉新渝侯巡城口號詩》（第 505 頁），（23）《暮遊山水賦韻得磧應令詩》（第 505 頁），（24）《和晉安王薄晚逐涼北樓回望詩》（第 505 頁），（25）《侍宴餞湘東王詩》（第 524 頁），（26）《侍宴餞湘州刺史張續詩》（第 524 頁），（27）《餞張孝總應令詩》（第 524 頁），（28）《應令詩》（第 524 頁），（29）《侍宴餞東陽太守范子雲詩》（第 524 頁），（30）《新林送劉之遴詩》（第 524 頁），（31）《春宵詩》（第 567 頁），（32）《冬曉詩》（第 567 頁），（33）《亂後經吳郵亭詩》（第 598 頁），（34）《贈周處士詩》（第 643 頁），（35）《尋周處士弘讓詩》（第 643 頁），（36）《賦得嵇叔夜詩》（第 643 頁），（37）《漢高廟詩》（第 686 頁），（38）《亂後經夏禹廟詩》（第 686 頁），（39）《侍宴詩》（沐道逢將聖）（第 715 頁），（40）《侍宴詩》（副君時暇豫）（第 715 頁），（41）《侍宣猷堂宴湘東王詩》（第 716 頁），（42）《詠舞詩》（第 769 頁），（43）《奉和藥名詩》（第 1010 頁），（44）《被使從渡江詩》（第 1067 頁），（45）《過建昌故臺詩》（第 1120 頁），（46）《詠疏圃堂詩》（第 1136 頁），（47）《和竹齋詩》（第 1152 頁），（48）《從皇太子出玄圃詩》（第 1165 頁），（49）《看放市詩》（第 1170 頁），（50）《賦得轉歌扇詩》（第 1212 頁），（51）《賦得詠胡床詩》（第 1221 頁），（52）《和太子重雲殿受戒詩》（第 1298 頁），（53）《詠同泰寺浮圖詩》（第 1298 頁），（54）《道館詩》（第 1336 頁），（55）《遠看放火詩》（第 1366 頁），（56）《燭影詩》（第 1371 頁），（57）《賦得池萍詩》（第 1408 頁），（58）《新苔詩》（第 1409 頁），（59）《詠桂樹詩》（第 1538 頁），（60）《詠簷燕》（第 1597 頁），（61）《和晉安王詠燕》（第 1598 頁），（62）《以妾換馬詩》（第 1621 頁），（63）《芝草詩》（第 1702 頁），（64）《奉和武帝苦旱詩》（第 1724 頁）

9. 蕭子範

　　（1）《望秋月詩》（第 9 頁），（2）《春望古意詩》（第 43 頁），（3）《夏夜

獨坐詩》（第 47 頁），（4）《東亭極望詩》（第 504 頁），（5）《入元襄王第詩》
（第 597 頁），（6）《落花詩》（第 1509 頁）（7）《夜聽雁詩》（第 1579 頁）

　　10. 虞騫

　　（1）《視月詩》（第 9 頁），（2）《擬雨詩》（第 29 頁），（3）《登鍾山下峰
望詩》（第 136 頁），（4）《尋沈剡夕至嵊亭詩》（第 488 頁）

　　11. 劉瑗

　　（1）《在縣中庭看月詩》（第 9 頁），（2）《詠左右新婚詩》（第 723 頁）

　　12. 鮑泉

　　（1）《江上望月詩》（第 9 頁），（2）《奉和湘東王春日詩》（第 43 頁），（3）
《秋日詩》（第 51 頁），（4）《落日看還詩》（第 329 頁），（5）《寒閨詩》（第
568 頁），（6）《詠薔薇詩》（第 1398 頁），（7）《詠梅花詩》（第 1472 頁），（8）
《詠翦綵花詩》（第 1509 頁）

　　13. 吳均（吳筠）

　　（1）《詠雲詩》（飄飄上碧虛）（第 15 頁），（2）《詠雲詩》（白雲蒼梧來）
（第 15 頁）（3）《詠雪詩》（微風搖庭樹）（第 24 頁），（4）《詠雪詩》（雪逐
春風來）（第 24 頁），（5）《春詩》（第 43 頁），（6）《秋念詩》（第 51 頁），（7）
《擬古詩》（第 329 頁），（8）《古意詩》（第 329 頁），（9）《詠懷詩》（僕本
報恩人）（第 468 頁），（10）（《詠懷詩》）（元淑勢位卑）（第 468 頁），（11）
《酬鮑畿詩》（第 488 頁），（12）《憶費昶詩》（第 488 頁），（13）《使盧陵詩》
（第 488 頁），（14）《登鍾山宴集望西靜壇詩》（第 505 頁），（15）《迎柳吳
興道中詩》（第 505 頁），（16）《送呂外兵詩》（第 523 頁），（17）《別夏侯故
章詩》（第 523 頁），（18）《酬別詩》（第 523 頁），（19）《別王謙詩》（第 523
頁），（20）《贈搖郎詩》（第 523 頁），（21）《贈別詩》（客子慘無歡）（第 524
頁），（22）《贈別詩》（樹響浹山來）（第 524 頁），（23）《贈別詩》（君留朱
門裏）（第 524 頁），（24）《行路難》（洞庭水上一株桐）（第 539 頁），（25）
（《行路難》）（青瑣門外安石榴）（第 539 頁），（26）（《行路難》）（君不見西
陵田）（第 540 頁），（27）（《行路難》）（君不見長安客舍門）（第 540 頁），（28）
《贈周興嗣詩》（第 556 頁），（29）《入蘭臺贈王治書僧孺詩》（第 556 頁），
（30）《答柳惲詩》（第 556 頁），（31）《贈任黃門詩》（第 556 頁），（32）《詶
郭臨丞詩》（第 556 頁），（33）《詶聞人侍郎詩》（第 557 頁），（34）《詣周承
不值因贈此詩》（第 557 頁），（35）《遙贈周承詩》（第 557 頁），（36）《周承

未還重贈詩》（第 557 頁），（37）《閨怨詩》（胡笳屢悽斷）（第 567 頁），（38）《閨怨詩》（春草可攬結）（第 567 頁），（39）《古意詩》（第 567 頁），（40）《詠少年詩》（第 576 頁），（41）《詩》（結客少年歸）（第 580 頁），（42）《古意詩》（第 580 頁），（43）《傷友詩》（第 598 頁），（44）《詩》（山際見來煙）（第 642 頁），（45）《詩》（綠竹可充食）（第 642 頁），（46）《詩》（具區窮地險）（第 642 頁），（47）《古意詩》（第 1061 頁），（48）《邊城將詩》（塞外何紛紛）（第 1061 頁），（49）《邊城將詩》（僕本邊城將）（第 1061 頁），（50）《邊城詩》（聞君報一餐）（第 1061 頁），（51）《邊城詩》（臨淄重蹴踘）（第 1061 頁），（52）《戰城南詩》（第 1067 頁），（53）《詩》（前有濁樽酒）（第 1067 頁），（54）《詩》（陌上何喧喧）（第 1067 頁），（55）《詩》（雜虜冠銅鞮）（第 1067 頁），（56）《征客詩》（第 1067 頁），（57）《詠寶劍詩》（第 1082 頁），（58）《以服散鎗贈殷鈞詩》（第 1254 頁），（59）《燈詩》（第 1369 頁），（60）《採藥大布山詩》（第 1382 頁），（61）《採蓮詩》（第 1402 頁），（62）《採桑詩》（第 1523 頁），（63）《陌上桑詩》（第 1523 頁），（64）《詠鶴詩》（第 1567 頁），（65）《詠燕》（第 1597 頁）

14. 王臺卿

（1）《詠風詩》（第 18 頁），（2）《臨滄波詩》（第 158 頁），（3）《泛江詩》（第 158 頁），（4）《山池詩》（第 172 頁），（5）《詠箏》（第 785 頁），（6）《詠水中樓影詩》（第 1131 頁），（7）《和望同泰寺浮圖詩》（第 1299 頁），（8）《和詩》（第 1350 頁），（9）《詠陌上桑詩》（第 1523 頁）

15. 賀文摽

（1）《詠春風詩》（第 18 頁）

16. 任昉

（1）《同謝朏花雪詩》（第 24 頁），（2）《九日侍宴樂遊苑詩》（第 82 頁），（3）《苦熱詩》（第 88 頁），（4）《奉和登影陽山詩》（第 125 頁），（5）《濟浙江詩》（第 158 頁），（6）《嚴陵瀨詩》（第 158 頁），（7）《泛長谿詩》（第 175 頁），（8）《落日泛舟東谿詩》（第 175 頁），（9）《詩》（離燭有窮輝）（第 521 頁），（10）《答劉孝綽詩》（第 554 頁），（11）《哭范僕射詩》（第 597 頁），（12）《答劉居士詩》（第 642 頁），（13）《答何徵君詩》（第 642 頁），（14）《贈徐徵君詩》（第 643 頁），（15）《侍皇太子釋奠宴詩》（第 696 頁），（16）《屬吏民講學詩》（第 988 頁），（17）《答到建安餉杖詩》（第 1209 頁），（18）

《詠池邊桃詩》（第 1470 頁）

　　17. 丘遲

　　　　（1）《望雪詩》（第 24 頁），（2）《九日侍宴樂遊苑詩》（第 82 頁），（3）《夜發密岩口詩》（第 106 頁），（4）《旦發漁浦潭詩》（第 177 頁），（5）《侍宴樂遊苑餞徐州刺史應詔詩》（第 521 頁），（6）《題琴樸奉柳吳興詩》（第 782 頁），（7）《玉階春草詩》（第 1388 頁）

　　18. 裴子野

　　　　（1）《上朝值雪詩》（第 24 頁），（2）《詠雪詩》（第 24 頁），（3）《答張貞成皋詩》（第 555 頁）

　　19. 劉苞

　　　　（1）《望夕雨詩》（第 29 頁），（2）《九日侍宴樂遊苑正陽堂詩》（第 83 頁）

　　20. 朱超

　　　　（1）《對雨詩》（第 29 頁），（2）《泊巴陵詩》（第 489 頁），（3）《詠貧詩》（第 628 頁），（4）《詠同心芙蓉詩》（第 1401 頁），（5）《詠翦綵花詩》（第 1509 頁），（6）《詠獨棲鳥詩》（第 1557 頁），（7）《城上烏詩》（第 1592 頁）

　　21. 劉孝威

　　　　（1）《和皇太子春林晚雨詩》（第 29 頁），（2）《望雨詩》（第 29 頁），（3）《侍宴樂遊林光殿曲水詩》（第 68 頁），（4）《三日侍皇太子宴詩》（第 68 頁），（5）《七夕穿針詩》（第 77 頁），（6）《詠織女詩》（第 78 頁），（7）《九日酌菊花酒詩》（第 83 頁），（8）《苦暑詩》（第 88 頁），（9）《奉和逐涼詩》（第 89 頁），（10）《奉和晚日詩》（第 89 頁），（11）《賦得曲澗詩》（第 176 頁），（12）《重光詩》（第 294 頁），（13）《奉和簡文帝太子詩》（第 294 頁），（14）《帆渡吉陽洲詩》（第 488 頁），（15）《登覆舟山望湖北詩》（第 504 頁），（16）《出新林詩》（第 504 頁），（17）《春宵詩》（第 568 頁），（18）《冬曉詩》（第 568 頁），（19）《在郄縣遇見人織寄婦詩》（第 1167 頁），（20）《賦得香出衣詩》（第 1188 頁），（21）《和簡文帝臥疾詩》（第 1290 頁），（22）《和簾裏燭詩》（第 1371 頁），（23）《禊飲嘉樂殿詠曲水中燭影詩》（第 1371 頁），（24）《和採蓮詩》（第 1402 頁），（25）《望隔牆花詩》（第 1509 頁），（26）《詠翦綵花詩》（第 1509 頁），（27）《詠枯葉竹詩》（第 1553 頁），（28）《雞鳴篇》（第 1586 頁），（29）《烏生八九子篇》（第 1592 頁），（30）《和王竟陵愛妾

換馬詩》（第 1621 頁）

22. 王筠

（1）《夕霽詩》（第 33 頁），（2）《春日詩》（第 43 頁），（3）《五日望採拾詩》（第 75 頁），（4）《代牽牛答織女詩》（第 78 頁），（5）《苦暑詩》（第 88 頁），（6）《遊望詩》（第 489 頁），（7）《和衛新渝侯巡城詩》（第 506 頁），（8）《侍宴餞臨川王北伐應詔詩》（第 522 頁），（9）《寓直中庶坊贈蕭洗馬詩》（第 555 頁），（10）《東陽還經嚴陵瀨贈蕭大夫詩》（第 555 頁），（11）《閨情詩》（第 568 頁），（12）《向曉閨情詩》（第 568 頁），（13）《春遊詩》（第 568 頁），（14）《和蕭子範入元襄王第詩》（第 597 頁），（15）《詠輕利舡應臨汝侯教詩》（第 1234 頁），（16）《和太子懺悔詩》（第 1299 頁），（17）《東南射山詩》（第 1336 頁），（18）《詠燈檠詩》（第 1369 頁），（19）《摘園菊贈謝僕射舉詩》（第 1391 頁），（20）《奉酬從兄臨川桐樹詩》（第 1528 頁）

23. 伏挺

（1）《行舟值早霧詩》（第 38 頁）

24. 王僧孺

（1）《寄鄉友詩》（第 43 頁），（2）《春思絕句詩》（第 43 頁），（3）《陳南康新納詩》（第 329 頁），（4）《中川長望詩》（第 488 頁），（5）《落日登高詩》（第 505 頁），（6）《至牛渚憶魏少英詩》（第 505 頁），（7）《送殷何兩記室詩》（第 525 頁），（8）《贈顧倉曹詩》（第 554 頁），（9）《秋日愁居答孔主簿詩》（第 555 頁），（10）《寄何記室詩》（第 555 頁），（11）《爲何遜舊姬擬上山採蘼蕪詩》（第 566 頁），（12）《爲姬人怨詩》（第 566 頁），（13）《爲人傷近而不見詩》（第 566 頁），（14）《作寵姬詩》（第 566 頁），（15）《詠姬人詩》（第 566 頁），（16）《詩》（青絲控燕馬）（第 580 頁），（17）《夜愁示諸賓詩》（第 619 頁），（18）《忽不任愁聊示固遠詩》（第 620 頁），（19）《侍宴景陽樓詩》（第 715 頁），（20）《侍宴詩》（麗景屬春餘）（第 715 頁），（21）《侍宴詩》（迴輿避暑宮）（第 715 頁），（22）《詠擣衣詩》（第 1188 頁），（23）《湘夫人詩》（第 1350 頁）

25. 蕭瑱

（1）《春日貽劉孝綽詩》（第 43 頁）

26. 聞人蒨

（1）《春日詩》（第 44 頁）

27. 蕭曄

（1）《奉和詩》（第51頁）

28. 范雲

（1）《贈俊公道人詩》（第51頁），（2）《望織女詩》（第78頁），（3）《登三山詩》（第124頁），（4）《度黃河詩》（第156頁），（5）《治西湖詩》（第169頁），（6）《詠井詩》（第178頁），（7）《悲故井詩》（第178頁），（8）《述行詩》（第487頁），（9）《之零陵郡次新亭詩》（第520頁），（10）《別詩》（洛陽城東西）（第521頁），（11）《送沈記室夜別詩》（第521頁），（12）《別詩》（孤煙起新豐）（第521頁），（13）《登城怨詩》（第539頁），（14）《贈沈左衛詩》（第554頁），（15）《擬古詩》（第566頁），（16）《答句曲先生詩》（第642頁），（17）《建除詩》（第1006頁），（18）《擬古五雜組詩》（第1007頁），（19）《四色詩》（折柳青門外）（第1008頁），（20）《四色詩》（差池朱燕去）（第1008頁），（21）《四色詩》（素鱗颺北渚）（第1008頁），（22）《四色詩》（烏林葉將霣）（第1008頁），（23）《擬古四色詩》（第1008頁），（24）《數名詩》（第1009頁），（25）《奉和齊竟陵王郡縣名詩》（第1009頁），（26）《州名詩》（第1009頁），（27）《詠寒松詩》（第1513頁），（28）《詠桂詩》（第1538頁），（29）《詠早蟬詩》（第1678頁）

29. 梁武帝

（1）《七夕詩》（第77頁），（2）《首夏泛天池詩》（第171頁），（3）《逸民詩》（第642頁），（4）《籍田詩》（第703頁），（5）《撰孔子正言竟述懷詩》（第985頁），（6）《清暑殿聯句柏梁體》（第1004頁），（7）《宴詩》（第1066頁），（8）《登北顧樓詩》（第1131頁），（9）《十喻幻詩》（第1295頁），（10）《如炎詩》（第1295頁），（11）《靈空詩》（第1295頁），（12）《乾闥婆詩》（第1295頁），（13）《夢詩》（第1295頁），（14）《會三教詩》（第1295頁），（15）《遊鍾山大愛敬寺詩》（第1295頁），（16）《和太子懺悔詩》（第1295頁）

30. 柳惲

（1）《七夕穿針詩》（第77頁），（2）《贈吳筠詩》（寒雲晦滄洲）（第555頁），（3）《贈吳筠詩》（山桃落晚紅）（第556頁），（4）《贈吳筠詩》（遠遊濟伊洛）（第556頁），（5）《贈吳筠詩》（秋風度關隴）（第556頁），（6）《搗衣詩》（第1188頁），（7）《詠席詩》（第1206頁），（8）《詠薔薇詩》（第1398頁）

31. 劉遵

（1）《七夕穿針詩》（第 77 頁），（2）《繁華詩》（第 576 頁），（3）《應令詠舞詩》（第 768 頁），（4）《和簡文帝賽漢高帝廟詩》（第 1349 頁）

32. 王脩己

（1）《九日詩》（第 83 頁）

33. 劉緩

（1）《奉和納涼詩》（第 89 頁），（2）《詠傾城人詩》（第 329 頁），（3）《和晚日登樓詩》（第 506 頁），（4）《閨怨詩》（第 566 頁），（5）《秋閨詩》（第 566 頁），（6）《看美人摘薔薇花詩》（第 1398 頁），（7）《詠江南可採蓮詩》（第 1402 頁）

34. 徐摛

（1）《賦得簾塵詩》（第 110 頁），（2）《壞橋詩》（第 182 頁），（3）《詠筆詩》（第 1055 頁），（4）《詠橘詩》（第 1478 頁）

35. 江淹

（1）《歷山詩》（第 124 頁），（2）《遊黃檗山詩》（第 125 頁），（3）《登廬山香爐峰詩》（第 134 頁），（4）《望荊山詩》（第 136 頁），（5）《效阮公詩》（歲暮多懷傷）（第 467 頁），（6）《效阮公詩》（十五學詩書）（第 467 頁），（7）《效阮公詩》（夕雲映西山）（第 468 頁），（8）《貽袁常侍詩》（第 521 頁），（9）《臨秋怨別詩》（第 521 頁），（10）《擬古雜體詩》（第 521 頁），（11）《擬魏帝遊宴詩》（第 716 頁），（12）《登紀南城詩》（第 1138 頁），（13）《石上菖蒲詩》（第 1386 頁），（14）《採菱詩》（第 1406 頁）

36. 劉孝標

（1）《登鬱洲山望海詩》（第 152 頁），（2）《江州還入石頭詩》（第 504 頁），（3）《始居山營室詩》（第 642 頁）

37. 徐昉（徐防）

（1）《賦得觀濤詩》（第 164 頁），（2）《賦得蝶依草詩》（第 1684 頁）

38. 鮑至

（1）《山池詩》（第 172 頁）

39. 蕭若靜

（1）《石橋詩》（第 182 頁）

40. 昭明太子（蕭統）

（1）《詠照流看落釵詩》（第 327 頁），（2）《名士悅傾城詩》（第 327 頁），（3）《美人晨妝詩》（第 327 頁），（4）《大言詩》（第 345 頁），（5）《細言詩》（第 345 頁），（6）《示徐州弟詩》（第 389 頁），（7）《示雲麾弟詩》（第 504 頁），（8）《春日宴晉熙王詩》（第 520 頁），（9）《詠書帙詩》（第 985 頁），（10）《玄圃講詩》（第 1297 頁），（11）《鍾山解講詩》（第 1297 頁），（12）《東齋聽講詩》（第 1297 頁），（13）《參講席將訖詩》（第 1297 頁），（14）《同大僧正講詩》（第 1297 頁），（15）《開善寺法會詩》（第 1297 頁）

41. 蕭子顯

（1）《美女篇》（第 328 頁），（2）《侍宴餞陸倕應令詩》（第 522 頁），（3）《春別詩》（第 566 頁），（4）《詩》（幽宮積草自芳菲）（第 566 頁），（5）《詩》（銜悲攬涕別心知）（第 566 頁）

42. 徐君蒨

（1）《初春攜內人行戲詩》（第 328 頁）

43. 何思澄

（1）《南苑逢美人詩》（第 329 頁），（2）《班婕妤詩》（第 540 頁），（3）《古意詩》（第 569 頁）

44. 費昶

（1）《春郊望美人詩》（第 329 頁），（2）《長門怨詩》（第 567 頁），（3）《華光省中夜聽城外擣衣詩》（第 1188 頁），（4）《採菱詩》（第 1406 頁）

45. 徐悱妻劉氏

（1）《詩》（花庭麗景斜）（第 329 頁），（2）《詩》（東家挺奇麗）（第 329 頁），（3）《班婕妤怨詩》（第 540 頁），（4）《聽百舌詩》（第 1601 頁）

46. 范靜妻沈某（范靖妻沈氏）

（1）《戲蕭娘詩》（第 329 頁），（2）《昭君歎詩》（第 540 頁），（3）《詠五彩竹火籠詩》（第 1221 頁），（4）《詠步搖花詩》（第 1223 頁），（5）《詠燈詩》（第 1369 頁）

47. 孔燾

（1）《老詩》（第 342 頁）

48. 殷鈞

（1）《大言應令詩》（第345頁），（2）《細言應令詩》（第345頁）

49. 王規

（1）《大言應令詩》（第345頁），（2）《細言應令詩》（第345頁）

50. 王錫

（1）《大言應令詩》（第345頁），（2）《細言應令詩》（第346頁）

51. 張纘

（1）《大言應令詩》（第346頁），（2）《細言應令詩》（第346頁），（3）《侍宴餞東陽太守蕭子雲詩》（第525頁）

52. 劉孝勝

（1）《冬日家園別陽羨始興詩》（第390頁），（2）《詠益智詩》（第1498頁）

53. 陸倕

（1）《贈京邑僚友詩》（第394頁）

54. 劉孝儀（劉孝義）

（1）《帆渡吉陽洲詩》（第488頁），（2）《閨怨詩》（第567頁），（3）《和舞詩》（第769頁），（4）《和詩》（第769頁），（5）《舞就行詩》（第769頁），（6）《詠簫詩》（第791頁），（7）《從軍行詩》（第1067頁），（8）《和昭明太子鍾山解講詩》（第1298頁），（9）《和詩》（第1350頁）

55. 江洪

（1）《詩》（日沒風光靜）（第488頁），（2）《詠荷詩》（第1402頁），（3）《採菱詩》（風生綠葉聚）（第1406頁），（4）《採菱詩》（白日和清風）（第1406頁），（5）《和新浦侯齋前竹詩》（第1553頁），（6）《和新浦侯詠鶴詩》（第1566頁）

56. 蕭子暉

（1）《應教使客春遊詩》（第505頁），（2）《春宵詩》（第568頁），（3）《冬曉詩》（第568頁）

57. 蕭子雲

（1）《落日郡西齋望海山詩》（第505頁），（2）《贈海法師還甌山詩》（第

555 頁），（3）《寒夜直坊憶袁三公詩》（第 555 頁），（4）《東郊望春訓王建安俊晚遊詩》（第 555 頁），（5）《春思詩》（第 569 頁）

58. 劉綏

（1）《和晚日登樓詩》（第 506 頁）

59. 宗懍

（1）《和歲道寒望詩》（第 506 頁）

60. 宗史（當作「宗夬」）

（1）《詩》（別酒正參差）（第 521 頁）

61. 蕭琛

（1）《別詩》（第 521 頁），（2）《和元帝詩》（第 901 頁）

62. 朱超道

（1）《別席中兵詩》（第 525 頁），（2）《詠鏡詩》（第 1227 頁），（3）《歲晚沉痾詩》（第 1290 頁）

63. 劉顯

（1）《發新林浦贈同省詩》（第 525 頁）

64. 劉孺

（1）《侍宴餞新安太守蕭幾應令詩》（第 525 頁）

65. 豫章王蕭綜

（1）《聽鐘鳴詩》（第 539 頁），（2）《悲落葉詩》（第 1509 頁）

66. 孔翁歸

（1）《班婕妤怨詩》（第 540 頁）

67. 施榮泰

（1）《王昭君詩》（第 540 頁）

68. 王叔英妻劉氏

（1）《王昭君怨詩》（第 540 頁）

69. 武陵王蕭妃

（1）《夜夢詩》（第 566 頁）

70. 劉孝先

（1）《春宵詩》（第 568 頁），（2）《冬曉詩》（第 568 頁），（3）《和兄孝

綽夜不得眠詩》（第 620 頁），（4）《竹詩》（第 1553 頁）

71. 陸罩

（1）《詩》（自憐斷帶日）（第 568 頁），（2）《詠笙詩》（第 792 頁），（3）《採菱詩》（第 1406 頁）

72. 鄧鏗

（1）《閨怨詩》（第 568 頁），（2）《月夜閨中詩》（第 568 頁）

73. 劉邈

（1）《秋閨詩》（第 568 頁），（2）《萬山見採桑人詩》（第 1523 頁），（3）《折楊柳詩》（第 1533 頁）

74. 朱越

（1）《賦得蕩子行未歸詩》（第 569 頁）

75. 王訓

（1）《應令詠舞詩》（第 769 頁）

76. 楊曒

（1）《詠舞詩》（第 769 頁）

77. 徐勉

（1）《和元帝詩》（第 901 頁）

78. 蕭巡

（1）《離合詩》（第 1004 頁）

79. 定襄侯（定襄侯蕭祗）

（1）《和迴文詩》（第 1006 頁），（2）《詠香茅詩》（第 1412 頁）

80. 梁宣帝

（1）《建除詩》（第 1006 頁），（2）《詠麈尾詩》（第 1216 頁），（3）《奉迎舍利詩》（第 1298 頁），（4）《詠百合詩》（第 1383 頁）

81. 任豫

（1）《夏潦省宅詩》（第 1151 頁）

82. 到溉

（1）《餉任新安班竹杖因贈詩》（第 1209 頁）

83. 高爽

（1）《詠畫扇詩》（第 1212 頁），（2）《詠鏡詩》（第 1226 頁）

84. 湯僧濟

（1）《泄井得金釵詩》（第 1223 頁）

85. 王孝禮

（1）《詠鏡詩》（第 1227 頁）

86. 江祿

（1）《津渚敗船詩》（第 1234 頁）

87. 戴嵩

（1）《車馬詩》（第 1238 頁）

88. 釋慧

（1）《令和受戒詩》（第 1299 頁）

89. 紀少瑜

（1）《詠殘燈絕句》（第 1368 頁）

90. 范筠

（1）《詠愼火詩》（第 1399 頁），（2）《詠薺詩》（第 1410 頁）

91. 庾仲容

（1）《詠柿詩》（第 1482 頁）

92. 褚澐（褚澐）

（1）《柰詩》（第 1483 頁），（2）《賦得蟬詩》（第 1678 頁）

93. 劉霽

（1）《詠荔支詩》（第 1497 頁）

94. 沈趨

（1）《詠雀詩》（第 1596 頁）

95. 張騫

（1）《詠躍魚應詔詩》（第 1673 頁）

（十）南朝・陳

1. 祖孫登

（1）《詠風詩》（第 18 頁），（2）《詠水詩》（第 149 頁），（3）《賦得司馬

相如詩》（第 994 頁），（4）《宮殿名登高臺詩》（第 1120 頁），（5）《詠城塹中荷詩》（第 1402 頁），（6）《賦得涉江採芙蓉詩》（第 1402 頁），（7）《詠柳詩》（第 1533 頁），（8）《賦得紫騮馬詩》（第 1621 頁）

2. 徐陵

（1）《詠雪詩》（第 24 頁），（2）《詩》（岸煙起暮色）（第 44 頁），（3）《內園逐涼詩》（第 89 頁），（4）《山池應令詩》（第 173 頁），（5）《奉和山池詩》（第 173 頁），（6）《春情詩》（第 330 頁），（7）《新亭送別應令詩》（第 526 頁），（8）《別毛永嘉詩》（第 526 頁），（9）《侍宴詩》（第 716 頁），（10）《詠舞詩》（第 769 頁），（11）《奉和簡文帝山齋詩》（第 1152 頁），（12）《詠織婦詩》（第 1168 頁），（13）《和詩》（第 1350 頁），（14）《詠甘詩》（第 1475 頁），（15）《鬥雞詩》（第 1586 頁）

3. 陰鏗

（1）《閑居對雨詩》（第 30 頁），（2）《詩》（蘋藻降靈祇）（第 30 頁），（3）《詠石詩》（第 109 頁），（4）《晚出新亭詩》（第 158 頁），（5）《渡青草湖詩》（第 169 頁），（6）《經豐城劍池詩》（第 173 頁），（7）《賦得度岸橋詩》（第 183 頁），（8）《和傅郎歲暮還湘州詩》（第 489 頁），（9）《晚泊五洲詩》（第 489 頁），（10）《夜發詩》（第 489 頁），（11）《和登百花亭懷荊楚詩》（第 506 頁），（12）《登武昌岸望詩》（第 506 頁），（13）《和侯司空登樓望鄉詩》（第 506 頁），（14）《送始興王詩》（第 526 頁），（15）《江津送劉光祿不及詩》（第 526 頁），（16）《廣陵岸送北使詩》（第 526 頁），（17）《班婕妤詩》（第 540 頁），（18）《南征閨怨詩》（第 569 頁），（19）《秋閨怨詩》（第 569 頁），（20）《西遊咸陽中詩》（第 581 頁），（21）《和樊晉陵傷妾詩》（第 599 頁），（22）《行經古墓詩》（第 733 頁），（23）《罷故章縣詩》（第 910 頁），（24）《新成安樂宮詩》（第 1113 頁），（25）《觀釣詩》（第 1179 頁），（26）《開善寺詩》（第 1299 頁），（27）《遊巴陵空寺詩》（第 1299 頁），（28）《遊始興道館詩》（第 1337 頁），（29）《賦詠得神仙詩》（第 1337 頁），（30）《詠雪裏梅詩》（第 1472 頁），（31）《賦得夾池竹詩》（第 1553 頁）

4. 周弘正

（1）《入武關詩》（第 103 頁），（2）《詠石鯨應詔詩》（第 109 頁），（3）《隴頭送征客詩》（第 526 頁），（4）《答林法師詩》（第 526 頁），（5）《還草堂尋處士弟詩》（第 644 頁），（6）《看新婚詩》（第 723 頁），（7）《詩》（名都

宮觀綺）（第 1096 頁），（8）《和庾肩吾詩》（第 1336 頁），（9）《詠老敗鬥雞詩》（第 1586 頁）

5. 張正見

（1）《賦得山卦名詩》（第 125 頁），（2）《從永陽王遊虎丘山詩》（第 141 頁），（3）《遊龍首城詩》（第 506 頁），（4）《隨江總秋日登廣州城南樓詩》（第 506 頁），（5）《征虜亭送新安王應令詩》（第 526 頁），（6）《秋日別庾正員詩》（第 526 頁），（7）《山家閨怨詩》（第 569 頁），（8）《賦得佳期竟不歸詩》（第 569 頁），（9）《銅爵臺詩》（第 599 頁），（10）《賦得落落窮巷士詩》（第 644 頁），（11）《行經季子廟詩》（第 687 頁），（12）《從籍田應衡陽王教作詩》（五首）（第 703 頁），（13）《賦得韓信詩》（第 993 頁），（14）《從軍詩》（胡兵屯薊北）（第 1068 頁），（15）《從軍詩》（將軍定朔邊）（第 1068 頁），（16）《賦得日中市朝滿詩》（第 1170 頁），（17）《和諸葛覽從軍遊詩》（第 1173 頁），（18）《後湖泛舟詩》（第 1235 頁），（19）《別韋諒賦得江湖泛別舟詩》（第 1235 頁），（20）《與錢玄智泛舟詩》（第 1235 頁），（21）《陪衡陽王遊耆闍寺詩》（第 1299 頁），（22）《遊匡山簡寂館詩》（第 1337 頁），（23）《賦得岸花臨水發詩》（第 1509 頁），（24）《賦得階前嫩竹詩》（第 1553 頁），（25）《賦得威鳳棲梧詩》（第 1559 頁），（26）《賦得魚躍水花生詩》（第 1673 頁），（27）《寒樹晚蟬疏詩》（第 1678 頁）

6. 劉刪

（1）《泛宮亭湖詩》（第 169 頁），（2）《賦得蘇武詩》（第 994 頁），（3）《採藥遊名山詩》（第 1382 頁），（4）《賦松上輕蘿詩》（第 1384 頁），（5）《詠青草詩》（第 1388 頁），（6）《賦得馬詩》（第 1621 頁），（7）《詠蟬詩》（第 1678 頁）

7. 伏知道

（1）《詠人娉妾仍逐琴心詩》（第 330 頁），（2）《賦得招隱詩》（第 644 頁），（3）《從軍五更囀》（五首）（第 1068 頁）

8. 陳明

（1）《昭君辭》（第 540 頁）

9. 李爽

（1）《山家閨怨詩》（第 569 頁），（2）《賦得芳樹詩》（第 1508 頁）

10. 徐湛

（1）《賦得班去趙姬升詩》（第 569 頁）

11. 沈烱（沈炯）

（1）《長安少年詩》（第 581 頁），（2）《望郢州城詩》（第 598 頁），（3）《長安還至方山愴然自傷詩》（第 599 頁），（4）《為我彈鳴琴詩》（第 782 頁），（5）《離合詩》（第 1004 頁），（6）《建除詩》（第 1006 頁），（7）《六甲詩》（第 1007 頁），（8）《十二屬詩》（第 1007 頁），（9）《六府詩》（第 1007 頁），（10）《八音詩》（第 1012 頁），（11）《和蔡黃門口字詠絕句》（第 1012 頁），（12）《從鳴駕送軍詩》（第 1068 頁），（13）《名都一何綺詩》（第 1095 頁），（14）《賦得邊馬有歸心詩》（第 1621 頁）

12. 楊縉

（1）《俠客控絕影詩》（第 581 頁），（2）《賦得荊軻詩》（第 992 頁），（3）《賦得照映秋螢詩》（第 1685 頁）

13. 周弘讓

（1）《無名詩》（第 644 頁）

14. 陽慎

（1）《從駕祀麓山廟詩》（第 687 頁）

15. 賀徹

（1）《為我彈鳴琴詩》（第 782 頁）

16. 周弘直

（1）《賦得荊軻詩》（第 992 頁）

17. 阮卓

（1）.《賦詠得魯連詩》（第 993 頁），（2）《賦得黃鵠一遠別詩》（第 1567 頁），（3）《蓮下游魚詩》（第 1673 頁）

18. 孔魚

（1）《和六府詩》（第 1007 頁）

19. 蘇子卿

（1）《南征詩》（第 1068 頁）

20. 孔奐

（1）《名都一何綺詩》（第 1095 頁）

21. 蕭詮

（1）《賦婀娜當軒織詩》（第 1168 頁），（2）《詠銜泥雙燕詩》（第 1598 頁），（3）《賦得夜猿啼詩》（第 1652 頁）

22. 許倪

（1）《詠破扇詩》（第 1212 頁）

23. 謝燮

（1）《早梅詩》（第 1472 頁）

24. 賀循

（1）《賦得庭中有奇樹詩》（第 1508 頁），（2）《賦得夾池脩竹詩》（第 1553 頁）

25. 徐伯陽

（1）《賦得日出東南隅詩》（第 1523 頁）

26. 劉那

（1）《賦得獨鶴凌雲去詩》（第 1567 頁）

27. 蕭有

（1）《射雉詩》（第 1571 頁）

28. 韋鼎

（1）《在長安聽百舌詩》（第 1602 頁）

29. 蘇子卿

（1）《鼓吹曲朱鷺詩》（第 1607 頁）

（十一）北朝・北魏

1. 盧元明

（1）《晦日泛舟應詔詩》（第 61 頁）

2. 溫子升

（1）《春日臨池詩》（第 172 頁）

（十二）北朝・北齊

1. 邢子才

（1）《賀老人星詩》（第 12 頁），（2）《冬日傷志詩》（第 56 頁），（3）《三

日華林園公宴詩》（第 69 頁），（4）《七夕詩》（第 78 頁），（5）《應詔甘露詩》
（第 1698 頁）

2. 劉逖

（1）《對雨有懷詩》（第 29 頁），（2）《浴湯泉詩》（第 166 頁），（3）《秋
朝野望詩》（第 506 頁）

3. 魏收

（1）《晦日泛舟應詔詩》（第 61 頁）

4. 祖孝徵

（1）《望海詩》（第 152 頁），（2）《從北征詩》（第 1068 頁）

5. 裴讓之

（1）《公館讌酬南使徐陵詩》（第 964 頁），（2）《從北征詩》（第 1068 頁）

6. 裴訥之

（1）《鄴館公宴詩》（第 964 頁）

7. 趙宗儒

（1）《詠龜詩》（第 1669 頁）

（十三）北朝・北周

1. 王褒（王哀）

（1）《詠月贈人詩》（第 9 頁），（2）《詠霧應詔詩》（第 38 頁），（3）《和
殷廷尉歲暮詩》（第 57 頁），（4）《九日從駕詩》（第 83 頁），（5）《明慶寺石
壁詩》（第 125 頁），（6）《雲居寺高頂詩》（第 125 頁），（7）《玄圃濬池詩》
（第 172 頁），（8）《山池落日詩》（第 172 頁），（9）《和治渭橋詩》（第 182
頁），（10）《始發宿亭詩》（第 489 頁），（11）《和趙王途中詩》（第 489 頁），
（12）《入關故人送別詩》（第 525 頁），（13）《別裴儀同詩》（第 525 頁），（14）
《別陸才子詩》（第 525 頁），（15）《別王都官詩》（第 525 頁），（16）《遊俠
篇》（第 581 頁），（17）《送觀寧侯葬詩》（第 598 頁），（18）《送劉中書葬詩》
（第 598 頁），（19）《贈周處士詩》（第 643 頁），（20）《和趙王隱士詩》（第
643 頁），（21）《入朝守門開詩》（第 712 頁），（22）《和張侍中看獵詩》（第
1173 頁），（23）《彈棋詩》（第 1274 頁），（24）《過臧矜道館詩》（第 1336 頁），
（25）《詠定林寺桂樹詩》（第 1538 頁），（26）《詠雁詩》（第 1579 頁），（27）
《看鬥雞詩》（第 1586 頁）

2. 庾信

　　（1）《和趙王喜雨詩》（第 29 頁），（2）《喜雨詩》（第 30 頁），（3）《對雨詩》（第 30 頁），（4）《初晴詩》（第 33 頁），（5）《詠春詩》（昨夜鳥聲春）（第 44 頁），（6）《詠春詩》（逍遙遊桂苑）（第 44 頁），（7）《陪駕幸終南山詩》（第 125 頁），（8）《奉和山池詩》（第 172 頁），（9）《晚宴昆明池詩》（第 172 頁），（10）《奉和初瀋池成清晨臨泛詩》（第 172 頁），（11）《看治渭橋詩》（第 182 頁），（12）《詠懷詩》（步兵未飲酒）（第 468 頁），（13）（《詠懷詩》）（無悶無不悶）（第 468 頁），（14）（《詠懷詩》）（疇昔國士遇）（第 468 頁），（15）（《詠懷詩》）（周王逢鄭忿）（第 468 頁），（16）（《詠懷詩》）（蕭條亭鄣遠）（第 468 頁），（17）《將命使北始渡瓜步江詩》（第 489 頁），（18）《入彭城館詩》（第 489 頁），（19）《反命河朔始入武州詩》（第 489 頁），（20）《應令詩》（第 525 頁），（21）《和保法師詩》（第 525 頁），（22）《和侃法師詩》（客遊經歲月）（第 525 頁），（23）《和侃法師詩》（回首河隄望）（第 526 頁），（24）《寄王琳詩》（第 526 頁），（25）《別周弘正詩》（第 526 頁），（26）《詩》（俠客重連鑣）（第 581 頁），（27）《傷周處士詩》（第 598 頁），（28）《奉和趙王隱士詩》（第 643 頁），（29）《窮秋寄隱士詩》（第 644 頁），（30）《至老子廟詩》（第 686 頁），（31）《西門豹廟詩》（第 687 頁），（32）《詠舞詩》（第 769 頁），（33）《將命至鄴詩》（第 964 頁），（34）《酬祖正員詩》（第 965 頁），（35）《正旦上司憲詩》（第 970 頁），（36）《和迴文詩》（第 1006 頁），（37）《從駕觀講武詩》（第 1068 頁），（38）《和平鄴應詔絕句詩》（第 1068 頁），（39）《夜聽擣衣詩》（秋夜擣衣聲）（第 1188 頁），（40）《夜聽擣衣詩》（擣衣明月下）（第 1188 頁），（41）《詠屏風詩》（五首）（第 1202 頁），（42）《詠鏡詩》（第 1226 頁），（43）《報趙王賜酒詩》（第 1248 頁），（44）《正旦蒙趙王賚酒詩》（第 1248 頁），（45）《中山公許乞酒一車未送詩》（第 1248 頁），（46）《就蒲州刺史乞酒詩》（第 1248 頁），（47）《答王褒餉酒詩》（第 1248 頁），（48）《北園射堂詩》（第 1265 頁），（49）《和同泰寺浮圖詩》（第 1299 頁），（50）《詠闡弘二教詩》（第 1299 頁），（51）《登雲居寺塔詩》（第 1299 頁），（52）《和趙王遊仙詩》（第 1336 頁），（53）《道士步虛詞》（第 1336 頁），（54）《詠杏花詩》（第 1488 頁），（55）《詠檳榔詩》（第 1496 頁），（56）《詠樹詩》（第 1508 頁），（57）《詠園花詩》（第 1509 頁），（58）《賦得集池雁詩》（第 1580 頁），（59）《詠雁詩》（第 1580 頁），（60）《鬥雞詩》（第 1586 頁）

3. 宗羈

（1）《登渭橋詩》（第 183 頁）

4. 周明帝

（1）《贈韋居士詩》（第 643 頁），（2）《過舊宮詩》（第 1113 頁），（3）《和王褒詠摘花詩》（第 1509 頁）

5. 蕭撝

（1）《和梁武陵王遙望道館詩》（第 1337 頁）

（十四）隋

1. 江總

（1）《賦得三五明月滿詩》（第 9 頁），（2）《山庭春詩》（第 44 頁），（3）《七夕詩》（第 78 頁），（4）《秋日昆明池詩》（第 173 頁），（5）《秋日新寵美人應令詩》（第 330 頁），（6）《新入姬人應令詩》（第 330 頁），（7）《贈洗馬袁朗別詩》（第 527 頁），（8）《別袁昌州詩》（第 527 頁），（9）《賦得攜手上河梁應詔詩》（第 527 頁），（10）《別袁昌州詩》（第 527 頁），（11）《別賓化侯詩》（第 527 頁），（12）《別永新侯詩》（第 527 頁），（13）《遇長安使寄裴尚書詩》（第 557 頁），（14）《賦得空閨怨詩》（第 569 頁），（15）《爲姬人怨服散詩》（第 569 頁），（16）《閨怨詩》（第 570 頁），（17）《詩》（蜘蛛作絲滿帳中）（第 570 頁），（18）《奉和東宮經故妃舊殿詩》（第 599 頁），（19）《傷顧野王詩》（第 599 頁），（20）《和張源傷往詩》（第 599 頁），（21）《夏日還山庭詩》（第 644 頁），（22）《春夜山庭詩》（第 644 頁），（23）《卞山楚廟詩》（第 687 頁），（24）《攝官梁小廟詩》（第 687 頁），（25）《答王均早朝守建陽門開詩》（第 712 頁），（26）《賦得置酒殿上詩》（第 716 頁），（27）《賦詠待琴詩》（第 783 頁），（28）《詠雙闕詩》（第 1117 頁），（29）《侍宴玄武觀詩》（第 1134 頁），（30）《歲暮還宅詩》（第 1144 頁），（31）《南還尋草市宅詩》（第 1144 頁），（32）《詠李詩》（第 1466 頁），（33）《梅花落詩》（第 1472 頁），（34）《賦得汎汎水中鳧詩》（第 1582 頁），（35）《詠燕燕于飛應詔詩》（第 1598 頁），（36）《詠蟬詩》（第 1678 頁）

2. 陽休之

（1）《人日登高侍宴詩》（第 60 頁）

3. 薛道衡

（1）《人日思歸詩》（第 60 頁），（2）《遊昆明池詩》（第 173 頁）

4. 盧思道

（1）《上巳禊飲詩》（第 69 頁），（2）《贈司馬幼之南聘詩》（第 965 頁）

5. 王脊

（1）《七夕詩》（第 79 頁）

6. 張文恭

（1）《七夕詩》（第 79 頁）

7. 顏之推

（1）《古意詩》（十五好詩書）（第 468 頁），（2）《古意詩》（寶珠出東國）
（第 468 頁）

8. 王由禮

（1）《賦得岩穴無結構詩》（第 644 頁），（2）《賦得馬援詩》（第 994 頁），
（3）《賦得驄馬詩》（第 1621 頁），（4）《賦得高柳鳴蟬詩》（第 1678 頁）

9. 虞世基

（1）《和幸江都尉詩》（第 699 頁），（2）《接北使詩》（第 965 頁），（3）
《晚飛烏詩》（第 1593 頁），（4）《賦得戲燕俱宿詩》（第 1598 頁）

10. 虞茂

（1）《奉和幸江都應詔詩》（第 699 頁）

11. 岑德潤

（1）《詠灰詩》（第 1377 頁），（2）《魚詩》（第 1673 頁）

12. 殷英童

（1）《詠採蓮詩》（第 1402 頁）

（十五）唐

1. 董思恭

（1）《詠虹詩》（第 39 頁）

2. 蘇味道

（1）《詠虹詩》（第 39 頁），（2）《望日夜遊詩》（第 61 頁），（3）《和受
圖溫洛詩》（第 162 頁）

3. 崔液

（1）《夜遊詩》（玉漏銅壺且莫催）（第 61 頁），（2）（《夜遊詩》）（神燈佛火百輪張）（第 61 頁），（3）《夜遊詩》（金勒銀鞍控紫騮）（第 61 頁）

4. 太宗皇帝（太宗文皇帝）

（1）《月晦詩》（第 61 頁），（2）《臨洛水詩》（第 162 頁），（3）《賦得浮橋詩》（第 183 頁）

5. 李崇嗣

（1）《寒食詩》（第 62 頁）

6. 宋之問

（1）《途中寒食詩》（第 62 頁）

7. 沈佺期

（1）《嶺表寒食詩》（第 62 頁）

8. 杜審言

（1）《七夕詩》（第 78 頁）

9. 李嶠

（1）《和拜洛詩》（第 162 頁）

10. 牛鳳及

（1）《和受圖溫洛詩》（第 162 頁）

11. 張文琮

（1）《賦橋詩》（第 183 頁）

二、賦

（一）先秦・楚

1. 荀況

（1）《雲賦》（第 15 頁），（2）《智賦》（第 384 頁），（3）《賦》（第 430 頁），（4）《禮賦》（第 675 頁），（5）《針賦》（第 1169 頁）

2. 宋玉

（1）《風賦》（第 18 頁），（2）《登徒子好色賦》（第 330 頁），（3）《大言賦》（第 346 頁），（4）《小言賦》（第 346 頁），（5）《諷賦》（第 430 頁），（6）

《釣賦》（第 430 頁），（7）《笛賦》（第 794 頁），（8）《高唐賦》（第 1350 頁），（9）《神女賦》（第 1351 頁）

（二）西漢

1. 揚雄

（1）《甘泉賦》（第 36 頁），（2）《逐貧賦》（第 628 頁），（3）《甘泉賦》（第 699 頁），（4）《幸河東賦》（第 700 頁），（5）《反騷》（第 1015 頁），（6）《蜀都賦》（第 1096 頁），（7）《羽獵賦》（第 1175 頁），（8）《酒賦》（第 1248 頁）

2. 司馬相如

（1）《美人賦》（第 331 頁），（2）《陳皇后長門賦》（第 541 頁），（3）《弔秦二世賦》（第 728 頁），（4）《子虛上林賦》（第 1173 頁），（5）《上林賦》（第 1174 頁），（6）《大人賦》（第 1337 頁）

3. 劉歆（劉子俊）

（1）《遂初賦》（第 489 頁），（2）《甘泉宮賦》（第 1113 頁），（3）《燈賦》（第 1369 頁）

4. 董仲舒

（1）《士不遇賦》（第 541 頁）

5. 司馬遷

（1）《悲士不遇賦》（第 541 頁）

6. 班婕妤

（1）《自傷賦》（第 542 頁），（2）《搗素賦》（第 1456 頁）

7. 漢武帝（劉徹）

（1）《李夫人賦》（第 599 頁）

8. 賈誼

（1）《簨賦》（第 790 頁），（2）《服鳥賦》（第 1609 頁）

9. 王褒

（1）《洞簫賦》（第 791 頁）

10. 枚乘

（1）《梁王兔園賦》（第 1162 頁）

11. 淮南王（劉安）

（1）《屏風賦》（第 1202 頁）

12. 孔臧

（1）《蓼蟲賦》（第 1419 頁），（2）《鴞賦》（第 1610 頁）

（三）東漢

1. 趙壹

（1）《迅風賦》（第 18 頁），（2）《窮鳥賦》（第 1557 頁）

2. 杜篤

（1）《祓禊賦》（第 69 頁），（2）《首陽山賦》（第 138 頁），（3）《書擴賦》（第 985 頁），（4）《論都賦》（第 1102 頁）

3. 李尤

（1）《函谷關賦》（第 103 頁），（2）《辟雍賦》（第 690 頁），（3）《德陽殿賦》（第 1122 頁），（4）《平樂觀賦》（第 1134 頁），（5）《東觀賦》（第 1134 頁）

4. 班彪（班叔皮）

（1）《冀州賦》（第 111 頁），（2）《覽海賦》（第 152 頁），（3）《北征賦》（第 490 頁），（4）《遊居賦》（第 506 頁），（5）《悼離騷》（第 1016 頁）

5. 蔡邕

（1）《漢津賦》（第 161 頁），（2）《協初賦》（第 331 頁），（3）《檢逸賦》（第 331 頁），（4）《述行賦》（第 490 頁），（5）《青衣賦》（第 635 頁），（6）《琴賦》（第 783 頁），（7）《筆賦》（第 1055 頁），（8）《彈棋賦》（第 1275 頁），（9）《傷故栗賦》（第 1489 頁），（10）《蟬賦》（第 1679 頁）

6. 張衡

（1）《溫泉賦》（第 166 頁），（2）《髑髏賦》（第 321 頁），（3）《定情賦》（第 331 頁），（4）《歸田賦》（第 644 頁），（5）《冢賦》（第 733 頁），（6）《舞賦》（第 770 頁），（7）《西京賦》（第 1098 頁），（8）《東京賦》（第 1100 頁），（9）《南都賦》（第 1102 頁），（10）《羽獵賦》（第 1176 頁）

7. 馮衍

（1）《顯志賦》（第 469 頁）

8. 班固

（1）《幽通賦》（第 469 頁），（2）《西都賦》（第 1096 頁），（3）《東都賦》（第 1097 頁）

9. 曹大家（曹世叔妻班氏）

（1）《東征賦》（第 490 頁），（2）《針縷賦》（第 1169 頁），（3）《大雀賦》（第 1596 頁），（4）《蟬賦》（第 1679 頁）

10. 蘇順

（1）《歎懷賦》（第 599 頁）

11. 張安超

（1）《譏青衣賦》（第 636 頁）

12. 傅毅

（1）《舞賦》（第 769 頁），（2）《琴賦》（第 783 頁），（3）《洛都賦》（第 1103 頁）

13. 馬融

（1）《琴賦》（第 783 頁），（2）《長笛賦》（第 794 頁），（3）《圍棋賦》（第 1271 頁），（4）《樗蒲賦》（第 1278 頁）

14. 侯瑾

（1）《箏賦》（第 785 頁）

15. 崔寔

（1）《大赦賦》（第 950 頁）

16. 崔駰

（1）《大將軍西征賦》（第 1068 頁），（2）《反都賦》（第 1102 頁），（3）《大將軍臨洛觀賦》（第 1134 頁）

17. 王延壽

（1）《魯靈光殿賦序》（第 1122 頁），（2）《夢賦》（第 1356 頁），（3）《王孫賦》（第 1653 頁）

18. 王逸

（1）《機賦》（第 1168 頁），（2）《荔支賦》（第 1497 頁）

19. 張紘

（1）《環材枕賦》（第 1217 頁）

20. 邊孝先

（1）《塞賦》（第 1280 頁）

21. 桓君山（桓譚）

（1）《仙賦》（第 1338 頁）

22. 黃香

（1）《九宮賦》（第 1338 頁）

23. 朱公叔（朱穆）

（1）《鬱金賦》（第 1394 頁）

24. 趙岐

（1）《藍賦》（第 1398 頁）

25. 閔鴻

（1）《芙蓉賦》（第 1402 頁）

26. 禰衡

（1）《鸚鵡賦》（第 1575 頁）

（四）三國・魏

1. 魏文帝（曹丕）

（1）《愁霖賦》（第 30 頁），（2）《喜霽賦》（第 33 頁），（3）《濟川賦》（第 149 頁），（4）《臨渦賦》（第 149 頁），（5）《滄海賦》（第 153 頁），（6）《浮淮賦》（第 160 頁），（7）《戒盈賦序》（第 417 頁），（8）《離居賦》（第 528 頁），（9）《感離賦》（第 528 頁），（10）《永思賦》（第 528 頁），（11）《出婦賦》（第 528 頁），（12）《悼夭賦》（第 599 頁），（13）《寡婦賦》（第 600 頁），（14）《感物賦》（第 600 頁），（15）《述征賦》（第 1069 頁），（16）《登臺賦序》（第 1120 頁），（17）《登城賦》（第 1138 頁），（18）《校獵賦》（第 1176 頁），（19）《玉玦賦》（第 1186 頁），（20）《彈棋賦》（第 1275 頁），（21）《迷迭賦》（第 1394 頁），（22）《馬瑙勒賦》（第 1441 頁），（23）《車渠碗賦》（第 1442 頁），（24）《槐賦》（第 1518 頁），（25）《柳賦》（第 1533 頁），（26）《鶯賦》（第 1602 頁）

2. 曹植（曹子建）

（1）《愁霖賦》（第 30 頁），（2）《愁霖賦》（第 30 頁），（3）《喜霽賦》

（第 33 頁），（4）《大暑賦》（第 90 頁），（5）《洛神賦》（第 162 頁），（6）《静思賦》（第 333 頁），（7）《懷親賦》（第 372 頁），（8）《離思之賦》（第 390 頁），（9）《釋思賦》（第 390 頁），（10）《玄暢賦》（第 470 頁），（11）《幽思賦》（第 470 頁），（12）《節遊賦》（第 507 頁），（13）《感節賦》（第 507 頁），（14）《出婦賦》（第 528 頁），（15）《愍志賦》（第 529 頁），（16）《歸思賦》（第 529 頁），（17）《慰子賦》（第 600 頁），（18）《敘愁賦》（第 620 頁），（19）《愁思賦》（第 620 頁），（20）《九愁賦》（第 620 頁），（21）《潛志賦》（第 645 頁），（22）《感婚賦》（第 723 頁），（23）《九詠》（第 1016 頁），（24）《東征賦》（第 1069 頁），（25）《寶刀賦》（第 1084 頁），（26）《登臺賦》（第 1120 頁），（27）《遊觀賦》（第 1135 頁），（28）《臨觀賦》（第 1135 頁），（29）《閑居賦》（第 1144 頁），（30）《九華扇賦》（第 1212 頁），（31）《酒賦》（第 1249 頁），（32）《車渠碗賦》（第 1262 頁），（33）《洛神賦》（第 1351 頁），（34）《迷迭香賦》（第 1395 頁），（35）《芙蓉賦》（第 1402 頁），（36）《橘賦》（第 1478 頁），（37）《賦》（第 1518 頁），（38）《白鶴賦》（第 1567 頁），（39）《鷂賦》（第 1572 頁），（40）《鸚鵡賦》（第 1576 頁），（41）《離繳雁賦》（第 1580 頁），（42）《鶡雀賦》（第 1589 頁），（43）《神龜賦》（第 1669 頁），（44）《蟬賦》（第 1679 頁），（45）《蝙蝠賦》（第 1686 頁）

3. 應瑒（應德璉）

（1）《愁霖賦》（第 30 頁），（2）《靈河賦》（第 156 頁），（3）《正情賦》（第 332 頁），（4）《撰征賦》（第 1069 頁），（5）《西狩賦》（第 1177 頁），（6）《馳射賦》（第 1177 頁），（7）《車渠碗賦》（第 1262 頁），（8）《迷迭賦》（第 1395 頁），（9）《楊柳賦》（第 1534 頁），（10）《鸚鵡賦》（第 1576 頁），（11）《慜驥賦》（第 1621 頁）

4. 繁欽

（1）《暑賦》（第 89 頁），（2）《愁思賦》（第 621 頁），（3）《弭愁賦》（第 621 頁），（4）《征天山賦》（第 1071 頁），（5）《建章鳳闕賦》（第 1117 頁），（6）《桑賦》（第 1523 頁），（7）《柳賦》（第 1534 頁）

5. 劉楨

（1）《大暑賦》（第 90 頁），（2）《黎陽山賦》（第 125 頁），（3）《遂志賦》（第 470 頁），（4）《魯都賦》（第 1104 頁），（5）《瓜賦》（第 1504 頁）

6. 王粲

（1）《大暑賦》（第 90 頁），（2）《遊海賦》（第 152 頁），（3）《浮淮賦》（第 160 頁），（4）《閑邪賦》（第 332 頁），（5）《出婦賦》（第 529 頁），（6）《傷夭賦》（第 600 頁），（7）《思友賦》（第 601 頁），（8）《寡婦賦》（第 601 頁），（9）《初征賦》（第 1070 頁），（10）《登樓賦》（第 1131 頁），（11）《羽獵賦》（第 1176 頁），（12）《酒賦》（第 1249 頁），（13）《神女賦》（第 1352 頁），（14）《迷迭賦》（第 1395 頁），（15）《馬瑙勒賦》（第 1441 頁），（16）《車渠碗賦》（第 1442 頁），（17）《槐樹賦》（第 1518 頁），（18）《柳賦》（第 1534 頁），（19）《白鶴賦》（第 1567 頁），（20）《鶡賦》（第 1573 頁），（21）《鸚鵡賦》（第 1576 頁），（22）《鶯賦》（第 1603 頁）

7. 卞蘭

（1）《贊述太子賦》（第 294 頁），（2）《許昌宮賦》（第 1113 頁）

8. 陳琳

（1）《止欲賦》（第 332 頁），（2）《武軍賦》（第 1070 頁），（3）《神武賦》（第 1070 頁），（4）《神女賦》（第 1351 頁），（5）《迷迭賦》（第 1395 頁），（6）《鸚鵡賦》（第 1576 頁）

9. 阮瑀

（1）《止欲賦》（第 332 頁），（2）《箏賦》（第 785 頁），（3）《紀征賦》（第 1070 頁），（4）《鸚鵡賦》（第 1576 頁）

10. 陳暄

（1）《應詔語賦》（第 347 頁）

11. 丁儀

（1）《厲志賦》（第 471 頁）

12. 韋鋋（應作「韋誕」）

（1）《敘志賦》（第 471 頁），（2）《景福殿賦》（第 1124 頁）

13. 崔琰

（1）《述初賦》（第 490 頁）

14. 楊脩

（1）《節遊賦》（第 508 頁），（2）《出征賦》（第 1071 頁），（3）《許昌宮賦》（第 1114 頁），（4）《神女賦》（第 1352 頁），（5）《孔雀賦》（第 1574 頁）

15. 丁廙

（1）《蔡伯喈女賦》（第 542 頁），（2）《彈棋賦》（第 1275 頁）

16. 高貴鄉公（曹髦）

（1）《傷魂賦》（第 600 頁）

17. 丁廙妻

（1）《寡婦賦》（第 601 頁）

18. 杜摯

（1）《笳賦》（第 795 頁）

19. 夏侯玄

（1）《皇胤賦》（第 805 頁）

20. 徐幹

（1）《西征賦》（第 1069 頁），（2）《序徵賦》（第 1069 頁），（3）《齊都賦》（第 1103 頁），（4）《車渠碗賦》（第 1262 頁）

21. 劉邵

（1）《趙都賦》（第 1104 頁）

22. 何晏

（1）《景福殿賦》（第 1123 頁）

23. 夏侯惠

（1）《景福殿賦》（第 1124 頁）

24. 毌丘儉

（1）《承露盤賦》（第 1256 頁）

25. 邯鄲淳

（1）《投壺賦》（第 1279 頁）

26. 殷臣（當作「巨」）

（1）《鯨魚燈賦》（第 1369 頁）

27. 鍾會

（1）《菊花賦》（第 1391 頁），（2）《蒲萄賦》（第 1495 頁），（3）《孔雀賦》（第 1574 頁）

28. 賈代宗

（1）《狗賦》（第 1640 頁）

29. 鍾毓

（1）《果然賦》（第 1654 頁）

30. 劉劭

（1）《嘉瑞賦》（第 1695 頁），（2）《龍瑞賦》（第 1705 頁）

（五）三國・吳

1. 楊泉

（1）《五湖賦》（169 頁），（2）《贊善賦》（第 417 頁），（3）《蠶賦》（第 1166 頁），（4）《織機賦》（第 1168），（5）《草書賦》（第 1266 頁）

2. 胡綜

（1）《大牙賦》（第 1077 頁）

3. 閔鴻

（1）《羽扇賦》（第 1212 頁）

4. 蘇彥

（1）《芙蕖賦》（第 1403 頁）

（六）晉

1. 成公綏

（1）《天地賦》（第 3 頁），（2）《雲賦》（第 15 頁），（3）《陰霖賦》（第 31 頁），（4）《時雨賦》（第 31 頁），（5）《洛禊賦》（第 69 頁），（6）《大河賦》（第 156 頁），（7）《嘯賦》（第 354 頁），（8）《琴賦》（第 784 頁），（9）《琵琶賦》（第 789 頁），（10）《故筆賦》（第 1055 頁），（11）《芸香賦》（第 1395 頁），（12）《柳賦》（第 1534 頁），（13）《木蘭賦》（第 1546 頁），（14）《鴻雁賦》（第 1561 頁），（15）《蜘蛛賦》（第 1691 頁），（16）《螳蜋賦》（第 1692 頁）

2. 陸機（陸士龍）

（1）《浮雲賦》（第 15 頁），（2）《白雲賦》（第 15 頁），（3）《感時賦》（第 57 頁），（4）《祖德賦》（第 372 頁），（5）《述先賦》（第 373 頁），（6）《思親賦》（第 373 頁），（7）《述思賦》（第 390 頁），（8）《豪士賦》（第 431

頁），（9）《遂志賦》（第 473 頁），（10）《懷上賦》（第 474 頁），（11）《行思賦》（第 490 頁），（12）《思歸賦》（第 491 頁），（13）《別賦》（第 529 頁），（14）《歎逝賦》（第 601 頁），（15）《愍思賦》（第 602 頁），（16）《大暮賦》（第 602 頁），（17）《幽人賦》（第 645 頁），（18）《應嘉賦》（第 645 頁），（19）《感丘賦》（第 734 頁），（20）《文賦》（第 1014 頁），（21）《鼓吹賦》（第 1195 頁），（22）《漏刻賦》（第 1198 頁），（23）《羽扇賦》（第 1214 頁），（24）《列仙賦》（第 1338 頁），（25）《陵霄賦》（第 1338 頁），（26）《瓜賦》（第 1504 頁），（27）《桑賦》（第 1523 頁），（28）《鱉賦》（第 1670 頁），（29）《寒蟬賦》（第 1679 頁）

3. 楊乂

（1）《雲賦》（第 16 頁）

4. 李充

（1）《風賦》（第 19 頁）

5. 陸沖

（1）《風賦》（第 19 頁）

6. 湛方生

（1）《風賦》（第 19 頁），（2）《懷春賦》（第 44 頁），（3）《秋夜詩》（應作「清」）（第 53 頁）

7. 江逌

（1）《風賦》（第 19 頁），（2）《述歸賦》（第 52 頁），（3）《井賦》（第 179 頁），（4）《扇賦》（第 1214 頁），（5）《竹賦》（第 1553 頁）

8. 王凝之

（1）《風賦》（第 19 頁）

9. 孫楚

（1）《雪賦》（第 24 頁），（2）《井賦》（第 179 頁），（3）《笑賦》（第 357 頁），（4）《笳賦》（第 796 頁），（5）《韓王臺賦》（第 1121 頁），（6）《登樓賦》（第 1132 頁），（7）《登城賦》（第 1139 頁），（8）《相風賦》（第 1197 頁），（9）《菊花賦》（第 1391 頁），（10）《蓮花賦》（第 1403 頁），（11）《杕杜賦》（第 1493 頁），（12）《茱萸賦》（第 1541 頁），（13）《翟賦》（第 1572 頁），（14）《雁賦》（第 1580 頁），（15）《鷹賦》（第 1588 頁），（16）《蟬賦》（第

1680 頁）

　10. 李顒

　　（1）《雪賦》（第 24 頁），（2）《雷賦》（第 36 頁），（3）《悲四時》（第 45 頁），（4）《悲四時賦》（第 47 頁）

　11. 潘尼

　　（1）《苦雨賦》（第 30 頁），（2）《西（或作「惡」）道賦》（第 127 頁），（3）《懷退賦》（第 472 頁），（4）《東武館賦》（第 1141 頁），（5）《釣賦》（第 1179 頁），（6）《琉璃碗賦》（第 1262 頁），（7）《火賦》（第 1366 頁），（8）《秋菊賦》（第 1392 頁），（9）《瑠璃碗賦》（第 1441 頁），（10）《玕瑁碗賦》（第 1443 頁），（11）《安石榴賦》（第 1480 頁），（12）《武館賦》（第 1483 頁），（13）《桑樹賦》（第 1524 頁），（14）《鱉賦》（第 1671 頁）

　12. 陸雲（陸士龍）

　　（1）《愁霖賦》（第 31 頁），（2）《喜霽賦》（第 33 頁），（3）《歲暮賦》（第 57 頁），（4）《逸民賦》（第 646 頁），（5）《南征賦》（第 1071 頁），（6）《登臺賦》（第 1120 頁），（7）《寒蟬賦》（第 1679 頁）

　13. 傅咸

　　（1）《患雨賦》（第 31 頁），（2）《喜雨賦》（第 31 頁），（3）《感涼賦》（第 91 頁），（4）《神泉賦序》（第 166 頁），（5）《小語賦》（第 346 頁），（6）《申懷賦》（第 472 頁），（7）《感別賦》（第 529 頁），（8）《弔秦始皇賦》（第 728 頁），（9）《遂登芒賦》（第 734 頁），（10）《明意賦》（第 970 頁），（11）《紙賦》（第 1053 頁），（12）《羽扇賦》（第 1213 頁），（13）《扇賦》（第 1213 頁），（14）《櫛賦》（第 1225 頁），（15）《鏡賦》（第 1227 頁），（16）《汙卮賦》（第 1259 頁），（17）《畫像賦》（第 1269 頁），（18）《燭賦》（第 1371 頁），（19）《款冬賦》（第 1384 頁），（20）《芸香賦》（第 1395 頁），（21）《玉賦》（第 1429 頁），（22）《桑樹賦》（第 1524 頁），（23）《梧桐賦》（第 1528 頁），（24）《舜華賦》（第 1544 頁），（25）《儀鳳賦序》（第 1559 頁），（26）《賦》（第 1576 頁），（27）《賦》（第 1576 頁），（28）《燕賦》（第 1598 頁），（29）《班鳩賦》（第 1600 頁），（30）《黏蟬賦》（第 1680 頁），（31）《鳴蜩賦》（第 1680 頁），（32）《青蠅賦》（第 1682 頁），（33）《蜉蝣賦》（第 1684 頁），（34）《螢火賦》（第 1685 頁），（35）《叩頭蟲賦》（第 1686 頁）

14. 顧愷之

（1）《雷電賦》（第 36 頁），（2）《觀濤賦》（第 164 頁），（3）《冰賦》（第 180 頁），（4）《箏賦》（第 786 頁），（5）《鳳賦》（第 1709 頁）

15. 傅玄

（1）《陽春賦》（第 44 頁），（2）《述夏賦》（第 47 頁），（3）《大寒賦》（第 57 頁），（4）《朝會賦》（第 60 頁），（5）《辟雍鄉飲酒賦》（第 690 頁），（6）《釋法篇》（第 970 頁），（7）《筆賦》（第 1055 頁），（8）《硯賦》（第 1057 頁），（9）《正都賦》（第 1110 頁），（10）《相風賦》（第 1196 頁），（11）《紫華賦》（第 1388 頁），（12）《菊賦》（第 1392 頁），（13）《鬱金賦》（第 1394 頁），（14）《賦序》（第 1396 頁），（15）《宜男花賦》（第 1396 頁），（16）《菴賦》（第 1411 頁），（17）《李賦》（第 1466 頁），（18）《桃賦》（第 1470 頁），（19）《安石榴賦》（第 1482 頁），（20）《瓜賦》（第 1505 頁），（21）《柳賦》（第 1534 頁），（22）《雉賦》（第 1572 頁），（23）《鸚鵡賦》（第 1576 頁），（24）《鬥雞賦》（第 1586 頁），（25）《山雞賦》（第 1587 頁），（26）《鷹賦》（第 1588 頁），（27）《乘輿馬賦》（第 1622 頁），（28）《馳馬射賦》（第 1622 頁），（29）《狗賦》（第 1640 頁），（30）《猨猴賦》（第 1652 頁）

16. 夏侯湛

（1）《春可樂》（第 45 頁），（2）《秋可哀》（第 53 頁），（3）《秋夕哀》（第 53 頁），（4）《禊賦》（第 70 頁），（5）《大暑賦》（第 90 頁），（6）《寒苦謠》（第 92 頁），（7）《夜聽笳賦》（第 796 頁），（8）《獵兔賦》（第 1177 頁），（9）《雀釵賦》（第 1223 頁），（10）《釭燈賦》（第 1369 頁），（11）《宜男花賦》（第 1396 頁），（12）《芙蓉賦》（第 1403 頁），（13）《浮萍賦》（第 1408 頁），（14）《賦》（第 1417 頁），（15）《若石榴賦》（第 1481 頁），（16）《愍桐賦》（第 1528 頁），（17）《朝華賦》（第 1544 頁），（18）《觀飛鳥賦》（第 1557 頁），（19）《玄鳥賦》（第 1598 頁）

17. 王廙

（1）《春可樂》（第 45 頁），（2）《笙賦》（第 793 頁）

18. 潘岳（潘安仁）

（1）《秋興賦序》（第 51 頁），（2）《登虎牢山賦》（第 125 頁），（3）《滄海賦》（第 153 頁），（4）《西征賦》（第 491 頁），（5）《懷舊賦》（第 593 頁），

（6）《悼亡賦》（第 602 頁），（7）《寡婦賦》（第 603 頁），（8）《籍田賦》（第 703 頁），（9）《笙賦》（第 792 頁），（10）《閑居賦》（第 1144 頁），（11）《狹室賦》（第 1151 頁），（12）《射雉賦》（第 1178 頁），（13）《相風賦》（第 1197 頁），（14）《蓮花賦》（第 1403 頁），（15）《芙蓉賦》（第 1403 頁），（16）《橘賦》（第 1478 頁），（17）《河陽庭前安石榴賦》（第 1481 頁），（18）《螢火賦》（第 1685 頁）

19. 盧諶

（1）《感運賦》（第 52 頁），（2）《登鄴臺賦》（第 1121 頁），（3）《菊花賦》（第 1392 頁），（4）《朝華賦》（第 1544 頁），（5）《賦》（第 1576 頁），（6）《燕賦》（第 1598 頁），（7）《蟋蟀賦》（第 1688 頁）

20. 張協

（1）《洛禊賦》（第 69 頁），（2）《登北芒賦》（第 137 頁），（3）《玄武館賦》（第 1140 頁），（4）《安石榴賦》（第 1481 頁），（5）《都蔗賦》（第 1501 頁）

21. 褚爽

（1）《禊賦》（第 70 頁）

22. 阮瞻

（1）《上巳會賦》（第 70 頁）

23. 郭璞

（1）《巫咸山賦》（第 126 頁），（2）《江賦》（第 158 頁），（3）《鹽池賦》（第 173 頁），（4）《井賦》（第 179 頁），（5）《流寓賦》（第 492 頁），（6）《南郊賦》（第 682 頁），（7）《登百尺樓賦》（第 1132 頁），（8）《蜜蜂賦》（第 1688 頁），（9）《蚍蜉賦》（第 1690 頁）

24. 支曇諦

（1）《廬山賦》（第 134 頁），（2）《赴火蛾賦》（第 1687 頁）

25. 孫綽

（1）《遊天台山賦序》（第 138 頁），（2）《望海賦》（第 154 頁）

26. 應貞

（1）《臨丹賦》（第 149 頁）

27. 左九嬪

（1）《涪漚賦》（第 150 頁），（2）《松柏賦》（第 1516 頁），（3）《孔雀賦》（第 1575 頁），（4）《賦》（第 1576 頁）

28. 木玄虛

（1）《海賦》（第 153 頁）

29. 庾闡

（1）《海賦》（第 154 頁），（2）《涉江賦》（第 159 頁），（3）《楊都賦》（第 1108 頁），（4）《閑居賦》（第 1145 頁），（5）《狹室賦》（第 1151 頁），（6）《藏鉤賦》（第 1281 頁），（7）《浮查賦》（第 1510 頁）

30. 曹毗

（1）《涉江賦》（第 160 頁），（2）《觀濤賦》（第 164 頁），（3）《箜篌賦》（第 788 頁），（4）《賦》（第 1576 頁），（5）《馬射賦》（第 1621 頁）

31. 伏滔

（1）《望濤賦》（第 165 頁）

32. 張載

（1）《濛汜池賦》（第 173 頁），（2）《敘行賦》（第 493 頁），（3）《扇賦》（第 1213 頁），（4）《酃酒賦》（第 1249 頁），（5）《安石榴賦》（第 1480 頁），（6）《瓜賦》（第 1505 頁）

33. 胡濟

（1）《涅谷賦》（第 176 頁），（2）《黃甘賦》（第 1475 頁）

34. 庾儵

（1）《冰井賦》（第 180 頁），（2）《石榴賦》（第 1482 頁），（3）《大槐賦》（第 1518 頁）

35. 祖臺之

（1）《荀子耳賦》（第 316 頁）

36. 左思

（1）《白髮賦》（第 320 頁），（2）《蜀都賦》（第 1105 頁），（3）《吳都賦》（第 1106 頁），（4）《魏都賦》（第 1108 頁）

37. 呂安

（1）《髑髏賦》（第 321 頁）

38. 張華

（1）《永懷賦》（第 333 頁），（2）《歸田賦》（第 645 頁），（3）《朽社賦》（第 708 頁），（4）《感婚賦》（第 724 頁），（5）《相風賦》（第 1196 頁），（6）《鷦鷯賦》（第 1603 頁）

39. 殷仲堪

（1）《將離詠》（第 354 頁）

40. 劉柔妻王氏

（1）《懷思賦》（第 373 頁），（2）《春花賦》（第 1509 頁）

41. 仲長敖

（1）《核性賦》（第 385 頁）

42. 夏侯惇

（1）《懷思賦》（第 472 頁），（2）《彈棋賦》（第 1275 頁）

43. 棗據

（1）《表志賦》（第 472 頁），（2）《登樓賦》（第 1132 頁），（3）《船賦》（第 1235 頁）

44. 曹攄

（1）《述志賦》（第 473 頁），（2）《圍棋賦》（第 1271 頁）

45. 袁宏

（1）《東征賦》（第 493 頁）

46. 向秀

（1）《思舊賦》（第 592 頁）

47. 王渾妻鍾某

（1）《遐思賦》（第 603 頁）

48. 紐（鈕）滔母孫氏

（1）《悼艱賦》（第 604 頁），（2）《箜篌賦》（第 787 頁）

49. 束皙

（1）《貧家賦》（第 629 頁），（2）《讀書賦》（第 991 頁），（3）《近遊賦》（第 1145 頁），（4）《勸農賦》（第 1157 頁），（5）《餅賦》（第 1241 頁）

50. 孫承

（1）《嘉遁賦》（第 646 頁）

51. 袁山松

（1）《歌賦》（第 777 頁）

52. 嵇康

（1）《琴賦》（第 783 頁）

53. 陶融妻陳氏

（1）《箏賦》（第 786 頁）

54. 賈彬

（1）《箏賦》（第 786 頁）

55. 孫諺（應作「該」）

（1）《琵琶賦》（第 789 頁）

56. 夏侯淳（或作「夏侯湛」）

（1）《笙賦》（第 793 頁）

57. 摯虞

（1）《愍騷》（第 1016 頁），（2）《疾愈賦》（第 1290 頁），（3）《槐賦》（第 1518 頁），（4）《鶌鵴賦》（第 1606 頁），（5）《觀魚賦》（第 1673 頁）

58. 夏侯孝若

（1）《繳彈賦》（第 1092 頁）

59. 歐陽建

（1）《登櫓賦》（第 1133 頁）

60. 陶侃

（1）《相風賦》（第 1197 頁）

61. 張翰

（1）《杖賦》（第 1209 頁），（2）《豆羹賦》（第 1454 頁）

62. 蔡洪

（1）《圍棋賦》（第 1271 頁）（2）《鬥鳧賦》（第 1581 頁）

63. 李秀

（1）《四維賦》（第 1281 頁）

64. 嵇含

（1）《寒食散賦》（第 1292 頁），（2）《孤黍賦》（第 1450 頁），（3）《瓜賦》（第 1504 頁），（4）《長生樹賦》（第 1543 頁）

65. 張敏

（1）《神女賦》（第 1352 頁）

66. 楊該

（1）《三公山下神祠賦》（第 1353 頁）

67. 孫惠

（1）《百枝燈賦》（第 1369 頁）

68. 范堅

（1）《蟎燈賦》（第 1369 頁），（2）《安石榴賦》（第 1482 頁）

69. 蘇彥

（1）《芙蕖賦》（第 1403 頁），（2）《浮萍賦》（第 1408 頁）

70. 杜育

（1）《荈賦》（第 1411 頁）

71. 孔璠之

（1）《艾賦》（第 1414 頁）

72. 殷巨

（1）《奇布賦》（第 1463 頁）

73. 應貞

（1）《安石榴賦》（第 1481 頁）

74. 荀勗

（1）《蒲萄賦》（第 1495 頁）

75. 傅選

（1）《槐賦》（第 1518 頁），（2）《蚊賦》（第 1683 頁）

76. 伍輯之

（1）《柳花賦》（第 1534 頁）

77. 羊徽

（1）《木槿賦》（第 1544 頁）

78. 桓玄

（1）《賦》（第 1559 頁），（2）《鶴賦》（第 1567 頁），（3）《鸚鵡賦》（第 1577 頁）

79. 王叔之

（1）《翟雉賦》（第 1571 頁）

80. 傅純

（1）《雉賦》（第 1572 頁）

81. 羊祜

（1）《雁賦》（第 1580 頁）

82. 陸善

（1）《長鳴雞賦》（第 1586 頁）

83. 習嘏

（1）《長鳴雞賦》（第 1586 頁）

84. 王惲妻鍾夫人

（1）《鶯賦》（第 1603 頁）

85. 張望

（1）《鸒鵁賦》（第 1607 頁）

86. 賈彪

（1）《鵬賦》（第 1608 頁）

87. 阮籍

（1）《獼猴賦》（第 1653 頁）

88. 劉琬

（1）《神龍賦》（第 1663 頁）

89. 王慶

（1）《釣魚賦》（第 1673 頁）

90. 晉明帝

（1）《蟬賦》（第 1679 頁）

91. 溫嶠

（1）《蟬賦》（第 1679 頁）

（七）南朝·宋

1. 周祗

（1）《月賦》（第 10 頁），（2）《枇杷賦》（第 1491 頁）

2. 謝靈運

（1）《怨曉月賦》（第 10 頁），（2）《羅浮山賦》（第 139 頁），（3）《嶺表賦》（第 147 頁），（4）《長谿賦》（第 175 頁），（5）《孝感賦》（第 374 頁），（6）《歸途賦》（第 494 頁），（7）《感時賦》（第 604 頁），（8）《傷己賦》（第 604 頁），（9）《逸民賦》（第 646 頁），（10）《入道至人賦》（第 646 頁），（11）《辭祿賦》（第 647 頁），（12）《撰征賦》（第 1072 頁），（13）《山居賦》（第 1152 頁），（14）《江妃賦》（第 1353 頁）

3. 謝莊

（1）《月賦》（第 10 頁），（2）《雜言詠雪》（第 25 頁），（3）《悅曲池賦》（第 174 頁），（4）《赤鸚鵡賦》（第 1577 頁），（5）《乘輿舞馬賦》（第 1622 頁）

4. 謝惠連

（1）《雪賦》（第 24 頁），（2）《甘賦》（第 1475 頁），（3）《橘賦》（第 1478 頁），（4）《鸂鶒賦》（第 1606 頁），（5）《白鷺賦》（第 1607 頁）

5. 傅亮

（1）《喜雨賦》（第 32 頁），（2）《九月九日登陵囂館賦》（第 83 頁），（3）《登龍岡賦》（第 105 頁），（4）《征思賦》（第 1072 頁），（5）《芙蓉賦》（第 1403 頁）

6. 袁淑

（1）《秋晴賦》（第 52 頁），（2）《桐賦》（第 1529 頁）

7. 沈勃

（1）《秋羈賦》（第 52 頁）

8. 謝琨

（1）《秋夜長》（第 53 頁）

9. 蘇彥

（1）《秋夜長》（第 54 頁）

10. 何瑾

（1）《悲秋夜》（第 54 頁）

11. 伏系之

（1）《秋懷》（第 54 頁）

12. 鮑昭（鮑照）

（1）《遊思賦》（第 494 頁），（2）《傷逝賦》（第 605 頁），（3）《蕪城賦》（第 1139 頁），（4）《觀漏賦》（第 1198 頁），（5）《芙蓉賦》（第 1404 頁），（6）《舞鶴賦》（第 1567 頁），（7）《野鵝賦》（第 1581 頁），（8）《尺蠖賦》（第 1689 頁）

13. 宋孝武帝（劉駿）

（1）《擬漢武帝李夫人賦》（第 604 頁），（2）《華林清暑殿賦》（第 1124 頁）

14. 顏延之

（1）《行殣賦》（第 604 頁），（2）《白鸚鵡賦》（第 1577 頁），（3）《赭白馬賦》（第 1622 頁），（4）《寒蟬賦》（第 1680 頁）

15. 陶潛

（1）《歸去來》（第 647 頁）

16. 任豫

（1）《籍田賦》（第 704 頁）

17. 臨川王劉義慶

（1）《箜篌賦》（第 788 頁）

18. 江夏王劉義恭

（1）《華林清暑殿賦》（第 1125 頁）

19. 何尚之

（1）《華林清暑殿賦》（第 1125 頁）

20. 王徽

（1）《芍藥華賦》（第 1383 頁），（2）《野鶩賦》（第 1581 頁）

21. 虞繁

（1）《蜀葵賦》（第 1397 頁）

22. 伍輯之

（1）《園桃賦》（第 1470 頁）

23. 顏測

（1）《山石榴賦》（第 1482 頁）

24. 謝瞻

（1）《安成郡庭枇杷樹賦》（第 1491 頁）

25. 何承天

（1）《木瓜賦》（第 1493 頁）

26. 臨川康王

（1）《鶴賦》（第 1567 頁），（2）《山雞賦》（第 1587 頁）

（八）南朝・齊

1. 王融

（1）《擬風賦》（第 20 頁），（2）《應竟陵王教桐樹賦》（第 1529 頁）

2. 謝朓

（1）《擬風賦》（第 20 頁），（2）《七夕賦》（第 79 頁），（3）《思歸賦》（第 494 頁），（4）《酬德賦》（第 583 頁），（5）《遊後園賦》（第 1162 頁），（6）《杜若賦》（第 1393 頁），（7）《高松賦》（第 1514 頁），（8）《野鶩賦》（第 1581 頁）

3. 卞伯玉（應是晉宋間人）

（1）《大暑賦》（第 90 頁），（2）《菊賦》（第 1392 頁），（3）《薺賦》（第 1417 頁）

4. 張融

（1）《海賦》（第 155 頁）

5. 王僧虔

（1）《書賦》（第 1267 頁）

6. 王儉

（1）《和竟陵王高松賦》（第 1513 頁），（2）《靈丘竹賦》（第 1553 頁）

（九）南朝・梁

1. 沈約

（1）《八詠・望秋月》（第 10 頁），（2）《擬風賦》（第 20 頁），（3）《八詠・臨春風》（第 20 頁），（4）《麗人賦》（第 334 頁），（5）《愍途賦》（第 496 頁），（6）《傷美人賦》（第 605 頁），（7）《八詠・守山東》（第 648 頁），（8）《愍國賦》（第 1072 頁），（9）《郊居賦》（第 1146 頁），（10）《愍衰草賦》（第

1389 頁），（11）《高松賦》（第 1514 頁），（12）《桐賦》（第 1529 頁），（13）《八詠・悲落桐》（第 1529 頁），（14）《天淵水鳥應詔賦》（第 1557 頁），（15）《八詠・聽曉鴻篇》（第 1562 頁），（16）《八詠・聞夜鶴篇》（第 1568 頁），（17）《反舌賦》（第 1602 頁）

2. 張纘

（1）《秋雨賦》（第 32 頁），（2）《南征賦》（第 496 頁），（3）《離別賦》（第 531 頁），（4）《懷音賦並序》（第 558 頁），（5）《妒婦賦》（第 616 頁），（6）《擬古有人兮》（第 1016 頁），（7）《瓜賦》（第 1505 頁）

3. 江淹

（1）《赤虹賦》（第 39 頁），（2）《四時賦》（第 47 頁），（3）《四時賦》（第 53 頁），（4）《四時賦》（第 57 頁），（5）《江上之山賦》（第 126 頁），（6）《麗色賦》（第 333 頁），（7）《待罪江南思北歸賦》（第 495 頁），（8）《別賦》（第 530 頁），（9）《去故鄉賦》（第 530 頁），（10）《恨賦》（第 542 頁），（11）《倡婦自悲賦》（第 570 頁），（12）《傷友人賦》（第 605 頁），（13）《梁王兔園賦》（第 1162 頁），（14）《扇上彩畫賦》（第 1214 頁），（15）《丹砂可學賦》（第 1339 頁），（16）《水上神女賦》（第 1353 頁），（17）《燈賦》（第 1369 頁），（18）《空青賦》（第 1382 頁），（19）《蓮花賦》（第 1405 頁），（20）《青苔賦》（第 1409），（21）《翡翠賦》（第 1609 頁），（22）《石劫賦》（第 1677 頁）

4. 梁簡文帝（蕭綱）

（1）《秋興賦》（第 52 頁），（2）《臨秋賦》（第 52 頁），（3）《大壑賦》（第 163 頁），（4）《舌賦》（第 318 頁），（5）《述羈賦》（第 495 頁），（6）《阻歸賦》（第 495 頁），（7）《序愁賦》（第 622 頁），（8）《玄虛公子賦》（第 647 頁），（9）《舞賦》（第 770 頁），（10）《箏賦》（第 786 頁），（11）《眼明囊賦序》（第 1225 頁），（12）《列燈賦》（第 1369 頁），（13）《對燭賦》（第 1372 頁），（14）《採蓮賦》（第 1404 頁），（15）《梅花賦》（第 1472 頁），（16）《脩竹賦》（第 1554 頁），（17）《鴛鴦賦》（第 1604 頁），（18）《鶏鶋賦》（第 1606 頁）

5. 蕭子雲

（1）《歲暮直廬賦》（第 57 頁）

6. 蕭子範

　　（1）《家園三日賦》（第 70 頁），（2）《建安城門峽賦》（第 107 頁），（3）《傷往賦》（第 605 頁），（4）《直坊賦》（第 1127 頁）

7. 裴子野

　　（1）《寒夜賦》（第 92 頁），（2）《遊華林園賦》（第 1162 頁），（3）《臥疾賦》（第 1290 頁）

8. 吳均（吳筠）

　　（1）《八公山賦》（第 126 頁），（2）《筆格賦》（第 1055 頁），（3）《吳城賦》（第 1139 頁），（4）《碎珠賦》（第 1438 頁），（5）《橘賦》（第 1478 頁）

9. 梁武帝（蕭衍）

　　（1）《孝思賦》（第 374 頁），（2）《賦體》（第 1016 頁），（3）《圍棋賦》（第 1272 頁）

10. 丘遲

　　（1）《思賢賦》（第 394 頁），（2）《還林賦》（第 495 頁）

11. 梁元帝（蕭繹）

　　（1）《玄覽賦》（第 474 頁），（2）《言志賦》（第 475 頁），（3）《蕩婦秋思賦》（第 570 頁），（4）《擬秋氣搖落》（第 1016 頁），（5）《對燭賦》（第 1372 頁），（6）《採蓮賦》（第 1404 頁），（7）《鴛鴦賦》（第 1605 頁）

12. 劉孝儀

　　（1）《歎別賦》（第 531 頁）

13. 劭陵王（蕭綸）

　　（1）《贈言賦》（第 557 頁）

14. 陸倕

　　（1）《感知己賦贈任昉》（第 558 頁），（2）《思田賦》）（第 647 頁），（3）《賦體》（第 1017 頁）

15. 任昉

　　（1）《答陸倕感知己賦》（第 559 頁），（2）《賦體》（第 1017 頁）

16. 王僧孺

　　（1）《賦體》（第 1017 頁）

17. 柳憕

（1）《賦體》（第 1017 頁）

18. 昭明太子（蕭統）

（1）《扇賦》（第 1214 頁），（2）《銅博山香爐賦》（第 1222 頁），（3）《芙蓉賦》（第 1404 頁），（4）《鸚鵡賦》（第 1577 頁）

19. 周興

（1）《白鶴羽扇賦》（第 1214 頁）

20. 劉緩

（1）《鏡賦》（第 1227 頁）

21. 梁宣帝

（1）《圍棋賦》（第 1273 頁）

22. 陶弘景

（1）《水仙賦》（第 1339 頁），（2）《雲上之仙風賦》（第 1339 頁）

23. 蕭子暉

（1）《冬草賦》（第 1388 頁），（2）《反舌賦》（第 1602 頁）

24. 王筠

（1）《蜀葵花賦》（第 1397 頁）

25. 徐摛

（1）《冬蕉卷心賦》（第 1499 頁）

26. 何遜

（1）《窮鳥賦》（第 1593 頁）

（十）南朝・陳

1. 張正見

（1）《石賦》（第 109 頁），（2）《山賦》（第 126 頁），（3）《衰桃賦》（第 1470 頁）

2. 沈烱

（1）《魂歸賦》（第 496 頁），（2）《幽庭賦》（第 1149 頁），（3）《歸魂賦》（第 1358 頁）

3. 周弘讓

（1）《山蘭賦》（第 1390 頁）

4. 陳暄

（1）《食梅賦》（第 1473 頁）

5. 徐陵

（1）《鴛鴦賦》（第 1605 頁）

（十一）北朝・北齊

1. 邢子才

（1）《新宮賦》（第 1114 頁）

（十二）北朝・北周

1. 劉璠

（1）《雪賦》（第 25 頁）

2. 庾信

（1）《春賦》（第 45 頁），（2）《三月三日華林園馬射賦》（第 70 頁），（3）《七夕賦》（第 79 頁），（4）《蕩子賦》（第 571 頁），（5）《哀江南賦》（第 606 頁），（6）《傷心賦》（第 607 頁），（7）《小園賦》（第 1163 頁），（8）《竹杖賦》（第 1210 頁），（9）《鏡賦》（第 1227 頁），（10）《象戲賦》（第 1282 頁），（11）《燈賦》（第 1370 頁），（12）《對燭賦》（第 1372 頁），（13）《枯樹賦》（第 1509 頁），（14）《鴛鴦賦》（第 1605 頁）

（十三）隋

1. 江總

（1）《貞女峽賦》（第 107 頁），（2）《勞酒賦》（第 704 頁），（3）《雲堂賦》（第 1136 頁），（4）《華貂賦》（第 1185 頁），（5）《山水納袍賦》（第 1189 頁），（6）《馬腦碗賦》（第 1263 頁），（7）《南越木槿賦》（第 1544 頁）

2. 盧思道

（1）《聽鳴蟬》（第 1680 頁）

（十四）唐

1. 楊炯

（1）《盂蘭盆賦》（第 80 頁）

2. 臧道顏

（1）《馱牛賦》（第 1628 頁）

三、贊（讚）

（一）東漢

1. 蔡邕

（1）《焦君贊》（第 649 頁），（2）《太尉陳公贊》（第 819 頁）

2. 班固

（1）《公孫弘贊》（第 799 頁）

（二）三國・魏

1. 曹植

（1）《吹雲贊》（第 16 頁），（2）《庖羲贊》（第 208 頁），（3）《女媧贊》（第 208 頁），（4）《神農贊》（第 209 頁），（5）《黃帝贊》（第 211 頁），（6）《黃帝三鼎贊》（第 211 頁），（7）《少昊贊》（第 211 頁），（8）《帝顓頊贊》（第 212 頁），（9）《帝嚳贊》（第 213 頁），（10）《帝堯畫贊》（第 214 頁），（11）《帝舜贊》（第 216 頁），（12）《夏禹贊》（第 219 頁），（13）《禹治水贊》（第 219 頁），（14）《禹渡河贊》（第 219 頁），（15）《殷湯贊》（第 222 頁），（16）《湯禱桑林贊》（第 222 頁），（17）《文王贊》（第 224 頁），（18）《文王赤雀贊》（第 224 頁），（19）《周武王贊》（第 225 頁），（20）《周成王贊》（第 226 頁），（21）《周公贊》（第 226 頁），（22）《漢高皇帝贊》（第 228 頁），（23）《漢文帝贊》（第 230 頁），（24）《漢景帝贊》（第 230 頁），（25）《漢武帝贊》（第 232 頁），（26）《姜嫄簡狄贊》（第 280 頁），（27）《禹妻贊》（第 280 頁），（28）《許由巢父池主贊》（第 649 頁），（29）《卞隨贊》（第 649 頁），（30）《南山四皓贊》（第 649 頁）

2. 王粲

（1）《反金人贊》（第 347 頁）

3. 楊脩

（1）《司空荀爽述贊》（第 840 頁）

4. 繁欽

（1）《贊》（第 1057 頁）

5. 繆襲

（1）《神芝贊》（第 1702 頁）

（三）晉

1. 郭璞

（1）《釋天地圖贊》（第 3 頁），（2）《十日贊》（第 6 頁），（3）《星圖贊》（第 12 頁），（4）《都廣之野賦》（第 102 頁），（5）《磁石贊》（第 109 頁），（6）《炎山贊》（第 127 頁），（7）《崑崙丘贊》（第 130 頁），（8）《太室山贊》（第 132 頁），（9）《華山贊》（第 132 頁），（10）《岷山贊》（第 145 頁），（11）《會稽山贊》（第 146 頁），（12）《釋水贊》（第 150 頁），（13）《弱水贊》（第 150 頁），（14）《筆贊》（第 1055 頁），（15）《桃杖贊》（第 1210 頁），（16）《馮夷贊》（第 1340 頁），（17）《馮夷贊》（第 1340 頁），（18）《款多贊》（第 1384 頁），（19）《茉莒贊》（第 1385 頁），（20）《爾雅圖贊》（第 1392 頁），（21）《贊》（第 1393 頁），（22）《卷施贊》（第 1399 頁），（23）《芙蓉贊》（第 1405 頁），（24）《萍贊》（第 1408 頁），（25）《金銀贊》（第 1425 頁），（26）《瑾瑜玉贊》（第 1430 頁），（27）《珪贊》（第 1431 頁），（28）《貝贊》（第 1440 頁），（29）《赤銅贊》（第 1444 頁），（30）《麻贊》（第 1454 頁），（31）《柚贊》（第 1492 頁），（32）《甘水聖木贊》（第 1510 頁），（33）《不死樹贊》（第 1510 頁），（34）《帝女桑贊》（第 1524 頁），（35）《梧桐贊》（第 1529 頁），（36）《椒贊》（第 1536 頁），（37）《桂贊》（第 1539 頁），（38）《若木贊》（第 1546 頁），（39）《鶣贊》（第 1573 頁），（40）《山海圖贊》（第 1577 頁），（41）《青鳥贊》（第 1578 頁），（42）《燕贊》（第 1599 頁），（43）《精衛贊》（第 1608 頁），（44）《翠贊》（第 1609 頁），（45）《馬贊》（第 1622 頁），（46）《駒騄贊》（第 1624 頁），（47）《橐駝贊》（第 1630 頁），（48）《羊贊》（第 1634 頁），（49）《封豕贊》（第 1642 頁），（50）《豪彘贊》（第 1642 頁），（51）《贊》（第 1644 頁），（52）《犀贊》（第 1644 頁），（53）《山海圖贊》（第 1645 頁），（54）《贊》（第 1645 頁），（55）《貊贊》（第 1645 頁），（56）《九尾狐贊》（第 1652 頁），（57）《白猿贊》（第 1653 頁），（58）《狌狌贊》（第 1655 頁），（59）《飄鼠贊》（第 1660 頁），（60）《鼺鼠贊》（第 1660 頁），（61）《鼮鼠贊》（第 1660 頁），（62）《鼮鼠贊》（第 1660 頁），（63）《鼠贊》（第 1660 頁），（64）《燭龍贊》（第 1663 頁），（65）《蛟贊》（第 1664 頁），（66）《長蛇贊》（第 1667 頁），（67）《騰蛇贊》（第 1667 頁），（68）《巴蛇贊》（第 1667 頁），（69）《蟒蛇贊》（第 1667

頁），（70）《枳首蛇贊》（第 1667 頁），（71）《爾雅龜贊》（第 1670 頁），（72）《蚌贊》（第 1675 頁），（73）《蟬贊》（第 1681 頁），（74）《螢火贊》（第 1685 頁），（75）《尺蠖贊》（第 1689 頁），（76）《螳蜋贊》（第 1692 頁），（77）《麟贊》（第 1706 頁），（78）《鳳鳥贊》（第 1709 頁），（79）《鸞鳥贊》（第 1710 頁），（80）《比翼鳥贊》（第 1710 頁），（81）《騶虞贊》（第 1717 頁），（82）《白狼贊》（第 1717 頁），（83）《比肩獸贊》（第 1717 頁），（84）《比目魚贊》（第 1719 頁），（85）《贊》（第 1720 頁）

2. 庾肅之

（1）《雪贊》（第 25 頁），（2）《山贊》（第 127 頁），（3）《水贊》（第 150 頁），（4）《玉贊》（第 1430 頁）

3. 羊孚

（1）《雪贊》（第 25 頁）

4. 戴逵

（1）《山贊》（第 127 頁），（2）《顏回贊》（第 364 頁），（3）《申三復贊》（第 417 頁），（4）《閑遊贊》（第 650 頁），（5）《尚長贊》（第 651 頁），（6）《松竹贊》（第 1514 頁）

5. 顧凱之

（1）《水贊》（第 150 頁）

6. 殷仲堪

（1）《水贊》（第 150 頁），（2）《琴贊》（第 784 頁）

7. 孔甯子

（1）《水贊》（第 150 頁）

8. 曹毗

（1）《黃帝贊》（第 211 頁）

9. 夏侯湛

（1）《虞舜贊》（第 216 頁），（2）《顏子贊》（第 364 頁），（3）《左丘明贊》（第 364 頁），（4）《閔子騫贊》（第 375 頁），（5）《管仲像贊》（第 395 頁），（6）《鮑叔像贊》（第 395 頁），（7）《范蠡贊》（第 649 頁），（8）《魯仲連贊》（第 649 頁），（9）《莊周贊》（第 649 頁）

10. 庾闡

（1）《虞舜像贊並序》（第 216 頁），（2）《二妃像贊》（第 281 頁），（3）《孫登贊》（第 650 頁）

11. 傅玄

（1）《漢高祖畫贊》（第 228 頁），（2）《漢明帝贊》（第 239 頁），（3）《班婕妤畫贊》（第 280 頁），（4）《明德馬皇后贊》（第 280 頁）

12. 左九嬪

（1）《虞舜二妃贊》（第 280 頁），（2）《周宣王姜后贊》（第 280 頁），（3）《納楊后贊》（第 280 頁），（4）《班婕妤贊》（第 337 頁），（5）《孟軻母贊》（第 337 頁），（6）《狂接輿妻贊》（第 337 頁），（7）《荊武王夫人鄧曼贊》（第 338 頁），（8）《齊杞梁妻贊》（第 338 頁），（9）《齊義繼母贊》（第 338 頁），（10）《魯敬姜贊》（第 338 頁），（11）《德剛贊》（第 377 頁），（12）《巢父惠施贊》（第 650 頁）

13. 鈕滔母孫氏

（1）《公孫夫人序贊》（第 338 頁）

14. 陸機

（1）《孔子贊》（第 360 頁），（2）《王子喬贊》（第 1340 頁）

15. 湛方生

（1）《孔公贊》（第 361 頁），（2）《北叟贊》（第 651 頁），（3）《老子贊》（第 1340 頁），（4）《庭前植稻苗贊》（第 1448 頁），（5）《長鳴雞贊》（第 1586 頁）

16. 孫楚

（1）《顏回贊》（第 364 頁），（2）《莊周贊》（第 649 頁），（3）《榮啓期贊》（第 649 頁），（4）《原壤贊》（第 650 頁），（5）《白起贊》（第 1061 頁），（6）《韓信贊》（第 1061 頁），（7）《樂毅贊》（第 1061 頁）

17. 庾亮

（1）《翟徵君贊》（第 651 頁）

18. 王珣

（1）《琴贊》（第 784 頁）

19. 袁宏

　　（1）《三國名臣贊》（第 800 頁）

20. 孫綽

　　（1）《賀司空脩像贊》（第 840 頁），（2）《太常碑贊》（第 878 頁），（3）《孔松楊象贊》（第 911 頁）

21. 潘岳

　　（1）《故太常任府君畫贊》（第 878 頁）

22. 王凝之妻謝氏

　　（1）《論語贊》（第 985 頁）

23. 王叔之

　　（1）《舟贊》（第 1235 頁）

24. 支曇諦

　　（1）《燈贊》（第 1370 頁）

25. 孔璠之

　　（1）《艾贊》（第 1414 頁）

26. 王升之

　　（1）《甘橘贊》（第 1475 頁）

27. 謝莊

　　（1）《竹贊》（第 1554 頁）

28. 阮修

　　（1）《大鵬贊》（第 1608 頁）

（四）南朝・宋

1. 謝惠連

　　（1）《雪贊》（第 25 頁），（2）《琴贊》（第 784 頁），（3）《白羽扇贊》（第 1215 頁），（4）《仙人草贊》（第 1389 頁），（5）《松贊》（第 1514 頁）

2. 卞敬宗

　　（1）《溝井贊》（第 179 頁），（2）《懷香贊》（第 1389 頁），（3）《甘蔗贊》（第 1499 頁），（4）《無患枕贊》（第 1540 頁）

3. 陶潛

（1）《張長公贊》（第 652 頁），（2）《周妙珪贊》（第 652 頁），（3）《魯二儒贊》（第 652 頁），（4）《夷齊贊》（第 652 頁），（5）《尙長禽慶贊》（第 652 頁）

4. 范泰

（1）《張長公贊》（第 652 頁），（2）《高鳳贊》（第 652 頁），（3）《吳季子札贊》（第 652 頁）

5. 顏延年

（1）《新喻侯茅齋贊》（第 1153 頁）

6. 謝靈運

（1）《聚幻贊》（第 1301 頁），（2）《聚沫泡合贊》（第 1301 頁），（3）《影響合贊》（第 1301 頁），（4）《芭蕉贊》（第 1499 頁）

7. 宋孝武帝

（1）《洞井贊》（第 1340 頁），（2）《清暑殿甍嘉禾贊》（第 1448 頁），（3）《梨花贊》（第 1474 頁），（4）《孤桐贊》（第 1529 頁），（5）《景陽樓慶雲贊》（第 1697 頁）

8. 顏延之

（1）《蜀葵贊》（第 1397 頁）

9. 顏峻

（1）《几贊序》（第 1549 頁）

10. 顏測

（1）《梔子贊》（第 1550 頁）

（五）南朝・齊

1. 王儉

（1）《竟陵王山居贊》（第 652 頁）

（六）南朝・梁

1. 沈約

（1）《雪贊》（第 26 頁），（2）《高士贊》（第 652 頁），（3）《銷聲贊》（第

653 頁）

2. 梁元帝

（1）《忠臣傳記託篇贊》（第 367 頁），（2）《忠臣傳諫爭篇贊》（第 367 頁），（3）《忠臣傳執法篇贊》（第 367 頁），（4）《孝德傳皇王篇贊》（第 375 頁），（5）《孝德傳天性篇贊》（第 375 頁），（6）《職貢圖贊》（第 1270 頁）

3. 昭明太子

（1）《爾雅制法則贊》（第 970 頁），（2）《弓矢贊》（第 1089 頁），（3）《蟬贊》（第 1681 頁）

4. 江淹

（1）《王子喬贊》（第 1340 頁），（2）《陰長生贊》（第 1340 頁），（3）《白雲贊》（第 1340 頁），（4）《秦女贊》（第 1340 頁）

5. 劉孝威

（1）《正旦春雞贊》（第 1586 頁），（2）《辟厭青牛畫贊》（第 1628 頁）

（七）北朝・北周

1. 庾信

（1）《黃帝見廣成畫贊》（第 211 頁），（2）《舜干戚畫贊》（第 217 頁），（3）《渡江贊》（第 219 頁），（4）《湯解綱贊》（第 222 頁），（5）《文王見呂尚贊》（第 224 頁），（6）《成王刻桐葉封虞叔贊》（第 226 頁），（7）《漢高祖置酒沛宮畫贊》（第 227 頁），（8）《漢武帝聚書贊》（第 232 頁），（9）《周公伯禽贊》（第 418 頁），（10）《五月披裘負薪畫贊》（第 653 頁），（11）《張良遇黃石公畫贊》（第 653 頁），（12）《榮啓期三樂畫贊》（第 653 頁），（13）《高鳳讀書不知流麥贊》（第 991 頁），（14）《以蔡澤就唐生相贊》（第 1288 頁），（15）《鶴贊》（第 1568 頁），（16）《秦穆公馬贊》（第 1622 頁），（17）《孫叔敖逢蛇贊》（第 1667 頁）

（八）隋

1. 江總

（1）《香贊》（第 1301 頁），（2）《花贊》（第 1301 頁），（3）《燈贊》（第 1301 頁），（4）《幡贊》（第 1301 頁）

四、表

（一）東漢

1. 班固

（1）《爲第五倫薦謝夷吾表》（第 958 頁）

2. 蔡邕

（1）《薦皇甫規表》（第 958 頁）

3. 孔融

（1）《薦禰衡表》（第 959 頁）

（二）三國・魏

1. 曹植

（1）《表》（第 92 頁），（2）《上卞太后誄表》（第 288 頁），（3）《諫伐遼東表》（第 437 頁），（4）《請赴元正表》（第 712 頁），（5）《謝得入表》（第 712 頁），（6）《謝初封安鄉侯表》（第 919 頁），（7）《謝妻改封表》（第 931 頁），（8）《降江東表》（第 940 頁），（9）《自試表》（第 959 頁），（10）《（自試）表》（第 959 頁），（11）《謝鼓吹表》（第 1196 頁），（12）《獻璧表》（第 1434 頁），（13）《謝柰表》（第 1483 頁），（14）《獻文帝馬表》（第 1623 頁），（15）《上牛表》（第 1628 頁），（16）《獵表》（第 1649 頁），（17）《表》（第 1705 頁）

2. 邯鄲淳

（1）《上受命述表》（第 196 頁）

3. 魏文帝

（1）《讓授禪表》（第 244 頁）

4. 辛毗

（1）《勸進表》（第 244 頁）

5. 桓階

（1）《勸進表》（第 244 頁）

6. 傅嘏

（1）《請立貴嬪爲皇后表》（第 288 頁）

7. 卞蘭

（1）《贊述太子表》（第 299 頁）

8. 桓範

（1）《薦管寧表》（第 664 頁）

9. 魏武帝

（1）《謝領兗州牧表》（第 899 頁），（2）《謝襲費亭侯表》（第 933 頁），
（3）《郭嘉有功早死宜追贈封表》（第 933 頁），（4）《陳損益表》（第 940 頁），
（5）《讓九錫表》（第 955 頁），（6）《讓還司空印綬表》（第 1184 頁）

10. 殷褒

（1）《薦朱倫表》（第 960 頁）

11. 王朗

（1）《冬臘不得朝表》（第 1373 頁）

（三）三國・吳

1. 張儼

（1）《請立太子師傅表》（第 299 頁）

2. 胡綜

（1）《請立諸王表》（第 920 頁）

3. 謝承

（1）《表》（第 1718 頁）

（四）晉

1. 傅玄

（1）《賀老人星表》（第 12 頁），（2）《賀老人星表》（第 12 頁）

2. 卞壺

（1）《賀老人星表》（第 13 頁）

3. 王述

（1）《慶老人星表》（第 13 頁），（2）《上白獐表》（第 1650 頁）

4. 江逌

（1）《諫鑿北池表》（第 174 頁）

5. 劉琨

（1）《勸進元帝表》（第 249 頁），（2）《表》（第 249 頁），（3）《表》（第 250 頁），（4）《表》（第 250 頁）

6. 左九嬪

（1）《上元皇后誄表》（第 288 頁）

7. 皇甫謐

（1）《讓徵聘表》（第 665 頁）

8. 張士然

（1）《請湯武諸孫置守冢人表》（第 734 頁）

9. 孫毓

（1）《賀封諸侯王表》（第 921 頁）

10. 庾亮

（1）《讓封公表》（第 930 頁），（2）《薦翟陽郭翻表》（第 960 頁）

11. 盧諶

（1）《理劉司空表》（第 973 頁）

12. 殷仲文

（1）《罪釁解尚書表》（第 974 頁）

13. 陸雲

（1）《聞起西園第宜遵節儉之制表》（第 1148 頁）

14. 范寧

（1）《爲豫章郡守》（第 1405 頁），（2）《爲豫章郡表》（第 1700 頁）

15. 殷仲堪

（1）《上白鹿表》（第 1649 頁）

16. 桓溫

（1）《賀白兔表》（第 1651 頁）

17. 范汪

（1）《在東陽郡表》（第 1699 頁）

18. 王肅

（1）《賀瑞應表》（第 1719 頁）

（五）南朝・宋

1. 顏延之

（1）《請立渾天儀表》（第 3 頁），（2）《拜永嘉太守辭東宮表》（第 906 頁），（3）《爲齊景靈王世子臨會稽郡表》（第 906 頁），（4）《謝子竣封建城侯表》（第 925 頁）

2. 王弘

（1）《廣陵前浦開表》（第 177 頁）

3. 謝莊

（1）《慶皇太子元服上至尊表》（第 300 頁），（2）《皇太子元服上皇太后表》（第 300 頁），（3）《東海王讓司空表》（第 841 頁），（4）《讓吏部尚書表》（第 857 頁），（5）《讓中書令表》（第 874 頁）

4. 江斅

（1）《當尚世祖女表讓婚》（第 309 頁）

5. 鄭鮮之

（1）《請立學表》（第 694 頁）

6. 傅亮

（1）《讓尚書僕射表》（第 855 頁），（2）《爲劉毅軍敗自解表》（第 975 頁）

7. 謝靈運

（1）《謝封康樂侯表》（第 924 頁）

8. 趙伯符

（1）《以息舊犯罪乞解侍中讓軍表》（第 975 頁）

9. 宋孝武帝

（1）《在藩上白雉表》（第 1572 頁）

（六）南朝・齊

1. 謝朓

（1）《爲百官勸進齊明帝表》（第 264 頁），（2）《爲明帝拜錄尚書表》（第 850 頁），（3）《封甄城王表》（第 920 頁），（4）《轉封東阿王謝表》（第 920 頁），（5）《爲齊明帝讓封宣城公表》（第 926 頁）

2. 齊竟王陵

（1）《上讜言表》（第 437 頁）

3. 王融

（1）《爲王儉讓國子祭酒表》（第 830 頁），（2）《爲王儉讓國子祭酒表》（第 830 頁），（3）《爲王儉讓國子祭酒表》（第 830 頁）

4. 孔稚珪

（1）《爲王敬則讓司空表》（第 841 頁），（2）《讓詹事表》（第 889 頁），（3）《上新定法律表》（第 975 頁）

5. 王儉

（1）《讓左僕射表》（第 855 頁）

（七）南朝·梁

1. 梁簡文帝

（1）《謝賜新曆表》（第 97 頁），（2）《謝爲皇太子表》（第 300 頁），（3）《拜皇太子臨軒竟謝表》（第 300 頁），（4）《上昭明太子集別傳等表》（第 300 頁），（5）《上南郊頌表》（第 683 頁），（6）《求寧國臨城二公入學表》（第 694 頁），（7）《讓驃騎揚州刺史表》（第 876 頁），（8）《爲武陵王讓揚州表》（第 899 頁），（9）《爲子心讓當陽公表》（第 927 頁），（10）《帝爲子大款讓石城公表》（第 927 頁），（11）《爲長子大器讓宣城王表》（第 927 頁），（12）《請右將軍朱異奉述制旨易義表》（第 989 頁），（13）《請尚書左丞賀琛奉述制旨毛詩義表》（第 989 頁），（14）《上昭明太子集別傳等表》（第 994 頁），（15）《讓鼓吹表》（第 1196 頁），（16）《在州羸疾自解表》（第 1290 頁），（17）《上大法頌表》（第 1322 頁），（18）《上白兔表》（第 1651 頁）

2. 沈約

（1）《謝賜新曆表》（第 97 頁），（2）《爲皇太子謝初表》（第 301 頁），（3）《爲皇太子謝初表》（第 301 頁），（4）《致仕表》（第 342 頁），（5）《爲始興王讓儀同表》（第 847 頁），（6）《拜尚書令到都坐表》（第 853 頁），（7）《讓僕射表》（第 855 頁），（8）《爲褚炫讓吏部尚書表》（第 858 頁），（9）《讓五兵尚書表》（第 861 頁），（10）《謝封建昌侯表》（第 925 頁），（11）《爲柳世隆讓封公表》（第 928 頁），（12）《謝母封建昌國太夫人表》（第 931 頁），（13）《爲長城公主謝表》（第 931 頁），（14）《薦劉粲表》（第 960 頁），（15）

《上宋書表》（第 985 頁），（16）《注制旨連珠表》（第 1039 頁），（17）《爲柳兗州世隆上舊宮表》（第 1115 頁），（18）《上建闕表》（第 1118 頁），（19）《爲柳世隆上銅表》（第 1444 頁），（20）《謝立皇太子賜絹表》（第 1459 頁）

3. 王僧孺

（1）《謝賜曆表》（第 97 頁），（2）《爲韋雍州致仕表》（第 342 頁），（3）《爲臨川王讓太尉表》（第 823 頁），（4）《爲南平王讓儀同表》（第 847 頁），（5）《吏部郎表》（第 863 頁），（6）《爲南平王妃拜改封表》（第 931 頁）

4. 江淹

（1）《齊高帝讓禪表》（第 261 頁），（2）《爲齊高帝讓司空表》（第 841 頁），（3）《爲齊高帝讓進爵爲王表》（第 927 頁），（4）《爲齊高帝讓相國齊公九錫表》（第 956 頁），（5）《爲齊高帝讓相國齊公九錫表》（第 956 頁），（6）《爲齊王謝冕旒諸法服表》（第 1184 頁），（7）《爲齊高帝讓前部羽葆鼓吹表》（第 1196 頁）

5. 任昉

（1）《爲皇太子求一日一入朝表》（第 301 頁），（2）《爲范雲讓散騎常侍吏部尙書霄城侯表》（第 858 頁），（3）《數吏部郎表》（第 863 頁），（4）《爲王思遠讓侍中表》（第 868 頁），（5）《爲蕭侍中拜襲封表》（第 921 頁），（6）《爲齊明帝讓宣城郡公表》（第 927 頁），（7）《爲褚蓁代兄襲封表》（第 933 頁），（8）《爲褚蓁代兄襲封表》（第 934 頁），（9）《爲梁公請刊改律令表》（第 975 頁）

6. 蕭子範

（1）《求撰昭明太子集表》（第 301 頁），（2）《爲兄宗正讓都官尙書表》（第 861 頁），（3）《爲蔡令樽讓吳郡表》（第 905 頁）

7. 陸倕

（1）《爲豫章王慶太子出宮表》（第 302 頁），（2）《爲張纘謝兄尙書謚靖子表》（第 726 頁），（3）《拜吏部郎表》（第 863 頁），（4）《爲王光祿轉太常讓表》（第 879 頁），（5）《除詹事免讓表》（第 889 頁）

8. 梁元帝

（1）《上忠臣傳表》（第 367 頁），（2）《請於州立學校表》（第 694 頁），（3）《薦鮑幾表》（第 960 頁），（4）《遷荊州輸江州節表》（第 1194 頁）

9. 丘遲

（1）《爲王博士讓表》（第 832 頁），（2）《爲范尚書拜表》（第 861 頁），（3）《爲范衛軍讓梁臺侍中表》（第 867 頁），（4）《爲何尚書重讓侍中領驍騎表》（第 868 頁），（5）《爲柳僕射讓光祿表》（第 888 頁）

10. 吳筠

（1）《揚州建安王讓知司徒表》（第 838 頁）

11. 劉孝儀

（1）《爲臨川王解司空表》（第 841 頁），（2）《安成王讓江州表》（第 899 頁），（3）《晉安王讓丹陽尹表》（第 901 頁），（4）《爲雍州柳津請留刺史晉安王表》（第 948 頁），（5）《爲江僕射禮薦士表》（第 960 頁），（6）《爲江侍中薦士表》（第 961 頁），（7）《臨川王奉詔班師表》（第 1073 頁），（8）《爲始興王上毛龜表》（第 1718 頁）

12. 王筠

（1）《爲王儀同瑩初讓表》（第 846 頁），（2）《爲弟六叔讓重除吏部尚書表》（第 858 頁），（3）《爲從兄讓侍中表》（第 868 頁），（4）《上太極殿表》（第 1126 頁）

13. 范雲

（1）《爲柳司空讓尚書令初表》（第 852 頁），（2）《爲柳司空讓尚書令第二表》（第 852 頁），（3）《除始興郡表》（第 904 頁）

14. 張纘

（1）《讓尚書僕射表》（第 855 頁），（2）《讓吏部尚書表》（第 858 頁）

15. 任孝恭

（1）《爲羊侍中讓表》（第 867 頁）

16. 庾肩吾

（1）《爲寧國公讓中書表》（第 875 頁），（2）《爲南康王讓丹陽尹表》（第 902 頁）

17. 南康王會理（蕭會理）

（1）《讓湘州表》（第 899 頁）

18. 劉潛

（1）《（爲）南平王讓徐州表》（第 899 頁），（2）《（爲）臨川王解揚州表》

（第 899 頁），（3）《爲鄱陽嗣王初讓雍州表》（第 899 頁），（4）《（爲）李揚州舅讓表》（第 900 頁）

19. 邵陵王

（1）《讓丹陽尹初表》（第 901 頁）

20. 諸葛恢

（1）《表》（第 1263 頁）

21. 范筠

（1）《謝示璧表》（第 1434 頁）

（八）南朝・陳

1. 沈炯

（1）《爲群臣勸進梁元帝初表》（第 269 頁），（2）《（爲群臣勸進梁元帝）第二表》（第 270 頁），（3）《（爲群臣勸進梁元帝）第三表》（第 270 頁），（4）《爲百官勸進陳武帝表》（第 273 頁），（5）《爲陳太傅讓表》（第 826 頁），（6）《爲周儀同失律後復官讓表》（第 847 頁），（7）《爲周弘讓太常表》（第 879 頁）

2. 徐陵

（1）《勸進梁元帝表》（第 271 頁），（2）《爲王儀同致仕表》（第 342 頁），（3）《讓左僕射初表》（第 855 頁），（4）《讓右僕射初表》（第 855 頁），（5）《讓五兵尚書表》（第 861 頁），（6）《讓散騎常侍表》（第 871 頁），（7）《爲始興王讓琅邪二郡太守表》（第 905 頁）

3. 周弘正

（1）《請梁武帝釋乾坤二系義表》（第 989 頁）

（九）北朝・北魏

1. 溫子昇

（1）《魏帝納皇后群臣上禮文》（第 289 頁），（2）《上黨王穆讓太宰表》（第 817 頁），（3）《西河王謝太尉表》（第 823 頁），（4）《爲安豐王延明讓國子祭酒表》（第 830 頁），（5）《爲司徒高敖曹謝表》（第 838 頁），（6）《臨淮王或謝封開府尚書令表》（第 852 頁），（7）《爲魏南陽王允寶炬讓尚書令表》（第 852 頁），（8）《廣楊王讓吏部尚書表》（第 858 頁），（9）《廣陽王北征請大將表》（第 1061 頁）

（十）北朝‧北齊

1. 邢子才

（1）《賀老人星表》（第 13 頁），（2）《爲潘司徒樂讓表》（第 838 頁），（3）《爲司空景讓表》（第 841 頁），（4）《爲文襄皇帝讓尙書令表》（第 853 頁），（5）《爲文襄皇帝讓尙書令表》（第 853 頁），（6）《爲彭城王詔讓侍中表》（第 868 頁），（7）《爲李衛軍疾以國子祭酒讓東平王表》（第 961 頁），（8）《百官賀平石頭表》（第 1073 頁）

（十一）北朝‧北周

1. 王褒（王裒）

（1）《上新定鍾表》（第 96 頁），（2）《爲百僚請立皇太子表》（第 302 頁），（3）《爲庫狄峙致仕表》（第 342 頁），（4）《上祥瑞表》（第 1696 頁）

2. 庾信

（1）《爲晉陽公上玉律表》（第 96 頁），（2）《慶傳位於皇太子表》（第 302 頁），（3）《功臣不死王事請門襲封表》（第 934 頁），（4）《慶平鄴表》（第 1074 頁），（5）《上白兔表》（第 1651 頁）

（十二）隋

1. 江總

（1）《爲陳六宮謝表》（第 289 頁），（2）《太保蕭公謝儀同表》（第 847 頁），（3）《太保蕭公謝儀同表》（第 847 頁），（4）《讓尙書令表》（第 853 頁），（5）《讓尙書僕射表》（第 856 頁），（6）《讓吏部尙書表》（第 859 頁），（7）《爲沈尙書君理讓右僕射領吏部表》（第 859 頁），（8）《謝宮爲制讓詹事表》（第 890 頁），（9）《爲衡陽王讓吳郡表》（第 905 頁），（10）《謝敕給鼓吹表》（第 1196 頁）

五、歌

（一）無名氏

（1）《虞舜作歌》（元首明哉）（第 772 頁），（2）《歌》（元首叢脞哉）（第 772 頁），（3）《歌》（南風之薰兮）（第 772 頁），（4）《卿雲歌》（第 772 頁），（5）《西王母爲天子謠》（白雲在天）（第 772 頁），（6）《古東飛伯勞等歌》（第 777 頁），（7）《古河中之水向東流》（第 777 頁），（8）《古歌》（平東陵）（第

1516 頁），（9）《古豔歌》（南山石嵬嵬）（第 1516 頁），（10）《歌》（行行隨道）
（第 1516 頁）

（二）先秦・齊

1. 甯戚

（1）《扣牛角歌》（滄浪之水白石粲）（第 772 頁）

（三）先秦・燕

1. 荊軻

（1）《蕭蕭歌》（第 772 頁）

（四）西漢

1. 漢高祖

（1）《大風歌》（第 772 頁）

2. 漢武帝

（1）《歌》（瓠子決兮將奈何）（第 772 頁）

3. 司馬相如

（1）《琴歌》（第 773 頁）

4. 烏孫公主

（1）《烏孫公主歌》（第 773 頁）

（五）東漢

1. 李尤

（1）《九曲歌》（第 6 頁）

2. 無名氏

（1）（漢章帝時）《童謠》（城中好高髻）（第 773 頁），（2）（漢桓帝時）
《童謠》（城上烏）（第 773 頁）

（六）晉

1. 傅玄

（1）《日昇歌詠》（第 6 頁），（2）《三光篇》（第 6 頁），（3）《燕人美兮
歌》（第 774 頁）

2. 夏侯湛

（1）《江上泛歌》（第 160 頁）

3. 劉琨

（1）《扶風歌》（第 773 頁）

4. 陸機

（1）《百年歌》（第 773 頁）

5. 王獻之

（1）《情人桃葉歌》（第 774 頁）

6. 桃葉

（1）《答王團扇歌》（第 774 頁）

7. 孫綽

（1）《情人詩》（第 774 頁）

（七）南朝・宋

1. 鮑昭（鮑照）

（1）《白紵辭歌》（第 774 頁），（2）《中興歌》（第 775 頁）

2. 謝莊

（1）《明堂歌辭》（第 775 頁）

（八）南朝・齊

1. 陸厥

（1）《李夫人及貴人歌》（第 774 頁）

2. 謝朓

（1）《郊廟歌辭》（第 775 頁）

3. 王融

（1）《明王歌辭》（四首）（第 775 頁）

（九）南朝・梁

1. 梁武帝

（1）《春歌》（第 776 頁），（2）《夏歌》（第 776 頁），（3）《秋歌》（第 776 頁），（4）《團扇歌》（第 776 頁），（5）《襄陽白銅鞮歌》（第 776 頁）

2. 沈約

（1）《郊廟（歌辭）》（歌黃帝辭、歌青帝辭、歌赤帝辭、歌白帝辭、歌黑帝辭）（第 776 頁），（2）《元會歌辭》（五首）（第 776 頁），（3）《襄陽白銅鞮歌》（第 776 頁），（4）《春白紵歌》（第 776 頁），（5）《夏白紵歌》（第 777 頁），（6）《秋白紵歌》（第 777 頁），（7）《冬白紵歌》（第 777 頁）

3. 劉孝威

（1）《行幸甘泉歌》（第 777 頁）

六、文

（一）西漢

1. 司馬相如

（1）《封禪文》（第 187 頁）

2. 楊雄

（1）《劇秦美新》（第 190 頁）

3. 賈誼

（1）《弔屈原文》（第 729 頁）

（二）東漢

1. 蔡邕

（1）《九惟》（第 630 頁），（2）《弔屈原文》（第 729 頁）

2. 潘勗

（1）《策魏武帝九錫命文》（第 953 頁）

（三）三國・魏

1. 曹植

（1）《釋愁文》（第 622 頁），（2）《誥咎文》（第 1725 頁）

2. 魏武帝

（1）《祠太尉喬玄墓文》（第 678 頁）

3. 魏文帝

（1）《策命孫權九錫文》（第 954 頁）

（四）晉

1. 張敏

（1）《頭責子羽文》（第 312 頁）

2. 潘岳

（1）《哭弟文》（第 390 頁），（2）《爲楊長文作弟仲武哀祝文》（第 610 頁），（3）《爲諸婦祭庾新婦文》（第 678 頁），（4）《弔孟嘗君文》（第 729 頁）

3. 劉琨

（1）《與段匹磾盟文》（第 589 頁）

4. 庾闡

（1）《爲郗車騎討蘇峻盟文》（第 589 頁），（2）《弔賈生文》（第 730 頁）

5. 王羲之

（1）《自誓文》（第 589 頁）

6. 孫楚

（1）《和氏外孫道生哀文》（第 610 頁），（2）《和氏外孫小同哀文》（第 610 頁），（3）《胡母夫人哀辭》（第 610 頁）

7. 殷闡

（1）《祭王東亭文》（第 678 頁）

8. 殷允

（1）《祭徐孺子文》（第 679 頁）

9. 王珣

（1）《祭徐聘士文》（第 679 頁）

10. 周穎文

（1）《祭梁鴻文》（第 679 頁）

11. 庾亮

（1）《釋奠祭孔子文》（第 696 頁）

12. 陸機

（1）《弔魏武帝文》（第 729 頁），（2）《弔魏武帝文》（第 729 頁），（3）《弔蔡邕文》（第 730 頁）

13. 湛方生

（1）《弔鶴文》（第 1568 頁）

14. 曹毗

（1）《請雨文》（第 1728 頁）

（五）南朝・宋

1. 宋孝武帝

（1）《祈晴文》（第 33 頁）

2. 顏延之

（1）《爲張湘州祭虞帝文》（第 217 頁）

3. 王僧遠

（1）《祭顏延之文》（第 679 頁）

4. 陶潛

（1）《自祭文》（第 679 頁）

5. 謝延之

（1）《祭屈原文》（第 679 頁）

6. 謝惠連

（1）《祭禹廟文》（第 687 頁），（2）《祭古冢文》（735）

7. 袁淑

（1）《弔古文》（第 730 頁），（2）《俳諧記・雞九錫文》（第 1586 頁），（3）《排諧・驢山公九錫》（第 1629 頁）

8. 傅亮

（1）《作宋武帝九錫文》（第 955 頁）

（六）南朝・齊

1. 卞伯玉

（1）《祭孫叔敖文》（第 680 頁）

2. 謝朓

（1）《爲諸娣祭阮夫人文》（第 680 頁），（2）《爲隨王粲東耕文》（第 704 頁）

3. 孔稚珪

（1）《祭外兄張長史文》（第 680 頁）

（七）南朝・梁

1. 梁簡文帝

（1）《大同哀辭》（第 610 頁），（2）《祭戰亡者文》（第 680 頁），（3）《祭灰人文》（第 1728 頁）

2. 徐悱妻劉氏

（1）《祭夫文》（第 680 頁）

3. 王僧孺

（1）《武帝祭禹廟文》（第 687 頁）

4. 梁元帝

（1）《釋奠祭孔子文》（第 697 頁），（2）《祭顏子文》（第 697 頁），（3）《祭東耕文》（第 704 頁）

5. 陸倕

（1）《釋奠祭孔子文》（第 697 頁），（2）《請雨賽蔣王文》（第 1728 頁）

6. 任孝恭

（1）《祭雜墳文》（第 735 頁），（2）《賽鍾山蔣帝文》（第 1728 頁）

7. 沈約

（1）《脩竹彈甘蕉文》（第 1500 頁）

（八）南朝・陳

1. 沈炯

（1）《爲陳武帝與王僧辯盟文》（第 590 頁），（2）《祭梁吳郡袁府君文》（第 680 頁）

（九）北朝・北魏

1. 溫子昇

（1）《閶闔門上樑祝文》（第 1129 頁）

七、頌

（一）西漢

1. 王褒

（1）《聖主得賢臣頌》（第 363 頁），（2）《甘泉宮頌》（第 1114 頁）

2. 楊雄

（1）《趙充國頌》（第 1072 頁）

3. 史岑

（1）《出師頌》（第 1072 頁）

4. 張浚

（1）《白兔頌》（第 1651 頁）

5. 東方朔

（1）《旱頌》（第 1725 頁）

（二）東漢

1. 蔡邕

（1）《京兆樊惠渠頌》（第 178 頁），（2）《祖德頌》（第 374 頁），（3）《陳留太守行小黃縣頌》（第 911 頁），（4）《考城縣頌》（第 911 頁），（5）《五靈頌》（第 1716 頁）

2. 張超

（1）《尼父頌》（第 360 頁）

3. 崔瑗

（1）《南陽文學頌》（第 692 頁）

4. 班固

（1）《東巡頌》（第 700 頁），（2）《南巡頌》（第 700 頁），（3）《竇將軍北征頌》（第 1072 頁）

5. 崔駰

（1）《東巡頌》（第 701 頁），（2）《漢明帝頌》（1260）

6. 馬融

（1）《東巡頌》（第 701 頁）

7. 傅毅

（1）《竇將軍北征頌》（第 1073 頁）

（三）三國・魏

1. 傅遐

（1）《皇初頌》（第 188 頁）

2. 韋誕

（1）《皇后親蠶頌》（第 279 頁）

3. 曹植

（1）《孔子廟頌》（第 687 頁），（2）《學宮頌》（第 692 頁），（3）《社頌》（第 709 頁），（4）《皇太子頌》（第 805 頁），（5）《冬至獻襪頌》（第 1228 頁），（6）《玄俗頌》（第 1339 頁），（7）《宜男花頌》（第 1396 頁）（8）《露盤頌》（第 1699 頁）

4. 王粲

（1）《靈壽杖頌》（第 1210 頁）

5. 劉伶

（1）《酒德頌》（第 1250 頁）

6. 何晏

（1）《瑞頌》（第 1696 頁）

（四）三國‧吳

1. 薛綜

（1）《麟頌》（第 1706 頁），（2）《鳳頌》（第 1709 頁）

（五）晉

1. 劉臻妻

（1）《正旦獻椒花頌》（第 60 頁），（2）《五時畫扇頌》（第 1215 頁），（3）《元日獻椒花頌》（第 1535 頁）

2. 牽秀

（1）《黃帝頌》（第 211 頁），（2）《老子頌》（第 1339 頁），（3）《彭祖頌》（第 1339 頁），（4）《王喬赤松頌》（第 1340 頁）

3. 成公綏

（1）《賢明頌》（第 279 頁），（2）《菊花頌》（第 1392 頁）

4. 劉柔妻王氏

（1）《姜嫄頌》（第 279 頁），（2）《啟母塗山頌》（第 279 頁）

5. 左九嬪

（1）《武帝納皇后頌》（第 280 頁），（2）《德柔頌》（第 377 頁），（3）《鬱

金頌》（第 1394 頁）

　6. 孫楚

　　（1）《尼父頌》（第 360 頁），（2）《梁令孫侯頌》（第 911 頁）

　7. 庾峻

　　（1）《祖德頌》（第 375 頁）

　8. 潘岳

　　（1）《許由頌》（第 648 頁）

　9. 孫綽

　　（1）《聘士徐君墓頌》（第 648 頁）

　10. 潘尼

　　（1）《釋奠頌》（第 696 頁），（2）《後園頌》（第 1163 頁）

　11. 傅咸

　　（1）《皇太子釋奠頌》（第 696 頁）

　12. 陸機

　　（1）《漢高祖功臣頌》（第 798 頁）

　13. 張子並

　　（1）《楊四公頌》（第 801 頁）

　14. 江偉

　　（1）《襄邑令傅渾頌》（第 911 頁）

　15. 張載

　　（1）《平吳頌》（第 1073 頁）

　16. 庾闡

　　（1）《樂賢堂頌》（第 1136 頁）

　17. 傅統妻（傅統妻辛女）

　　（1）《芍藥花頌》（第 1383 頁），（2）《菊花頌》（第 1392 頁），（3）《燕頌》（第 1599 頁）

　18. 王讚

　　（1）《梨樹頌》（第 1474 頁）

19. 蘇彥

（1）《女貞頌》（第 1543 頁）

20. 黃伯仁（黃章）

（1）《爲龍馬頌》（第 1622 頁）

21. 湛方生

（1）《木連理頌》（第 1700 頁）

（六）南朝・宋

1. 鮑照

（1）《河清頌》（第 156 頁）

2. 何承天

（1）《社頌》（第 709 頁）

3. 宋孝武帝

（1）《巡幸舊宮頌》（第 1115 頁），（2）《芳春琴堂橘連理頌》（第 1478 頁）

4. 謝靈運

（1）《無量壽佛頌》（第 1300 頁）

5. 顏延之

（1）《碧芙蓉頌》（第 1405 頁），（2）《赤槿頌》（第 1545 頁）

（七）南朝・齊

1. 王融

（1）《淨住子歸信門頌》（第 1300 頁），（2）《懺悔三業門頌》（第 1300 頁），（3）《出家善門頌》（第 1300 頁），（4）《在家善門頌》（第 1300 頁），（5）《法門頌》（第 1300 頁）

（八）南朝・梁

1. 梁簡文帝

（1）《南郊頌》（第 683 頁），（2）《大法頌》（第 1300 頁），（3）《玄圃園講頌》（第 1301 頁）

2. 沈約

（1）《齊朝丹徒故宮頌》（第 1115 頁）

3. 江淹

（1）《署預頌》（第 1385 頁），（2）《菖蒲頌》（第 1386 頁），（3）《杜若頌》（第 1393 頁），（4）《藿香頌》（第 1396 頁），（5）《山桃頌》（第 1471 頁），（6）《山石榴頌》（第 1482 頁），（7）《楊梅頌》（第 1494 頁），（8）《樫頌》（第 1534 頁），（9）《杉頌》（第 1547 頁），（10）《井閭頌》（第 1548 頁），（11）《金荊頌》（第 1549 頁），（12）《黃蓮頌》（第 1550 頁）

（九）南朝・陳

1. 徐陵

（1）《皇太子臨辟雍頌》（第 691 頁）

（十）北朝・北齊

1. 邢子才

（1）《甘露頌》（第 1698 頁）

（十一）隋

1. 江總

（1）《莊周畫頌》（第 649 頁）

八、銘

（一）西漢

1. 劉向

（1）《杖銘》（第 1210 頁），（2）《薰爐銘》（第 1223 頁）

（二）東漢

1. 李尤

（1）《函谷關銘》（第 104 頁），（2）《河銘》（第 157 頁），（3）《井銘》（第 179 頁），（4）《孟津銘》（第 181 頁），（5）《明堂銘》（第 690 頁），（6）《太學銘》（第 693 頁），（7）《琴銘》（第 784 頁），（8）《鍾簴銘》（第 790 頁），（9）《經橃銘》（第 985 頁），（10）《讀書枕銘》（第 991 頁），（11）《筆銘》（第 1056 頁），（12）《錯佩刀銘》（第 1084 頁），（13）《弧矢銘》（第 1089 頁），（14）《弩銘》（第 1091 頁），（15）《彈銘》（第 1092 頁），（16）《永安宮銘》（第 1115 頁），（17）《闕銘》（第 1117 頁），（18）《雲臺銘》（第 1121

頁），（19）《德陽殿銘》（第 1125 頁），（20）《門銘》（第 1129 頁），（21）《中東門銘》（第 1129 頁），（22）《關陽城門銘》（第 1129 頁），（23）《津城門銘》（第 1129 頁），（24）《廣陽門銘》（第 1129 頁），（25）《雍城門銘》（第 1129 頁），（26）《夏城門銘》（第 1129 頁），（27）《穀城門銘》（第 1129 頁），（28）《東觀銘》（第 1135 頁），（29）《堂銘》（第 1137 頁），（30）《京師城銘》（第 1139 頁），（31）《高安館銘》（第 1141 頁），（32）《平樂館銘》（第 1141 頁），（33）《漏刻銘》（第 1198 頁），（34）《刻漏銘》（第 1199 頁），（35）《屏風銘》（第 1202 頁），（36）《席銘》（第 1207 頁），（37）《靈壽杖銘》（第 1210 頁），（38）《鏡銘》（第 1228 頁），（39）《舟楫銘》（第 1235 頁），（40）《小車銘》（第 1238 頁），（41）《天軿車銘》（第 1238 頁），（42）《鼎銘》（第 1254 頁），（43）《古鼎銘》（第 1254 頁），（44）《盤銘》（第 1257 頁），（45）《樽銘》（第 1258 頁），（46）《杯銘》（第 1261 頁），（47）《圍棋銘》（第 1274 頁），（48）《金羊燈銘》（第 1370 頁），（49）《灶銘》（第 1375 頁）

2. 班固

（1）《燕然山銘》（第 139 頁）

3. 崔瑗

（1）《座右銘》（第 421 頁），（2）《遺葛龔佩銘》（第 1186 頁），（3）《三子釵銘》（第 1224 頁），（4）《竇大將軍鼎銘》（第 1254 頁）

4. 蔡邕

（1）《東海銘》（第 841 頁），（2）《黃鉞銘》（第 1194 頁），（3）《警枕銘》（第 1218 頁），（4）《酒樽銘》（第 1258 頁）

5. 士孫瑞

（1）《劍銘》（第 1082 頁）

6. 馮衍（馮敬通）

（1）《刀陽銘》（第 1084 頁），（2）《刀陰銘》（第 1084 頁），（3）《杯銘》（第 1261 頁），（4）《杖銘》（第 1210 頁），（5）《車銘》（第 1238 頁），（6）《杯銘》（第 1261 頁）

7. 崔駰

（1）《襪銘》（第 1228 頁），（2）《車左銘》（第 1238 頁），（3）《車右銘》（第 1238 頁），（4）《車後銘》（第 1238 頁），（5）《仲山父鼎銘》（第 1254 頁），（6）《樽銘》（第 1258 頁）

（三）三國・魏

1. 卞蘭

（1）《座右銘》（第 421 頁）

2. 傅選

（1）《筆銘》（第 1056 頁）

3. 王粲

（1）《硯銘》（第 1057 頁），（2）《刀銘》（第 1084 頁）

4. 魏文帝（曹丕）

（1）《露陌刀銘》（第 1084 頁）

5. 曹植

（1）《寶刀銘》（第 1084 頁），（2）《承露盤銘》（第 1257 頁）

6. 何晏

（1）《斫猛獸刀銘》（第 1084 頁）

7. 毌丘儉

（1）《承露盤銘》（第 1257 頁）

（四）晉

1. 李充

（1）《登安仁峰銘》（第 60 頁），（2）《良弓銘》（第 1089 頁）

2. 張載

（1）《劍閣銘》（第 127 頁），（2）《洪池陂銘》（第 170 頁），（3）《匕首銘》（第 1085 頁）

3. 湛方生

（1）《靈秀山銘》（第 128 頁）

4. 傅玄

（1）《華岳銘序》（第 132 頁），（2）《江夏任君銘》（第 906 頁），（3）《龍銘》（第 1663 頁），（4）《靈蛇銘》（第 1667 頁）

5. 孫綽

（1）《太平山銘》（第 145 頁），（2）《漏刻銘》（第 1198 頁），（3）《樽銘》（第 1258 頁）

6. 孫楚

（1）《反金人銘》（第 348 頁）

7. 慮播（當作「盧播」）

（1）《阮籍銘》（第 656 頁）

8. 王隱

（1）《筆銘》（第 1056 頁）

9. 裴景聲

（1）《文身劍銘》（第 1082 頁），（2）《文身刀銘》（第 1085 頁）

10. 張協

（1）《太阿劍銘》（第 1082 頁），（2）《文身刀銘》（第 1084 頁），（3）《把刀銘》（第 1084 頁），（4）《長鋏銘》（第 1086 頁），（5）《短鋏銘》（第 1086 頁）

11. 嵇含

（1）《木弓銘》（第 1089 頁），（2）《菊花銘》（第 1392 頁）

12. 摯虞

（1）《門銘》（第 1129 頁），（2）《灶屋銘》（第 1375 頁）

13. 習鑿齒

（1）《諸葛武侯宅銘》（第 1147 頁）

14. 蘇彥

（1）《邛竹杖銘》（第 1210 頁），（2）《楠榴枕銘》（第 1218 頁）

15. 殷允

（1）《杖銘》（第 1211 頁）

16. 傅咸

（1）《邛竹杖銘》（第 1211 頁）

17. 劉柔妻王氏

（1）《靈壽杖銘》（第 1211 頁）

18. 王導

（1）《麈尾銘》（第 1216 頁）

19. 殷仲堪

（1）《酒盤銘》（第 1257 頁）

20. 王淑之

（1）《蘭菊銘》（第 1392 頁）

21. 成公綏

（1）《菊花銘》（第 1392 頁），（2）《椒華銘》（第 1535 頁）

22. 江統

（1）《眞珠銘》（第 1438 頁）

（五）南朝・宋

1. 鮑昭（鮑照）

（1）《石帆銘》（第 143 頁），（2）《凌煙樓銘》（第 1133 頁）

2. 傅亮

（1）《故安成太守傅府君銘》（第 906 頁）

3. 謝靈運

（1）《書帙銘》（第 985 頁）

4. 顏延之

（1）《家傳銘》（第 994 頁）

5. 張悅

（1）《瑇瑁塵尾銘》（第 1216 頁）

6. 何偃

（1）《常滿樽銘》（第 1259 頁）

（六）南朝・齊

1. 竟陵王蕭子良

（1）《眼銘》（第 315 頁），（2）《耳銘》（第 316 頁），（3）《口銘》（第 317 頁）

（七）南朝・梁

1. 梁簡文帝

（1）《行雨山銘》（第 128 頁），（2）《明月山銘》（第 128 頁），（3）《書

案銘》（第 1208 頁），（4）《錫杖銘》（第 1211 頁），（5）《紗扇銘》（第 1215
頁），（6）《鏡銘》（第 1228 頁），（7）《釋迦文佛像銘》（第 1317 頁），（8）《彌
陁佛像銘》（第 1317 頁），（9）《維衛佛像銘》（第 1317 頁），（10）《式佛像
銘》（第 1317 頁），（11）《迦葉佛像銘》（第 1317 頁），（12）《釋迦文佛像銘》
（第 1317 頁），（13）《梁安寺釋迦文佛像銘》（第 1317 頁），（14）《吳郡石
像銘》（第 1318 頁）

2. 梁孝元帝（梁元帝）

（1）《東宮後堂仙室山銘》（第 128 頁），（2）《漏刻銘》（第 1198 頁），（3）
《香爐銘》（第 1223 頁），（4）《梁安寺剎下銘》（第 1318 頁）

3. 庾肩吾

（1）《東宮玉帳山銘》（第 128 頁），（2）《團扇銘》（第 1215 頁）

4. 丘遲

（1）《硯銘》（第 1057 頁）

5. 陸倕

（1）《石闕銘》（第 1117 頁），（2）《新漏刻銘》（第 1199 頁），（3）《蠡杯
銘》（第 1261 頁）

6. 周捨

（1）《鼎銘》（第 1254 頁）

7. 沈約

（1）《光宅寺剎下銘》（第 1318 頁），（2）《瑞石像銘》（第 1318 頁）

8. 劉孝儀

（1）《平等剎下銘》（第 1318 頁）

9. 陶弘景

（1）《茅山曲林館銘》（第 1343 頁）

（八）南朝・陳

1. 徐陵

（1）《後堂望美人山銘》（第 129 頁），（2）《太極殿銘》（第 1125 頁），（3）
《塵尾銘》（第 1216 頁），（4）《四元畏寺剎下銘》（第 1319 頁），（5）《報德
寺剎下銘》（第 1319 頁）

2. 沈烱

（1）《太極殿銘》（第 1126 頁）

3. 虞荔

（1）《梁同泰寺刹下銘》（第 1319 頁）

（九）隋

1. 江總

（1）《懷安寺刹下銘》（第 1320 頁），（2）《鍾銘》（第 1320 頁），（3）《鍾銘》（第 1320 頁），（4）《優塡像銘》（第 1320 頁）

（十）北朝・北周

1. 庾信

（1）《梁東宮行雨山銘》（第 128 頁），（2）《思舊銘》（第 593 頁），（3）《堯登壇銘》（第 1149 頁）

2. 王褒

（1）《漏刻銘》（第 1199 頁），（2）《靈壇銘並序》（第 1343 頁），（3）《館銘》（第 1344 頁）

3. 佚名

（1）《周太廟金人銘》（第 347 頁）

（十一）北朝・北齊

1. 邢子才

（1）《文襄王帝金象銘》（第 1320 頁），（2）《獻武皇帝寺銘》（第 1320 頁）

（十二）隋

1. 江總

（1）《芳林園天淵池銘》（第 174 頁），（2）《永陽王齋後山亭銘》（第 1153 頁），（3）《玄圃石室銘》（第 1165 頁），（4）《方鏡銘》（第 1228 頁）

九、令

（一）三國・魏

1. 魏武帝

（1）《明罰令》（第 62 頁）

2. 曹植

（1）《黃初五年令》（第 970 頁），（2）《黃初六年令》（第 971 頁）

（二）晉

1. 晉元帝

（1）《答劉琨等令》（第 249 頁）

（三）南朝‧梁

1. 任昉

（1）《齊宣德皇后臨朝答梁王令》（第 267 頁），（2）《敦勸梁王令》（第 267 頁），（3）《重敦勸梁王令》（第 267 頁）

十、序

（一）三國‧魏

1. 曹植

（1）《柳頌序》（第 1534 頁）

2. 繆襲

（1）《青龍賦序》（第 1663 頁）

（二）晉

1. 王羲之

（1）《三日蘭亭詩序》（第 71 頁）

2. 孫綽

（1）《三日蘭亭詩序》（第 71 頁）

3. 嵇含

（1）《社賦序》（第 86 頁），（2）《娛蜡賦序》（第 95 頁），（3）《白首賦序》（第 320 頁），（4）《懷香賦序》（第 1388 頁），（5）《朝生暮落樹賦序》（第 1545 頁）

4. 顧愷之

（1）《虎丘山序》（第 141 頁）

5. 杜豫

（1）《律序》（第 980 頁）

6. 張斐

（1）《律序》（第 980 頁）

7. 蘇彥

（1）《舜華詩序》（第 1545 頁），（2）《鵝詩序》（第 1581 頁）

8. 傅玄

（1）《朝華賦序》（第 1545 頁）

9. 潘尼

（1）《朝菌賦序》（第 1545 頁）

10. 伏滔

（1）《長笛賦序》（第 1554 頁）

11. 王叔之

（1）《傷孤鳥詩序》（第 1557 頁）

12. 曹毗

（1）《雙鴻詩序》（第 1562 頁）

13. 湛方生

（1）《羈鶴吟序》（第 1569 頁）

14. 沈充

（1）《鵝賦序》（第 1581 頁）

15. 成公綏

（1）《鳥賦序》（第 1593 頁）

16. 阮籍

（1）《鳩賦序》（第 1600 頁）

17. 傅咸

（1）《犀鉤序》（第 1645 頁），（2）《喜雨賦序》（第 1727 頁）

18. 袁山松

（1）《白鹿詩序》（第 1649 頁）

19. 王廙

（1）《白兔賦序》（第 1650 頁）

（三）南朝‧宋

1. 顏延之

（1）《三日曲水詩序》（第 72 頁）

2. 謝靈運

（1）《名山序》（第 129 頁）

3. 范曄

（1）《詩序》（第 1569 頁）

（四）南朝‧齊

1. 王融

（1）《三日曲水詩序》（第 72 頁）

（五）南朝‧梁

1. 梁簡文帝

（1）《三日曲水詩序》（第 74 頁），（2）《馬槊譜序》（第 1092 頁），（3）《彈棋論序》（第 1276 頁）

2. 沈約

（1）《武帝集序》（第 269 頁），（2）《棋品序》（第 1274 頁），（3）《內典序》（第 1324 頁）

3. 梁元帝

（1）《忠臣傳序》（第 368 頁），（2）《忠臣傳死節篇序》（第 368 頁），（3）《孝德傳序》（第 375 頁），（4）《全德志序》（第 377 頁），（5）《忠臣傳諫爭篇序》（第 440 頁），（6）《懷舊志序》（第 594 頁），（7）《丹陽尹傳序》（第 902 頁），（8）《洞林序》（第 1286 頁），（9）《法寶聯璧序》（第 1324 頁）

4. 陶弘景（陶景）

（1）《相經序》（第 1288 頁），（2）《肘後百一方序》（第 1291 頁）

5. 劉孝標

（1）《相經序》（第 1288 頁）

6. 梁武帝

（1）《小亮法師涅槃疏序》（第 1324 頁）

（六）南朝・陳

1. 顧野王

（1）《虎丘山序》（第 142 頁）

十一、祭文

（一）東漢

1. 蔡邕

（1）《祝社文》（第 86 頁）

2. 滕輔

（1）《祭牙文》（第 1078 頁）

（二）晉

1. 應碩

（1）《祝社文》（第 86 頁）

2. 袁宏

（1）《祭牙文》（第 1078 頁）

3. 顧愷之

（1）《祭牙文》（第 1078 頁）

（三）南朝・宋

1. 陶潛

（1）《祭從弟文》（第 390 頁）

2. 顏延之

（1）《祖祭弟文》（第 390 頁）

3. 謝惠連

（1）《爲學生祭周居士文》（第 663 頁）

4. 王誕

（1）《伐廣固祭牙文》（第 1078 頁）

5. 鄭鮮

（1）《祭牙文》（第 1078 頁）

（四）南朝・齊

1. 謝朓

（1）《祭文大雷周何二神文》（第 1354 頁）

（五）南朝・梁

1. 邵陵王

（1）《祀魯山神文》（第 1354 頁）

2. 沈約

（1）《賽蔣山廟文》（第 1355 頁）

十二、啓

（一）晉

1. 翟鏗

（1）《啓庾翼述甘露》（第 1699 頁）

（二）南朝・宋

1. 江夏王劉義恭

（1）《謝柿啓》（第 1482 頁）

（三）南朝・齊

1. 謝朓

（1）《爲王敬則謝會稽太守啓》（120 頁），（2）《隨王賜左傳啓》（第 985 頁），（3）《謝隋王賜紫梨啓》（第 1474 頁）

2. 王融

（1）《求試效啓》（第 962 頁），（2）《答敕撰漢武北伐圖賦啓》（第 1074 頁），（3）《勸高帝北伐啓》（第 1074 頁），（4）《謝武陵王賜弓啓》（第 1089 頁），（5）《謝敕賜御裘等啓》（第 1191 頁），（6）《謝竟陵王賜納裘啓》（第 1191 頁），（7）《謝竟陵王示扇啓》（第 1215 頁），（8）《謝司徒賜紫鮓啓》（第 1243 頁），（9）《謝敕賜米啓》（第 1245 頁），（10）《謝安陸王賜銀鉢啓》（第 1255 頁），（11）《謝竟陵王示法制啓》（第 1322 頁），（12）《法門頌啓》（第 1322 頁）

3. 孔稚珪

（1）《謝賜生荔支啓》（第 1497 頁）

（四）南朝・梁

1. 庾肩吾

（1）《謝曆日啓》（第 98 頁），（2）《謝齎銅硯筆格啓》（第 1055 頁），（3）《謝東宮賜宅啓》（第 1147 頁），（4）《謝東宮賚內人春衣啓》（第 1189 頁），（5）《謝東宮賚米啓》（第 1245 頁），（6）《謝湘東王賚米啓》（第 1246 頁），（7）《謝東宮古蹟啓》（第 1267 頁），（8）《答陶隱居賚朮煎啓》（第 1387 頁），（9）《答陶隱居賚朮蒸啓》（第 1387 頁），（10）《謝賚菱啓》（第 1406 頁），（11）《謝賚粳米啓》（第 1449 頁），（12）《謝湘東王賚米啓》（第 1449 頁），（13）《答湘東王賚粳米啓》（第 1449 頁），（14）《答武陵王賚絹啓》（第 1460 頁），（15）《謝武陵王賚白綺綾啓》（第 1460 頁），（16）《謝賚梨啓》（第 1474 頁），（17）《謝湘東王賚甘啓》（第 1476 頁），（18）《謝賚橘啓》（第 1479 頁），（19）《謝蒙賚朱櫻啓》（第 1480 頁），（20）《謝東宮賚栗啓》（第 1489 頁），（21）《謝賚林檎啓》（第 1490 頁），（22）《謝賚檳榔啓》（第 1496 頁），（23）《謝東宮賚檳榔啓》（第 1496 頁）

2. 梁皇太子（昭明太子）

（1）《謝敕賚地圖啓》（第 100 頁），（2）《謝敕賚廣門堰等啓》（第 1255 頁），（3）《謝敕賚銅造善覺寺塔露盤啓》（第 1323 頁），（4）《謝敕賚河南菜啓》（第 1416 頁），（5）《謝敕賚大菘啓》（第 1416 頁），（6）《謝敕賚魏國所獻錦等啓》（第 1458 頁），（7）《謝敕賚城邊橘啓》（第 1478 頁）

3. 沈約

（1）《謝敕賜冰啓》（第 181 頁），（2）《賀齊明帝登祚啓》（第 265 頁），（3）《謝齊竟陵王教撰高士傳啓》（第 665 頁），（4）《謝齊竟陵王宋永明樂歌》（第 778 頁），（5）《爲東宮謝敕賜孟嘗君劍啓》（第 1082 頁），（6）《爲皇太子謝賜御所射雉啓》（第 1178 頁），（7）《謝齊竟陵王賚母赫國雲氣黃綾裙襦啓》（第 1190 頁），（8）《謝司徒賜北蘇啓》（第 1244 頁），（9）《上錢隨喜光宅寺啓》（第 1324 頁），（10）《送育王像並上錢燭等啓》（第 1324 頁），（11）《臨終勸加篤信啓》（第 1324 頁），（12）《謝齊竟陵王示華嚴瓔珞啓》（第 1324 頁），（13）《謝賜軫調絹等啓》（第 1459 頁），（14）《謝安出門宮賜絹綺獨啓》（第 1459 頁），（15）《謝敕賜絹葛啓》（第 1460 頁），（16）《爲

柳世隆謝賜樂遊胡桃啓》（第 1490 頁）

4. 梁簡文帝

（1）《敘南康簡王薨上東宮啓》（第 391 頁），（2）《啓囚徒配役事啓》（第 979 頁），（3）《謝邵陵王禁錮啓》（第 979 頁），（4）《謝敕齎中庸講疏啓》（第 989 頁），（5）《慶洛陽平啓》（第 1074 頁），（6）《謝敕齎方諸劍等啓》（第 1082 頁），（7）《謝敕齎善勝威勝刀啓》（第 1085 頁）（8）《謝敕賜解講錢啓》（第 1181 頁），（9）《謝賜錢啓》（第 1181 頁），（10）《謝敕賜玉佩啓》（第 1186 頁），（11）《謝東宮賜裘啓》（第 1191 頁），（12）《謝齎棋子屏風啓》（第 1202 頁），（13）《謝敕齎水犀如意啓》（第 1220 頁），（14）《謝敕齎織竹火籠啓》（第 1221 頁），（15）《謝敕齎長生米啓》（第 1245 頁），（16）《敕聽從舍利入殿禮拜啓》（第 1323 頁），（17）《答同泰寺立刹啓》（第 1323 頁），（18）《東宮上掘得慈覺寺鍾啓》（第 1323 頁），（19）《謝敕齎益州天門冬啓》（第 1385 頁），（20）《謝東宮賜柿啓》（第 1482 頁），（21）《謝敕齎貂坐褥席啓》（第 1655 頁），（22）《謝敕示苦旱詩啓》（第 1725 頁）

5. 劉孝儀

（1）《從弟喪上東宮啓》（第 391 頁），（2）《為王儀謝國姻啓》（第 724 頁），（3）《為晉安王謝東宮賜玉環刀啓》（第 1085 頁），（4）《為王儀同謝宅啓》（第 1147 頁），（5）《為武陵王謝賜第啓》（第 1147 頁），（6）《謝晉安王賜銀裝絲帶啓》（第 1192 頁），（7）《謝始興王賜花紈簟啓》（第 1204 頁），（8）《謝晉安王齎蝦醬啓》（第 1243 頁），（9）《謝東宮齎酒啓》（第 1251 頁），（10）《謝鄱陽王賜銀鉢啓》（第 1255 頁），（11）《謝晉安王賜甘啓》（第 1475 頁），（12）《謝宮賜城傍橘啓》（第 1478 頁），（13）《謝始興王賜柰啓》（第 1484 頁），（14）《為晉安王謝賜鵝鴨啓》（第 1582 頁），（15）《謝豫章王賜馬啓》（第 1623 頁），（16）《謝始興王賜車牛啓》（第 1628 頁），（17）《謝豫章王賜牛啓》（第 1628 頁）

6. 何胤

（1）《答皇太子啓》（第 665 頁）

7. 梁元帝

（1）《慶南郊啓》（第 683 頁），（2）《慶東耕啓》（第 705 頁），（3）《啓東宮薦石門侯啓》（第 962 頁），（4）《謝（東）宮賜白牙鏤管筆啓》（第 1056 頁），（5）《謝敕賜第啓》（第 1147 頁），（6）《謝東宮齎貂蟬啓》（第 1185 頁），

（7）《謝東宮賚寶枕啓》（第 1218 頁），（8）《謝敕賜縟啓》（第 1220 頁），（9）《謝東宮賚花釵啓》（第 1224 頁），（10）《上東宮古跡啓》（第 1268 頁），（11）《謝上畫蒙敕褒賞啓》（第 1270 頁），（12）《謝東宮賚陸探微畫啓》（第 1270 頁），（13）《謝東宮賜彈棋局啓》（第 1276 頁），（14）《謝敕送齊王瑞像還啓》（第 1323 頁），（15）《上谷充軍糧啓》（第 1447 頁），（16）《爲妾夏王豐謝東宮賚錦啓》（第 1458 頁），（17）《謝東宮賚辟邪子錦白褊等啓》（第 1458 頁），（18）《謝東宮賚瓜啓》（第 1505 頁），（19）《爲妾弘夜姝謝東宮賚合心花釵啓》（第 1511 頁），（20）《謝晉安王賜馬啓》（第 1623 頁），（21）《謝東宮賚蒸栗牛啓》（第 1628 頁），（22）《謝賚車螯蛤蜊啓》（第 1676 頁）

8. 王僧孺

（1）《爲蕭監利求入學啓》（第 694 頁），（2）《除吏部郎啓》（第 864 頁），（3）《謝齊竟陵王使撰衆書啓》（第 989 頁）

9. 任昉

（1）《求爲劉瓛立館啓》（第 694 頁），（2）《爲王金紫謝齊武帝示皇太子律序啓》（第 979 頁）

10. 陸倕

（1）《遷吏部郎啓》（第 864 頁），（2）《張侍中啓》（第 868 頁），（3）《敕使行江州事啓》（第 900 頁），（4）《爲息續謝敕賜朝服啓》（第 1185 頁）

11. 任孝恭

（1）《辭縣啓》（第 912 頁），（2）《謝賚錢治宅啓》（第 1181 頁），（3）《謝裙襦啓》（第 1190 頁），（4）《謝示圍棋啓》（第 1274 頁）

12. 丘遲

（1）《答舉秀才啓》（第 962 頁），（2）《爲范雲謝示毛龜啓》（第 1718）

13. 劉孝綽

（1）《謝爲東宮奉經啓》（第 985 頁），（2）《求豫北伐啓》（第 1074 頁），（3）《謝安成王賚祭孤石廟胙肉啓》（第 1242 頁），（4）《謝給藥啓》（第 1382 頁），（5）《謝越布啓》（第 1464 頁）

14. 劉孝威

（1）《謝賚宮紙啓》（第 1053 頁），（2）《婚謝晉安王賜錢啓》（第 1181 頁），（3）《謝敕賚畫屏風啓》（第 1202 頁），（4）《謝賚錦被啓》（第 1219 頁），

（5）《謝東宮賜聖僧餘饌啓》（第 1240 頁），（6）《謝東宮賜淨饌啓》（第 1240 頁），（7）《謝東宮賚鹿脯等啓》（第 1243 頁），（8）《謝東宮賚藕啓》（第 1405 頁），《為皇太子謝敕賚功德馬啓》（第 1623 頁），（10）《謝熊白啓》（第 1647 頁）

15. 張纘

（1）《謝東宮賚園啓》（第 1164 頁），（2）《謝皇太子賚果然褥啓》（第 1654 頁）

16. 梁湘東王

（1）《謝東宮賜麈尾錦帔團扇等啓》（第 1216 頁）

17. 梁邵陵王

（1）《答皇太子示大法頌啓》（第 1323 頁），（2）《謝令賚馬啓》（第 1623 頁）

18. 王孺

（1）《謝賜于陁利所獻檳榔啓》（第 1496 頁）

（五）南朝・陳

1. 徐陵

（1）《安成王讓錄尚書表後啓》（第 850 頁），（2）《謝敕賜祀三皇五帝餘饌啓》（第 1240 頁），（3）《謝敕賚燭監賞答齊國移文啓》（第 1372 頁），（4）《謝賚麖啓》（第 1650 頁），（5）《謝賚蛤啓》（第 1674 頁）（6）《謝東宮賚蛤蜊啓》（第 1676 頁），（7）《謝敕賚烏賊啓》（第 1677 頁）

2. 周弘正

（1）《謝敕賚烏紗帽等啓》（第 1187 頁），（2）《謝東宮賜穀袍啓》（第 1190 頁），（3）《謝梁元帝賚春秋糊屏風啓》（第 1202 頁），（4）《謝敕賚紫鮓啓》（第 1244 頁），（5）《謝梁元帝賚玉門棗啓》（第 1487 頁）

（六）北朝・北周

1. 庾信

（1）《謝趙王賚米啓》（第 1246 頁），（2）《謝趙王賚皂羅袍袴啓》（第 1461 頁），（3）《謝趙王賚雉啓》（第 1572 頁），（4）《謝滕王賚馬啓》（第 1623 頁）

2. 王褒

（1）《謝賚絹啓》（第 1460 頁），（2）《謝賚馬啓》（第 1623 頁）

（七）隋

1. 江總

（1）《除尚書令謝臺啓》（第 853 頁），（2）《除尚書令斷表後啓》（第 853 頁），（3）《除詹事謝宮啓》（第 890 頁），（4）《上毛龜啓》（第 1718 頁）

十三、論

（一）西漢

1. 賈誼

（1）《過秦論》（第 201 頁）

2. 東方朔

（1）《非有先生論》（第 440 頁）

3. 谷永

（1）《與王音書》（第 441 頁）

4. 吾丘壽王

（1）《驃騎論功論》（第 1075 頁）

（二）東漢

1. 班彪

（1）《王命論》（第 192 頁）

2. 孔融

（1）《周武王漢高祖論》（第 228 頁），（2）《聖人優劣論》（第 361 頁），（3）《汝潁優劣論》（第 407 頁）

3. 朱穆

（1）《絕交論》（第 397 頁）

4. 崔寔

（1）《政論》（第 938 頁）

5. 王符

（1）《潛夫論》（第 939 頁）

6. 班固

（1）《難莊論》（第 1682 頁）

（三）三國‧魏

1. 曹植

（1）《魏德論》（第 194 頁），（2）《漢二祖優劣論》（第 237 頁），（3）《令禽惡鳥》（第 432 頁），（4）《籍田論》（第 705 頁），（5）《籍田論》（第 705 頁），（6）《相論》（第 1287 頁），（7）《相論》（第 1287 頁），（8）《辯道論》（第 1345 頁），（9）《令禽惡鳥論》（第 1600 頁）

2. 王粲

（1）《難鍾荀太平論》（第 202 頁），（2）《安身論》（第 425 頁），（3）《爵論》（第 916 頁），（4）《儒吏論》（第 939 頁），（5）《三輔論》（第 1076 頁），（6）《務本論》（第 1159 頁）

3. 曹冏

（1）《六代論》（第 202 頁），（2）《辨亡論》（第 204 頁）

4. 高貴鄉公

（1）《少康漢高祖論》（第 228 頁），（2）《顏子論》（第 365 頁）

5. 魏文帝

（1）《周成漢昭論》（第 233 頁），（2）《典論》（第 1017 頁）

6. 丁儀

（1）《周成漢昭論》（第 233 頁），（2）《刑禮論》（第 980 頁）

7. 嵇康

（1）《明膽論》（第 323 頁），（2）《養生論》（第 1284 頁）

8. 徐幹

（1）《中論》（第 397 頁）

9. 曹羲

（1）《至公論》（第 402 頁），（2）《肉刑論》（第 981 頁），（3）《肉刑論》（第 981 頁）

10. 夏侯玄

（1）《樂毅論》（第 407 頁）

11. 阮瑀

（1）《文質論》（第 411 頁）

12. 應瑒

（1）《文質論》（第 411 頁）

13. 阮籍

（1）《達莊論》（第 670 頁），（2）《樂論》（第 766 頁）

14. 何晏

（1）《韓白論》（第 1062 頁）

15. 王朗

（1）《相論》（第 1287 頁）

（四）三國・吳

1. 韋昭

（1）《博弈論》（第 1277 頁）

（五）晉

1. 裴秀

（1）《禹貢九州地域圖論》（第 100 頁）

2. 陸機

（1）《辨亡論》（第 203 頁），（2）《五等論》（第 916 頁）

3. 干寶

（1）《晉紀總論》（第 205 頁），（2）《晉武革命論》（第 247 頁）

4. 張韓

（1）《不用舌論》（第 318 頁）

5. 歐陽建

（1）《言盡意論》（第 348 頁）

6. 劉寔

（1）《崇讓論》（第 382 頁），（2）《崇讓論》（第 382 頁）

7. 孫盛

（1）《周泰伯三讓論》（第 382 頁）

8. 李康

（1）《運命論》（第 385 頁）

9. 袁准

（1）《才性論》（第 386 頁）

10. 張輔

（1）《名士優劣論》（第 408 頁），（2）《名士優劣論》（第 408 頁），（3）《名士優劣論》（第 409 頁）

11. 袁宏

（1）《去伐論》（第 425 頁）

12. 石崇

（1）《許巢論》（第 671 頁）

13. 庾闡

（1）《郭先生神論》（第 671 頁），（2）《蓍龜論》（第 1285 頁），（3）《列仙論》（第 1345 頁）

14. 王叔之

（1）《逐隱論》（第 671 頁）

15. 楊乂

（1）《刑禮論》（第 981 頁）

16. 摯虞

（1）《文章流別論》（第 1018 頁）

17. 魯褒

（1）《錢神論》（第 1181 頁）

18. 杜恕

（1）《篤論》（第 1408 頁）

19. 裴頠

（1）《崇有論》（第 1676 頁）

（六）南朝・宋

1. 范曄

（1）《皇后紀論》（第 289 頁），（2）《逸民傳論》（第 671 頁），（3）《宦

者論》（第 995 頁），（4）《二十八將論》（第 1062 頁）

2. 何承天

（1）《達性論》（第 386 頁）

（七）南朝・梁

1. 沈約

（1）《辯聖論》（第 362 頁），（2）《宋書恩倖傳序論》（第 576 頁），（3）《七賢論》（第 671 頁），（4）《王僧達顏峻傳論》（第 995 頁）

2. 梁元帝

（1）《全德志論》（第 377 頁），（2）《鄭眾論》（第 965 頁）

3. 劉孝標

（1）《辨命論》（第 386 頁），（2）《廣絕交論》（第 397 頁）

（八）隋

1. 李德林

（1）《天命論》（第 195 頁）

十四、箴

（一）西漢

1. 楊雄

（1）《冀州箴》（第 111 頁），（2）《揚州箴》（第 112 頁），（3）《荊州箴》（第 112 頁），（4）《青州箴》（第 113 頁），（5）《徐州箴》（第 113 頁），（6）《兗州箴》（第 114 頁），（7）《豫州箴》（第 114 頁），（8）《雍州箴》（第 115 頁），（9）《益州箴》（第 115 頁），（10）《幽州箴》（第 115 頁），（11）《并州箴》（第 116 頁），（12）《交州箴》（第 116 頁），（13）《博士箴》（第 831 頁），（14）《司空箴》（第 840 頁），（15）《尚書箴》（第 860 頁），（16）《太常箴》（第 878 頁），（17）《衛尉箴》（第 880 頁），（18）《太僕箴》（第 882 頁），（19）《廷尉箴》（第 884 頁），（20）《大鴻臚箴》（第 885 頁），（21）《大司農箴》（第 886 頁），（22）《將作大匠箴》（第 887 頁）

（二）東漢

1. 劉騊駼

（1）《郡太守箴》（第 117 頁）

2. 崔駰

（1）《河南尹箴》（第 118 頁），（2）《太尉箴》（第 819 頁），（3）《司徒箴》（第 836 頁）

3. 皇甫規

（1）《女師箴》（第 281 頁）

4. 傅幹

（1）《皇后箴》（第 281 頁）

5. 張紘

（1）《瑰材枕箴》（第 1218 頁）

（三）三國‧魏

1. 王朗

（1）《雜箴》（第 1375 頁）

（四）晉

1. 潘尼

（1）《乘輿箴》（第 200 頁）

2. 張華

（1）《女史箴》（第 281 頁），（2）《大司農箴》（第 886 頁）

3. 裴頠

（1）《女史箴》（第 281 頁）

4. 溫嶠

（1）《侍臣箴》（第 295 頁）

5. 蘇彥

（1）《語箴》（第 347 頁）

6. 庾凱

（1）《幽人箴》（第 653 頁）

7. 江逌

（1）《逸民箴》（第 653 頁）

8. 摯虞

（1）《新婚箴》（第724頁），（2）《尚書令箴》（第852頁）

9. 潘岳

（1）《答新婚箴》（第724頁）

10. 王廙

（1）《婦德箴》（第724頁）

11. 陸機

（1）《丞相箴》（第812頁）

12. 齊王攸

（1）《太傅箴》（第824頁）

13. 傅玄

（1）《吏部尚書箴》（第857頁）

（五）南朝・宋

1. 謝惠連

（1）《目箴》（第315頁），（2）《口箴》（第317頁）

2. 周祗

（1）《執友箴》（第395頁）

3. 顏延之

（1）《大筮箴》（第1286頁）

（六）南朝・梁

1. 梁武帝（蕭衍）

（1）《凡百箴》（第418頁）

2. 蕭子範

（1）《子冠子箴》（第721頁）

（七）北朝・北周

1. 王褒

（1）《皇太子箴》（第295頁）

（八）隋

1. 戴逵

（1）《皇太子箴》（第 295 頁）

十五、碑

（一）東漢

1. 蔡邕

（1）《京兆尹樊陵碑》（第 118 頁），（2）《九疑山碑》（第 140 頁），（3）《光武濟陽宮碑》（第 236 頁），（4）《伯夷叔齊碑》（第 657 頁），（5）《郭泰碑》（第 657 頁），（6）《玄文先生李休碑》（第 658 頁），（7）《處士圈典碑》（第 658 頁），（8）《翟先生碑》（第 658 頁），（9）《楊太尉碑銘》（第 819 頁），（10）《楊太尉碑銘》（第 820 頁），（11）《太尉李咸碑銘》（第 820 頁），（12）《太尉橋玄碑》（第 820 頁），（13）《太傅胡廣碑銘》（第 824 頁），（14）《司空袁逢碑》（第 841 頁），（15）《爲司空房楨碑銘》（第 842 頁），（16）《荊州刺史庾侯碑》（第 895 頁）

2. 張昶

（1）《西嶽華山堂闕碑序》（第 132 頁）

3. 班固

（1）《高祖泗水亭碑》（第 228 頁）

4. 禰衡

（1）《魯夫子碑》（第 361 頁），（2）《顏子碑》（第 365 頁）

5. 胡廣

（1）《徵士法高卿碑》（第 657 頁）

6. 桓麟（當作「桓驎」）

（1）《太尉劉寬碑》（第 820 頁）

7. 潘勗

（1）《尚書令荀彧碑》（第 852 頁）

8. 孔融

（1）《衛尉張儉碑銘》（第 880 頁）

9. 邯鄲淳

（1）《鴻臚鍾紀碑銘》（第 885 頁）

10. 張超

（1）《靈帝河閒舊廬碑》（第 1154 頁）

（二）三國・魏

1. 劉楨

（1）《處士國文甫碑》（第 658 頁）

（三）晉

1. 張林

（1）《陳夫人碑》（第 338 頁）

2. 袁宏

（1）《丞相桓溫碑銘》（第 812 頁），（2）《晉孫綽丞相王導碑文》（第 813 頁）

3. 孫綽

（1）《丞相王導碑文》（第 813 頁），（2）《太宰郗鑒碑文》（第 816 頁），（3）《太尉庾亮碑》（第 820 頁），（4）《太傅褚裒碑》（第 824 頁），（5）《庾司空冰碑》（第 842 頁），（6）《潁州府君碑》（第 904 頁），（7）《桓宣城碑》（第 905 頁）

4. 孫楚

（1）《故太傅羊祜碑》（第 825 頁），（2）《雁門太守牽府君碑》（第 904 頁）

5. 潘岳

（1）《司空鄭袤碑》（第 842 頁），（2）《荊州刺史東武戴侯揚使君碑》（第 896 頁）

6. 裴希聲

（1）《侍中嵇侯碑》（第 866 頁）

7. 潘尼

（1）《益州刺史楊恭侯碑》（第 896 頁）

（四）南朝・宋

1. 傅亮

（1）《司徒劉穆之碑》（第 836 頁），（2）《侍中王公碑》（第 866 頁）

（五）南朝・齊

1. 孔稚珪

（1）《褚先生百玉碑》（第 659 頁），（2）《玄館碑》（第 1340 頁）

2. 王儉

（1）《太宰褚彥回碑文》（第 816 頁）

（六）南朝・梁

1. 梁簡文帝

（1）《神山碑銘》（第 129 頁），（2）《長沙宣武王北涼州廟碑文》（第 813 頁），（3）《丞相長沙宣武王碑》（第 814 頁），（4）《招眞館碑》（第 1341 頁），（5）《吳興楚王神廟碑》（第 1354 頁）

2. 梁元帝

（1）《玄圃牛渚磯碑》（第 129 頁），（2）《廬山碑序》（第 135 頁），（3）《隱居先生陶弘景碑》（第 659 頁），（4）《皇太子講學碑》（第 988 頁），（5）《荊州長沙寺阿育王像碑》（第 1301 頁），（6）《南岳衡山九眞館碑》（第 1341 頁），（7）《青溪山館碑》（第 1341 頁）

3. 陸雲

（1）《太伯碑》（第 381 頁）

4. 劭陵王蕭綸

（1）《貞白先生陶弘景碑》（第 659 頁）

5. 裴子野

（1）《劉虯碑》（第 660 頁），（2）《丹陽尹湘東王善政碑》（第 943 頁）

6. 沈約

（1）《齊司徒安陸昭王碑》（第 805 頁），（2）《齊丞相豫章文憲王碑》（第 814 頁），（3）《齊太尉王儉碑銘》（第 821 頁），（4）《善館碑》（第 1341 頁），（5）《桐柏山金庭館碑》（第 1342 頁）

7. 任昉

（1）《丞相長沙宣武王碑》（第 815 頁）

8. 劉孝綽

（1）《司空安成康王碑銘》（第 843 頁）

9. 劉孝儀

（1）《雍州金像寺無量壽佛像碑》（第 1302 頁）

10. 劉勰

（1）《剡縣石城寺彌勒石像碑銘》（第 1302 頁）

11. 陶弘景

（1）《許長史舊館壇碑》（第 1342 頁），（2）《茅山長沙館碑》（第 1342 頁），（3）《太平山日門館碑》（第 1342 頁）

（七）南朝・陳

1. 沈炯

（1）《太尉始興昭烈王碑銘》（第 821 頁），（2）《林屋館記》（第 1343 頁）

2. 徐陵

（1）《爲司空徐州刺史侯安都德政碑》（第 944 頁），（2）《廣州刺史歐陽頠德政碑》（第 945 頁），（3）《晉陵太守王勵德政碑》（第 947 頁），（4）《丹陽上庸路碑》（第 1155 頁），（5）《天台山館徐則法師碑》（第 1343 頁）

（八）北朝・北魏

1. 溫子昇

（1）《舜廟碑》（第 217 頁），（2）《常山公主碑》（第 306 頁）

（九）北朝・北齊

1. 邢子才

（1）《廣平王碑文》（第 806 頁），（2）《冀州刺史封隆之碑》（第 896 頁）

（十）北朝・北周

1. 王褒

（1）《四瀆祠碑銘》（第 163 頁），（2）《溫湯碑》（第 167 頁），（3）《太傅燕文公于謹碑銘》（第 825 頁），（4）《太保吳武公尉遲綱碑銘》（第 828 頁），（5）《太子太保中都公陸逞碑銘》（第 828 頁），（6）《故陝州刺史馮章碑》（第

897頁），（7）《上庸公陸騰勒功碑》（第 947 頁）

　　2. 庾信

　　（1）《溫湯碑》（第 167 頁），（2）《太保雁門公紇干弘碑》（第 829 頁），（3）《少保幽州刺史豆盧府君碑》（第 897 頁）

　　（十一）隋

　　1. 江總

　　（1）《吳興郡廬陵王德政碑》（第 948 頁），（2）《皇太子太學講碑》（第 988 頁）

十六、吟

　　（一）三國‧蜀

　　1. 諸葛亮

　　（1）《梁父吟》（第 352 頁）

　　（二）晉

　　1. 夏侯湛

　　（1）《山路吟》（第 127 頁）

　　2. 潘尼

　　（1）《逸民吟》（第 352 頁）

　　（三）南朝‧宋

　　1. 謝莊

　　（1）《山夜憂》（第 127 頁）

十七、書

　　（一）先秦‧秦

　　1. 李斯

　　（1）《上書諫始皇》（第 438 頁）

　　（二）先秦‧齊

　　1. 魯仲連

　　（1）《與燕將書》（第 447 頁）

（三）先秦·晉

1. 叔向

（1）《與鄭子產書》（第 979 頁）

（四）西漢

1. 劉向

（1）《誡子書》（第 422 頁）

2. 鄒陽

（1）《上書諫吳王》（第 438 頁），（2）《上書梁王》（第 1041 頁）

3. 枚乘

（1）《上書諫吳王》（第 439 頁）

4. 司馬相如

（1）《上書諫武帝》（第 439 頁），（2）《諭難蜀父老書》（第 448 頁）

5. 司馬遷

（1）《報任安書》（第 476 頁）

6. 楊惲

（1）《報孫會宗書》（第 477 頁）

7. 李陵

（1）《與蘇武書》（第 531 頁），（2）《重報書》（第 532 頁）

8. 蘇武

（1）《報李陵書》（第 532 頁）

9. 谷永

（1）《謝王鳳書》（第 584 頁）

10. 王褒

（1）《僮約》（第 633 頁）

11. 張敞

（1）《與朱邑書》（第 963 頁），（2）《書》（第 1682 頁）

12. 晁錯

（1）《上書》（第 1453 頁）

13. 東方朔

（1）《與丞相公孫弘借車馬書》（第 1545 頁）

（五）東漢

1. 張奐

（1）《誡兄子書》（第 422 頁），（2）《與延篤書》（第 533 頁），（3）《與陰氏書》（第 560 頁），（4）《與宋季文書》（第 666 頁）

2. 司馬徽

（1）《誡子書》（第 422 頁）

3. 馬援

（1）《誡兄子書》（第 422 頁）

4. 崔駰

（1）《與竇憲書》（第 423 頁）

5. 朱浮

（1）《與彭寵書》（第 448 頁）

6. 馮衍

（1）《說》（第 449 頁），（2）《說鄧禹書》（第 992 頁）

7. 竇玄舊妻

（1）《與（竇）玄書》（第 533 頁）

8. 崔瑗

（1）《與葛元甫書》（第 560 頁）

9. 馬融

（1）《與竇伯向書》（第 560 頁）

10. 延篤

（1）《答張奐書》（第 560 頁）

11. 秦嘉

（1）《與妻書》（第 571 頁），（2）《重報妻書》（第 571 頁）

12. 秦嘉妻徐淑

（1）《答書》（第 571 頁），（2）《又報嘉書》（第 572 頁），（3）《與嘉書》（第 1263 頁）

13. 孔融

（1）《與韋林甫書》（第 965 頁），（2）《答虞仲翔書》（第 986 頁），（3）《與子琳書》（第 990 頁），（4）《與宗從弟書》（第 992 頁），（5）《難魏武帝禁酒書》（第 1251 頁），（6）《與諸卿書》（第 1490 頁）

14. 孔臧

（1）《與子琳書》（第 990 頁）

15. 班固

（1）《上書東平王》（第 1041 頁）

16. 劉駒騄

（1）《上書諫鑄錢事》（第 1181 頁）

（六）三國・魏

1. 魏文帝

（1）《與鍾繇書》（第 84 頁），（2）《與吳質書》（第 477 頁），（3）《與吳質書》（第 478 頁），（4）《與司馬仲達書》（第 1075 頁），（5）《與鍾繇書》（第 1186 頁），（6）《與孫權書》（第 1623 頁）

2. 應瑒

（1）《報龐惠恭書》（第 396 頁）

3. 王脩

（1）《誡子書》（第 423 頁）

4. 阮瑀

（1）《爲魏武與孫權書》（第 449 頁）

5. 曹植

（1）《與吳質書》（第 478 頁），（2）《與司馬仲達書》（第 1075 頁）

6. 吳質

（1）《答太子書》（第 478 頁），（2）《答陳思王曹植書》（第 479 頁）

7. 應璩

（1）《與滿公琰書》（第 508 頁），（2）《與從弟君冑書》（第 508 頁），（3）《與韋仲將書》（第 630 頁），（4）《與董仲連書》（第 630 頁），（5）《與尙書諸郎書》（第 630 頁），（6）《與龐惠恭書》（第 1526 頁），（7）《與廣川長岑瑜

書》（第1725頁），（8）《與西陽令孔德琰書》（第1733頁）

　　8. 桓範

　　（1）《與管寧書》（第666頁）

　　9. 管寧

　　（1）《答桓範書》（第666頁）

　　10. 魏武帝

　　（1）《上書讓增封》（第928頁），（2）《上書讓封》（第928頁），（3）《上書讓費亭侯》（第928頁），（4）《上書讓增封武平侯及費亭侯》（第929頁）

　　11. 阮籍

　　（1）《與晉文王薦盧景宣書》（第963頁）

　　（七）三國‧吳

　　1. 陸景

　　（1）《與兄書》（第391頁），（2）《與兄書》（第391頁），（3）《答從兄安成王書》（第391頁）

　　（八）晉

　　1. 鈕滔母

　　（1）《與虞定夫人薦環夫人書》（第338頁），（2）《與從弟孝徵書》（第1569頁）

　　2. 桓玄

　　（1）《與袁宜都書論嘯》（第354頁），（2）《與劉牢之書》（第451頁）

　　3. 袁山松

　　（1）《答桓南郡書》（第355頁）

　　4. 嵇康

　　（1）《與山濤絕交書》（第396頁）

　　5. 徐藻妻陳氏

　　（1）《與妹劉氏書》（第406頁）

　　6. 羊祜

　　（1）《誡子書》（第423頁），（2）《與從弟書》（第479頁）

7. 殷衷

（1）《書》（第 423 頁）

8. 孫楚

（1）《爲石苞與孫皓書》（第 450 頁）

9. 劉琨

（1）《與石勒書》（第 450 頁），（2）《答盧諶書》（第 480 頁）

10. 趙景眞

（1）《與嵇茂齊書》（第 534 頁）

11. 嵇茂齊

（1）《答趙景眞書》（第 534 頁）

12. 庾冰

（1）《與王羲之書》（第 560 頁）

13. 劉臻妻陳氏

（1）《答舅母書》（第 611 頁）

14. 辛曠

（1）《與皇甫謐書》（第 666 頁），（2）《與皇甫謐書》（第 667 頁）

15. 皇甫謐

（1）《答辛曠書》（第 667 頁）

16. 庾翼

（1）《與燕王書》（第 1092 頁）

17. 蔡謨

（1）《與弟書》（第 1367 頁）

18. 慧遠法師

（1）《答盧循書》（第 1498 頁）

（九）南朝·宋

1. 陶潛

（1）《誡子書》（第 424 頁）

2. 謝莊

（1）《爲朝臣與雍州刺史袁顗書》（第 451 頁）

3. 鮑昭（鮑照）

（1）《與妹書》（第 497 頁）

（十）南朝・齊

1. 謝朓

（1）《與王儉書》（第 480 頁）

2. 孔德璋（孔稚珪）

（1）《北山移文》（第 670 頁）

3. 虞羲

（1）《與蕭令王僕射書》（第 726 頁）

4. 陸厥

（1）《與沈約書問聲韻》（第 1041 頁）

（十一）南朝・梁

1. 吳均（吳筠）

（1）《與施從事書》（第 129 頁），（2）《與朱元思書》（第 129 頁），（3）《與顧章書》（第 144 頁）

2. 梁元帝

（1）《答晉安王敘南康簡王薨書》（第 392 頁），（2）《與學生書》（第 424 頁），（3）《與蕭挹書》（第 535 頁），（4）《答劉縮求述制旨義書》（第 1042 頁），（5）《答齊國饒馬書》（第 1624 頁），（6）《書》（第 1624 頁）

3. 梁簡文帝

（1）《誡當陽公書》（第 424 頁），（2）《與魏東荊州刺史李志書》（第 451 頁），（3）《答徐摛書》（第 480 頁），（4）《與劉孝綽書》（第 535 頁），（5）《與蕭臨川書》（第 535 頁），（6）《答安吉公主餉胡子書》（第 633 頁），（7）《答張纘謝示集》（第 1042 頁），（8）《答新渝侯和詩書》（第 1042 頁），（9）《答湘東王慶州牧書》（第 1075 頁），（10）《答蕭子雲上飛白書屏風書》（第 1203 頁），（11）《答定襄侯餉臥簞書》（第 1204 頁），（12）《答南平嗣王餉舞簟書》（第 1204 頁），（13）《答湘東王上王羲之書》（第 1268 頁），（14）《答湘東王書》（第 1291 頁），（15）《與廣信侯書》（第 1325 頁），（16）《答湘東王和受試詩書》（第 1325 頁）

4. 徐勉

（1）《與大息山松書》（第 424 頁）

5. 范縝

（1）《與王僕射書》（第 425 頁）

6. 邵陵王蕭綸

（1）《與元帝書》（第 451 頁）

7. 丘遲

（1）《與陳伯之書》（第 452 頁）

8. 王僧孺

（1）《與何遜書》（第 481 頁），（2）《答江琰書》（第 482 頁），（3）《與陳居士書》（第 670 頁）

9. 劉孝標

（1）《答郭峙書》（第 535 頁），（2）《追答劉沼書》（第 612 頁），（3）《與宋玉山元思書》（第 668 頁），（4）《答劉之遴借類苑書》（第 1043 頁）

10. 何遜

（1）《爲衡山侯與婦書》（第 572 頁）

11. 任昉

（1）《與沈約書》（第 611 頁），（2）《弔樂永世書》（第 611 頁），（3）《爲昭明太子答何胤書》（第 668 頁），（4）《爲庾杲之與劉居士虬書》（第 668 頁）

12. 昭明太子

（1）《與何胤書》（第 667 頁）

13. 陶弘景

（1）《答謝中書》（第 669 頁），（2）《答虞仲書》（第 669 頁），（3）《答趙英才書》（第 669 頁），（4）《答朝士訪仙佛兩法體相書》（第 1344 頁）

14. 沈約

（1）《答沈麟士書》（第 670 頁），（2）《與范述曾論竟陵王賦書》（第 1042 頁），（3）《與陶弘景書》（第 1344 頁）

15. 任孝恭

（1）《爲李慶州孟堅使與覃無名書》（第 966 頁）

16. 劉孝儀

（1）《北使還與永豐侯書》（第 966 頁）

17. 劉孝綽

（1）《答梁元帝書》（第 1042 頁）

18. 江淹

（1）《詣宋建平王上書》（第 1043 頁）

19. 劉之遴

（1）《與劉孝標書》（第 1043 頁）

20. 庾肩吾

（1）《答餉綾絞書》（第 1460 頁）

21. 劉孝威

（1）《謝賚林檎書》（第 1490 頁），（2）《謝南康王饟牛書》（第 1629 頁）

（十二）南朝・陳

1. 張種

（1）《與沈炯書》（第 142 頁）

2. 沈炯

（1）《答書》（第 142 頁）

3. 周弘讓

（1）《答王褒書》（第 536 頁）

4. 徐陵

（1）《答尹義尚書》（第 536 頁）

5. 伏知道

（1）《爲王寬與婦義安主書》（第 572 頁）

（十三）北朝・北周

1. 王褒（誤作「王褎」）

（1）《與周弘讓書》（第 535 頁）

2. 庾信

（1）《爲上黃侯世子與婦書》（第 572 頁）

十八、敘

（一）東漢

1. 傅幹

（1）《王命敘》（第 189 頁）

十九、典　引

（一）東漢

1. 班固

（1）《典引》（第 193 頁）

二十、述

（一）東漢

1. 班固

（1）《高祖紀述》（第 227 頁），（2）《文帝述》（第 230 頁），（3）《景帝述》（第 230 頁），（4）《武帝述》（第 232 頁），（5）《昭帝述》（第 232 頁），（6）《宣帝述》（第 234 頁）

（二）三國・魏

1. 邯鄲淳

（1）《上受命述》（第 195 頁）

二十一、誄

（一）先秦・魯

1. 柳下惠妻

（1）《柳下惠誄》（第 662 頁）

（二）西漢

1. 楊雄

（1）《皇后誄》（第 282 頁）

（三）東漢

1. 傅毅

（1）《明帝誄》（第 239 頁），（2）《北海王誄》（第 807 頁）

2. 蘇順

（1）《和帝誄》（第 240 頁）

3. 崔瑗

（1）《和帝誄》（第 240 頁），（2）《竇貴人誄》（第 282 頁）

4. 杜篤

（1）《大司馬吳漢誄》（第 834 頁）

5. 張衡

（1）《司徒呂公誄》（第 838 頁），（2）《司空陳公誄》（第 845 頁），（3）《大司農鮑德誄》（第 886 頁）

（四）三國‧魏

1. 曹植

（1）《武帝誄》（第 241 頁），（2）《文帝誄》（第 243 頁），（3）《卞太后誄》（第 282 頁），（4）《平原懿公主誄》（第 307 頁），（5）《任城王誄》（第 808 頁），（6）《大司馬曹休誄》（第 834 頁），（7）《侍中王粲誄》（第 867 頁），（8）《光祿大夫荀侯誄》（第 888 頁）

2. 魏文帝

（1）《蒼舒誄》（第 808 頁）

（五）晉

1. 陸機

（1）《吳大帝誄》（第 245 頁），（2）《愍懷太子誄》（第 296 頁），（3）《吳貞獻處士陸君誄》（第 662 頁），（4）《吳丞相江陵侯陸公誄》（第 815 頁），（5）《吳大司馬陸抗誄》（第 834 頁）

2. 潘岳

（1）《世祖武皇帝誄》（第 246 頁），（2）《南陽長公主誄》（第 308 頁），（3）《皇女誄》（第 308 頁），（4）《太宰魯武公誄》（第 817 頁），（5）《庾尚書誄》（第 860 頁），（6）《散騎常侍夏侯湛誄》（第 870 頁）

3. 張華

（1）《章懷皇后誄》（第 283 頁），（2）《烈文先生鮑玄泰誄》（第 662 頁），（3）《魏劉驃騎誄》（第 875 頁）

4. 左九嬪

（1）《元皇后楊氏誄》（第 283 頁），（2）《萬年公主誄》（第 308 頁）

5. 劉參妻王氏

（1）《夫誄》（第 662 頁）

6. 成公綏

（1）《魏相國舞陽宣文侯司馬公誄》（第 810 頁）

7. 盧諶

（1）《太尉劉公誄》（第 823 頁），（2）《尚書武強侯盧府君誄》（第 860 頁）

8. 劉琨

（1）《散騎常侍劉府君誄》（第 871 頁）

9. 傅玄

（1）《永寧人僕龐侯誄》（第 882 頁）

（六）南朝・宋

1. 謝靈運

（1）《武帝誄》（第 256 頁），（2）《廬陵王誄》（第 808 頁）

2. 謝莊

（1）《孝武帝宣貴妃誄》（第 284 頁），（2）《黃門侍郎劉琨之誄》（第 870 頁）

3. 顏延之

（1）《陶徵士誄》（第 662 頁），（2）《給事中楊瓚誄》（第 872 頁）

（七）南朝・齊

1. 丘遲

（1）《侍中吏部尚書何府君誄》（第 857 頁）

（八）南朝・梁

（二）南朝・宋

1. 謝莊

（1）《北中郎新安王拜司徒章》（第 838 頁），（2）《爲北中郎將謝兼司徒章》（第 838 頁）

（三）南朝・齊

1. 王儉

（1）《拜儀同三司章》（第 846 頁）

2. 謝朓

（1）《爲宣城公拜章》（第 919 頁）

（四）南朝・梁

1. 江淹

（1）《爲建平皇慶王后正位章》（第 288 頁）

2. 沈約

（1）《爲六宮拜章》（第 288 頁）

3. 簡文帝

（1）《爲南平王拜大司馬章》（第 835 頁），（2）《爲王規拜吳郡太守章》（第 906 頁）

4. 庾肩吾

（1）《爲武陵王拜儀同章》（第 846 頁）

5. 陸倕

（1）《授潯陽太守章》（第 906 頁）

（五）隋

1. 江總

（1）《爲陳六宮謝章》（第 288 頁）

二十四、議

（一）東漢

1. 孔融

（1）《肉刑議》（第 972 頁）

（二）三國・魏

1. 傅幹

（1）《肉刑議》（第 972 頁）

（三）晉

1. 張華

（1）《晉文王諡議》（第 726 頁）

2. 潘岳

（1）《九品議》（第 938 頁），（2）《上客舍議》（第 1148 頁）

3. 曹志

（1）《議》（第 972 頁）

4. 程咸

（1）《女適人不從坐議》（第 973 頁）

5. 陸機

（1）《大田議》（第 1158 頁）

6. 蔡謨

（1）《答蘭臺議》（第 1699 頁）

（四）南朝・宋

1. 顏延之

（1）《武帝諡議》（第 257 頁）

（五）南朝・梁

1. 沈約

（1）《齊武帝諡議》（第 261 頁），（2）《齊明帝諡議》（第 263 頁）

2. 梁元帝

（1）《高祖武皇帝諡議》（第 265 頁）

（六）北朝・北齊

1. 邢子才

（1）《文宣帝諡議》（第 272 頁）

二十五、哀策文

（一）晉

1. 張華

（1）《武帝哀策文》（第 247 頁）

（二）南朝·齊

1. 王儉

（1）《高帝哀策文》（第 260 頁）

二十六、哀　策

（一）晉

1. 潘岳

（1）《景獻皇后哀策文》（第 284 頁）

2. 張華

（1）《元皇后哀策文》（第 285 頁）

（二）南朝·宋

1. 顏延之

（1）《元皇后哀策文》（第 285 頁）

2. 謝莊

（1）《皇太子妃哀策文》（第 303 頁）

（三）南朝·齊

1. 謝朓

（1）《敬皇后哀策文》（第 286 頁）

2. 王融

（1）《皇太子哀策文》（第 296 頁）

3. 王儉

（1）《皇太子妃哀策文》（第 304 頁）

（四）南朝·梁

1. 沈約

（1）《齊明帝哀策文》（第 262 頁）

2. 任昉

（1）《王貴嬪哀策文》（第 286 頁）

3. 王筠

（1）《昭明太子哀策文》（第 297 頁）

（五）南朝‧陳

1. 沈炯

（1）《武帝哀策文》（第 272 頁）

2. 徐陵

（1）《文帝哀策文》（第 273 頁）

（六）北朝‧北齊

1. 邢子才

（1）《文宣帝哀策文》（第 271 頁）

（七）隋

1. 江總

（1）《陳宣帝哀策文》（第 275 頁）

二十七、敕

（一）南朝‧梁

1. 沈約

（1）《武帝踐祚後與諸州郡敕》（第 266 頁），（2）《為武帝與謝朓敕》（第 664 頁），（3）《與何胤敕》（第 664 頁）

二十八、箋

（一）東漢

1. 班固

（1）《與竇憲箋》（第 1443 頁）

（二）三國‧魏

1. 繁欽

（1）《與太子箋》（第 777 頁）

2. 魏文帝

（1）《答》（第 778 頁）

3. 應璩

（1）《薦和慮則箋》（第 961 頁），（2）《薦費禕箋》（第 961 頁）

（三）晉

1. 孫楚

（1）《薦傅長虞箋》（第 961 頁）

2. 庾闡

（1）《薦唐戈箋》（第 961 頁）

3. 陸機

（1）《至洛與成都王箋》（第 1074 頁）

4. 桓溫

（1）《與撫軍箋》（第 1075 頁）

5. 劉謐之

（1）《與天公箋》（第 1190 頁）

6. 喻益期

（1）《箋》（《與韓豫章箋》）（第 1496 頁）

7. 何禎（「禎」一作「楨」）

（1）《箋》（第 1732 頁）

（四）南朝・宋

1. 晃道元

（1）《與天公箋》（第 630 頁）

2. 宋孝武帝（劉駿）

（1）《在彭城參佐慶獲白鹿箋》（第 1649 頁）

（五）南朝・梁

1. 任昉

（1）《爲百辟勸進梁王箋》（第 268 頁），（2）《箋》（第 268 頁）

2. 王筠

（1）《答湘東王示忠臣傳箋》（第 368 頁）

二十九、諡策

（一）南朝·宋

1. 謝莊

（1）《殷貴妃諡策文》（第 287 頁）

（二）南朝·齊

1. 謝朓

（1）《明皇帝諡策文》（第 263 頁）

三十、詔

（一）東漢

1. 漢獻帝（劉協）

（1）《詔》（第 923 頁），（2）《詔書拜鎮東將軍襲費亭侯曹操》（第 923 頁）

（二）三國·魏

1. 魏文帝（曹丕）

（1）《詔》（第 586 頁），（2）《冊孫權太子登爲東中郎封侯文》（第 924 頁）

2. 魏明帝（曹叡）

（1）《詔》（第 918 頁），（2）《詔》（第 958 頁），（3）《與東阿王詔》（第 1699 頁）

（三）南朝·宋

1. 傅亮

（1）《立學詔》（第 693 頁）

2. 宋武帝（劉裕）

（2）《詔》（第 1410 頁）

（四）南朝·梁

1. 沈約

（1）《梁武帝立內職詔》（第 287 頁），（2）《立太子詔》（第 296 頁），（3）

《爲武帝搜訪隱逸詔》（第 663 頁），（4）《資給何點詔》（第 663 頁）

　　2. 梁武帝（蕭衍）

　　（1）《立皇太子詔》（第 298 頁）

　　3. 任昉

　　（1）《初封諸功臣詔》（第 916 頁），（2）《武帝追封永陽王詔》（第 918 頁），（3）《追封丞相長沙王詔》（第 918 頁），（4）《追封衡陽王桂陽王詔》（第 918 頁），（5）《封臨川安興建安等五王詔》（第 918 頁），（6）《求薦士詔》（第 958 頁），（7）《靜思堂秋竹應詔》（第 1554 頁）

　　（五）南朝・陳

　　1. 徐陵

　　（1）《陳文帝登祚尊皇太后詔》（第 287 頁），（2）《始興王詔》（第 919 頁），（3）《進武帝爲長城公詔》（第 924 頁）

　　（六）北朝・北魏

　　1. 溫子昇

　　（1）《魏莊帝生皇太子赦詔》（第 298 頁），（2）《孝莊帝殺尒朱榮詔》（第 951 頁），（3）《遷都拜廟鄴宮赦文》（第 951 頁）

　　（七）北朝・北齊

　　1. 邢子才

　　（1）《爲受禪登極赦詔》（第 951 頁）

　　（八）隋

　　1. 江總

　　（1）《舉士詔》（第 958 頁）

三十一、行　狀

　　（一）南朝・梁

　　1. 江淹

　　（1）《宋建平王太妃周氏行狀》（第 290 頁）

　　2. 任昉

　　（1）《齊竟陵文宣王蕭子良行狀》（第 808 頁），（2）《齊司空曲江公行狀》

（第 845 頁）

　　3. 沈約

　　（1）《齊臨川王行狀》（第 809 頁），（2）《齊司空柳世隆行狀》（第 845 頁）

　　4. 裴子野

　　（1）《司空安城康王行狀》（第 809 頁）

三十二、教

（一）三國・魏

1. 魏文帝

（1）《答卞蘭教》（第 298 頁）

（二）晉

1. 湛方生

（1）《修學校教》（第 695 頁）

（三）南朝・宋

1. 傅亮

（1）《修復前漢諸陵教》（第 734 頁），（2）《修楚元王墓教》（第 734 頁）

2. 宋孝武帝（劉駿）

（1）《臨徐兗二州搜揚教》（第 962 頁）

（四）南朝・齊

1. 謝朓

（1）《爲錄公拜揚州恩教》（第 900 頁）

（五）南朝・梁

1. 梁簡文帝（蕭綱）

（1）《甄異張景願復讎教》（第 587 頁），（2）《資遣孔燾二女教》（第 724 頁），（3）《罷雍州恩教》（第 900 頁），（4）《臨雍州原減民間資教》（第 900 頁），（5）《臨雍州革貪惰教》（第 900 頁），（6）《復臨丹陽教》（第 905 頁），（7）《圖雍州賢能刺史教》（第 949 頁），（8）《移市教》（第 1170 頁）

2. 江淹

（1）《爲宋建平王聘逸士教》（第 664 頁）

3. 梁元帝（蕭繹）

（1）《召學生教》（第 695 頁）

4. 丘遲

（1）《永嘉郡教》（第 905 頁）

5. 任昉

（2）《爲齊竟陵王世子臨會稽郡教》（第 905 頁）

6. 陸倕

（1）《未至潯陽郡教》（第 907 頁），（2）《豫章王拜後赦教》（第 952 頁）

7. 王僧孺

（1）《至南海郡求士教》（第 962 頁）

（六）北朝・北周

1. 庾信

（1）《答移市教》（第 1170 頁）

三十三、墓　誌

（一）南朝・宋

1. 謝莊

（1）《豫章長公主墓誌銘》（第 306 頁），（2）《司空何尚之墓誌》（第 844 頁）

2. 宋孝武

（1）《故侍中司徒建平王宏墓誌》（第 866 頁）

（二）南朝・齊

1. 王融

（1）《永嘉長公主墓誌銘》（第 307 頁），（2）《豫章文獻王墓誌銘》（第 806 頁）

2. 謝朓

（1）《臨海公主墓誌銘》（第 307 頁），（2）《新安長公主墓誌銘》（第 307

頁），（3）《鬱林王墓銘》（第 806 頁），（4）《齊海陵王墓誌銘》（第 806 頁）

（三）南朝・梁

1. 梁簡文帝

（1）《徵君何先生墓誌》（第 660 頁），（2）《華陽陶先生墓誌》（第 661 頁），（3）《安成蕃王墓銘》（第 806 頁），（4）《儀同徐勉墓誌銘》（第 846 頁），（5）《中書令臨汝靈侯墓誌銘》（第 873 頁），（6）《庶子王規墓誌銘》（第 891 頁），（7）《太子舍人蕭特墓誌銘》（第 891 頁），（8）《同泰寺故功德正智寂師墓誌銘》（第 1321 頁），（9）《宋姬寺慧念法師墓誌銘》（第 1321 頁），（10）《甘露鼓寺敬脫法師墓誌銘》（第 1321 頁），（11）《湘宮寺智蒨法師墓誌銘》（第 1321 頁），（12）《淨居寺法昂墓誌銘》（第 1321 頁）

2. 梁元帝（梁孝元皇帝）

（1）《庾先生承先墓誌》（第 661 頁），（2）《特進蕭琛墓誌銘》（第 848 頁），（3）《侍中新渝侯墓誌銘》（第 866 頁），（4）《侍中吳平光侯墓誌》（第 867 頁），（5）《黃門侍郎劉孝綽墓誌銘》（第 869 頁），（6）《散騎常侍裴子野墓誌銘》（第 870 頁），（7）《中書令庾肩吾墓誌》（第 873 頁），（8）《太常卿陸倕墓誌銘》（第 878 頁）

3. 任昉

（1）《撫軍桂陽王墓誌銘》（第 807 頁）

4. 沈約

（1）《丞相長沙宣武王墓誌銘》（第 807 頁），（2）《齊太尉文憲王公墓誌銘》（第 822 頁），（3）《齊太尉徐公墓誌》（第 822 頁），（4）《爲司徒謝朏墓誌銘》（第 837 頁），（5）《尚書右僕射范雲墓誌銘》（第 855 頁），（6）《太常卿任昉墓誌銘》（第 879 頁）

5. 張纘

（1）《故左氏尚書忠子沈僧旻墓誌銘》（第 861 頁），（2）《中書令蕭子顯墓誌》（第 874 頁）

6. 王僧孺

（1）《豫州墓誌》（第 897 頁）

7. 邵陵王

（1）《揚州僧正智寂法師墓誌銘》（第 1321 頁）

8. 陸倕

（1）《誌法師墓誌銘》（第 1321 頁）

（四）南朝・陳

1. 徐陵

（1）《司空河東康簡王墓誌》（第 807 頁），（2）《司空章昭達墓誌銘》（第 844 頁），（3）《裴使君墓誌銘》（第 898 頁）

（五）北朝・北齊

1. 邢子才

（1）《太尉韓公墓誌銘》（第 822 頁）

（六）北朝・北魏

1. 溫子昇

（1）《司徒元樹墓誌銘》（第 837 頁），（2）《司徒祖瑩墓誌》（第 837 頁）

（七）隋

1. 江總

（1）《特進光祿大夫徐陵墓誌銘》（第 848 頁），（2）《故侍中沈欽墓誌》（第 867 頁），（3）《司農陳暄墓誌銘》（第 886 頁），（4）《廣州刺史歐陽頠墓誌》（第 898 頁）

三十四、誡

（一）西漢

1. 東方朔

（1）《誡子》（第 418 頁）

（二）東漢

1. 鄭玄

（1）《戒子》（第 418 頁）

2. 高義方

（1）《清誡》（第 418 頁）

（二）南朝‧梁

1. 吳均

（1）《餅說》（第 1241 頁）

三十六、解

（一）晉

1. 湛方生

（1）《上貞女解》（第 339 頁）

三十七、疏

（一）東漢

1. 班超

（1）《上疏》（第 342 頁）

三十八、訓

（一）三國‧魏

1. 繁欽

（1）《祿里先生訓》（第 655 頁）

（二）晉

1. 潘岳

（1）《兩階銅人訓》（第 418 頁）

三十九、誥

（一）東漢

1. 張衡

（1）《東巡誥》（第 701 頁）

（二）南朝‧宋

1. 顏延之

（1）《庭誥》（第 421 頁）

四十、答客難

（一）西漢

1. 東方朔

（1）《答客難》（第 457 頁）

2. 楊雄

（1）《解嘲》（第 457 頁）

（二）東漢

1. 班固

（1）《賓戲》（第 458 頁）

2. 崔駰

（1）《達旨》（第 459 頁）

3. 崔寔

（1）《答譏》（第 459 頁）

4. 蔡邕

（1）《釋誨》（第 460 頁）

（三）三國・魏

1. 陳琳

（1）《應譏》（第 461 頁）

四十一、歎

（一）晉

1. 石崇

（1）《思婦歎》（第 508 頁）

四十二、哀　辭

（一）三國・魏

1. 曹植

（1）《金瓠哀辭》（第 607 頁），（2）《行女哀辭》（第 608 頁），（3）《仲

雍哀辭》（第 608 頁）

（二）晉

1. 陸機

（1）《吳大司馬六公少女哀辭》（第 608 頁）

2. 潘岳

（1）《哀永逝辭》（第 608 頁），（2）《傷弱子辭》（第 608 頁），（3）《金鹿哀辭》（第 609 頁），（4）《陽城劉氏妹哀辭》（第 609 頁），（5）《悲邢生》（第 609 頁），（6）《京陵女公子王氏哀辭》（第 609 頁），（7）《爲任子咸妻作孤女澤蘭哀辭》（第 609 頁）

四十三、志（誌）

（一）東漢

1. 班固

（1）《述五行志》（第 994 頁），（2）《藝文志述》（第 994 頁）

（二）三國・魏

1. 王粲

（1）《荊州文學記官志》（第 693 頁）

（三）南朝・梁

1. 陶隱居（陶弘景）

（1）《尋山誌》（第 654 頁）

2. 劉孝標

（1）《山棲誌》（第 654 頁）

四十四、譏

（一）三國・魏

1. 繆元

（1）《譏許由》（第 655 頁）

四十五、弔

（一）東漢

1. 胡廣

（1）《弔夷齊》（第 662 頁）

（二）三國·魏

1. 王粲

（1）《弔夷齊》（第 662 頁）

2. 阮瑀

（1）《弔伯夷》（第 662 頁）

3. 靡元（糜元）

（1）《弔夷齊》（第 663 頁）

四十六、樂府古詩

（一）無名氏

（1）《飲馬長城窟行》（第 738 頁），（2）《古陌上桑羅敷行》（第 743 頁），（3）《古相逢行》（第 749 頁），（4）《古驅車上東門行》（第 749 頁）

（二）西漢

1. 班婕妤

（1）《怨歌行》（第 746 頁）

（三）三國·魏

1. 魏文帝（曹丕）

（1）《飲馬長城窟行》（第 738 頁），（2）《釣竿行》（第 740 頁），（3）《秋胡行》（第 741 頁），（4）（《秋胡行》）（朝與佳人期）（第 741 頁），（5）（《秋胡行》）（汎汎淥池）（第 742 頁），（6）《丹霞蔽日行》（第 742 頁），（7）《上留田行》（第 745 頁），（8）《苦寒行》（第 747 頁），（9）《善哉行》（第 747 頁），（10）《苦哉行》（第 747 頁），（11）《猛虎行》（第 748 頁）

2. 曹植

（1）《太山梁甫行》（第 740 頁），（2）《豫章行》（第 741 頁），（3）（《豫

章行》）（鴛鴦自用親）（第 741 頁），（4）《薤露行》（第 741 頁），（5）（《丹霞蔽日行》）（紂爲昏亂）（第 742 頁），（6）《蒲生行》（第 742 頁），（7）《妾薄命行》（二首）（第 742 頁），（8）《怨歌行》（第 746 頁），（9）《善哉行》（第 747 頁），（10）《君子行》（第 747 頁），（11）《平陸（陵）東行》（第 748 頁），（12）《苦思行》（第 748 頁）

3. 魏文帝甄皇后

（1）《塘上行》（第 748 頁）

（四）晉

1. 傅玄

（1）《飲馬長城窟行》（第 738 頁），（2）《豫章行》（第 741 頁），（3）《秋胡行》（第 742 頁），（4）《怨詩》（第 746 頁）

2. 陸機

（1）《飲馬長城窟行》（第 738 頁），（2）《董桃行》（六言）（第 739 頁），（3）《長安有狹斜行》（第 739 頁），（4）《豫章行》（第 741 頁），（5）《秋胡行》（第 742 頁），（6）《日出東南隅行》（第 743 頁），（7）《君子有所思行》（第 744 頁），（8）《東武吟行》（第 744 頁），（9）《順東西門行》（第 745 頁），（10）《上留田行》（第 745 頁），（11）《齊謳行》（第 745 頁），（12）《隴西行》（第 746 頁），（13）《吳趨行》（第 746 頁），（14）《苦寒行》（第 747 頁），（15）《君子行》（第 747 頁），（16）《猛虎行》（第 748 頁），（17）《塘上行》（第 748 頁），（18）《駕言出北闕行》（第 749 頁），（19）《從軍行》（第 750 頁），（20）《悲哉行》（第 750 頁），（21）《門有車馬客行》（第 751 頁）

3. 張華

（1）《門有車馬客行》（第 751 頁）

（五）南朝・宋

1. 謝惠連

（1）《長安有狹斜行》（第 739 頁），（2）《秋胡行》（第 742 頁），（3）（《秋胡行》）（係風捕景）（第 742 頁），（4）《順東西門行》（第 745 頁），（5）《都東西門行》（第 745 頁），（6）《隴西行》（第 746 頁），（7）《善哉行》（第 747 頁），（8）《猛虎行》（第 748 頁），（9）《塘上行》（第 748 頁）

2. 鮑昭（鮑照）

（1）《結客少年場行》（第 739 頁），（2）《出自薊北門行》（第 740 頁），（3）《苦熱行》（第 740 頁），（4）《白頭行吟》（第 740 頁），（5）《代君子有所思行》（第 744 頁），（6）《東武吟行》（第 744 頁），（7）《驅馬上東門行》（第 749 頁）

3. 謝靈運

（1）《豫章行》（第 741 頁），（2）《日出東南隅行》（第 743 頁），（3）《苦寒行》（第 747 頁），（4）《相逢行》（第 749 頁），（5）《悲哉行》（第 751 頁）

4. 顏延之

（1）《從軍行》（第 750 頁）

（六）南朝・齊

1. 王融

（1）《有所思》（第 744 頁）

2. 劉繪

（1）《有所思行》（第 744 頁）

（七）南朝・梁

1. 沈約

（1）《飲馬長城窟行》（第 739 頁），（2）《長安有狹斜行》（第 739 頁），（3）《釣竿行》（第 740 頁），（4）《梁甫吟行》（第 741 頁），（5）《豫章行》（第 741 頁），（6）《日出東南隅行》（第 743 頁），（7）《君子有所思行》（第 744 頁），（8）《東武吟行》（第 745 頁），（9）《都東西門行》（第 745 頁），（10）《齊謳行》（第 745 頁），（11）《怨歌行》（第 747 頁），（12）《君子行》（第 748 頁），（13）《塘上行》（第 748 頁），（14）《悲哉行》（第 751 頁）

2. 庾肩吾

（1）《長安有狹斜詩》（第 739 頁），（2）《賦得有所思行》（第 744 頁）

3. 劉孝威

（1）《結客少年場行》（第 739 頁），（2）《釣竿篇》（第 740 頁），（3）《妾薄命行》（第 743 頁），（4）《塘上行苦辛篇》（第 749 頁）

4. 戴嵩

（1）《釣竿篇》（第 740 頁），（2）《君子行》（第 748 頁），（2）《從軍詩》

（第 750 頁）

　　5. 梁簡文帝

　　（1）《妾薄命行》（第 743 頁），（2）《隴西行》（第 746 頁），（3）《君子行》（第 747 頁），（4）《從軍行》（第 750 頁），（5）（《從軍行》）（雲中亭障羽檄驚）（第 750 頁）

　　6. 蕭子顯

　　（1）《日出東南隅行》（第 743 頁），（2）《從軍行》（第 750 頁）

　　7. 王僧孺

　　（1）《有所思行》（第 744 頁）

　　8. 江淹

　　（1）《擬班婕妤詠扇》（第 746 頁）

　　9. 張率

　　（1）《相逢行》（第 749 頁）

　（八）南朝·陳

　　1. 徐陵

　　（1）《出自薊北門行》（第 740 頁）

　（九）北朝·北周

　　1. 庾信

　　（1）《出自薊北門行》（第 740 頁）

四十七、樂　府

　（一）無名氏

　　（1）《古長歌行》（第 752 頁），（2）（《古長歌行》）（昭昭清明月）（第 752 頁）

　（二）三國·魏

　　1. 魏武帝（曹操）

　　（1）《短歌行》（第 752 頁）

　　2. 魏明帝（曹叡）

　　（1）《長歌行》（第 752 頁），（2）《燕歌行》（第 754 頁），（3）《月重輪

行》（第 755 頁）

3. 魏文帝（曹丕）

（1）《煌煌京洛行》（第 752 頁），（2）《燕歌行》（第 754 頁），（3）《月重輪行》（第 755 頁），（4）《臨高臺行》（第 761 頁）

4. 曹植

（1）《名都篇》（第 753 頁），（2）《白馬篇》（第 753 頁），（3）《飛龍篇》（第 755 頁），（4）《吁嗟篇》（第 755 頁），（5）《鰕鉏篇》（第 755 頁），（6）《種葛篇》（第 755 頁），（7）《驅車篇》（第 755 頁），（8）《當欲遊南山篇》（第 756 頁），（9）《仙人篇》（第 756 頁），（10）《升天行》（第 756 頁），（11）（《升天行》）（扶桑之所出）（第 756 頁），（12）《箜篌引》（第 764 頁）

（三）晉

1. 陸機

（1）《短歌行》（第 752 頁），（2）《長歌行》（第 752 頁），（3）《燕歌行》（第 754 頁），（4）《太山吟》（第 757 頁），（5）《前緩聲歌行》（第 757 頁），（6）《棹歌行》（第 757 頁）

2. 傅玄

（1）《歷九秋篇》（第 756 頁），（2）《車遙篇》（第 756 頁），（3）《豔歌行》（第 757 頁）

3. 石崇

（1）《明君辭》（第 764 頁），（2）《思歸引》（第 765 頁）

（四）南朝‧宋

1. 鮑昭（鮑照）

（1）《代京洛篇》（第 753 頁），（2）《代陳王白馬篇》（第 753 頁），（3）《升天行》（第 756 頁），（4）《放歌行》（第 757 頁），（5）《代淮南王》（第 762 頁）

2. 袁淑

（1）《效曹子建白馬篇》（第 753 頁）

3. 謝惠連

（1）《燕歌行》（第 754 頁）

4. 謝靈運

（1）《吳會行》（第 757 頁），（2）《緩歌行》（第 757 頁）

5. 吳邁遠

（1）《陽春曲詩》（第 762 頁），（2）《長離別詩》（第 762 頁），（3）《長相思詩》（第 762 頁），（4）《秋風曲》（第 763 頁），（5）《胡笳曲》（第 764 頁）

6. 宋孝武帝

（1）《夜聽妓詩》（第 765 頁）

（五）南朝‧齊

1. 謝朓

（1）《鼓吹曲》（十首）（第 758 頁），（2）《臨高臺行》（第 761 頁）

2. 王融

（1）《巫山高》（第 760 頁）

（六）南朝‧梁

1. 沈約

（1）《長歌行》（第 752 頁），（2）《白馬篇》（第 754 頁），（3）《鼓吹曲》（十二首）（第 759 頁），（4）《芳樹》（第 760 頁），（5）《臨高臺行》（第 761 頁），（6）《夜夜曲》（第 763 頁），（7）《昭君辭》（第 764 頁），（8）《江南行陽春曲》（第 765 頁），（9）《朝雲曲》（第 765 頁）

2. 梁簡文帝

（1）《京洛篇》（第 753 頁），（2）《渡關山行》（第 756 頁），（3）《豔歌行》（第 757 頁），（4）《棹歌行》（第 757 頁），（5）《蜀道難曲》（第 758 頁），（6）《雁門太守歌》（第 758 頁），（7）（《雁門太守歌》）（三月楊花合）（第 758 頁），（8）《洛陽道詩》（第 762 頁），（9）《烏棲曲》（第 762 頁），（10）（《烏棲曲》）（浮雲似帳月如鉤）（第 762 頁），（11）（《烏棲曲》）（青牛丹轂七香車）（第 763 頁），（12）（《烏棲曲》）（織成屏風銀屈膝）（第 763 頁），（13）《龍笛曲》（第 763 頁），（14）《江南曲》（第 765 頁），（15）《悲楚妃歎》（第 765 頁），（16）《聽夜妓詩》（第 765 頁）

3. 戴暠

（1）《煌煌京洛篇》（第 753 頁），（2）《月重輪篇》（第 755 頁），（3）《度

關山篇》（第 756 頁）

　4. 徐悱

　　（1）《擬白馬篇》（第 754 頁）

　5. 梁元帝

　　（1）《燕歌行》（第 754 頁），（2）《巫山高》（第 760 頁），（3）《關山月》（第 761 頁），（4）《隴頭水歌》（第 761 頁），（5）《洛陽道詩》（第 762 頁），（6）《長安路》（第 762 頁），（7）《烏棲曲》（第 763 頁），（8）（《烏棲曲》）（月華似璧星如珮）（第 763 頁），（9）（《烏棲曲》）（交龍成錦鬥鳳紋）（第 763 頁），（10）（《烏棲曲》）（七彩隨珠九華玉）（第 763 頁），（11）《春夜看妓詩》（第 765 頁）

　6. 何遜

　　（1）《輕薄篇》（第 758 頁），（2）《詠妓詩》（第 765 頁）

　7. 張率

　　（1）《遠期篇》（第 758 頁），（2）《當對酒》（第 761 頁），（3）《長相思詩》（第 762 頁）

　8. 庾成師

　　（1）《遠期篇》（第 758 頁）

　9. 劉孝威

　　（1）《蜀道難篇》（第 758 頁），（2）《行行遊獵篇》（第 758 頁），（3）《思歸篇》（第 758 頁），（4）《公莫渡河篇》（第 758 頁），（5）《橫吹曲隴頭流水詩》（第 761 頁）

　10. 范雲

　　（1）《巫山高》（第 760 頁），（2）《當對酒》（第 761 頁）

　11. 丘遲

　　（1）《芳樹》（第 761 頁）

　12. 王僧孺

　　（1）《登高臺》（第 761 頁）

　13. 柳惲

　　（1）《獨不見》（第 761 頁），（2）《江南曲》（第 763 頁）

14. 庾肩吾

（1）《長安路詩》（第 762 頁）

15. 蕭子顯

（1）《烏棲曲》（第 763 頁），（2）（《烏棲曲》）（芳樹歸飛聚儔匹）（第 763 頁）

16. 吳筠

（1）《攜手曲》（第 763 頁），（2）《秦王卷衣曲》（第 764 頁）

17. 江洪

（1）《淥水曲》（第 763 頁），（2）（《淥水曲》）（塵客不忍飾）（第 763 頁），（3）《秋風曲》（第 763 頁），（4）《胡笳曲》（第 763 頁），（5）（《胡笳曲》）（落日慘無光）（第 763 頁）

18. 劉孝綽

（1）《賦得烏夜啼詩》（第 764 頁）

（七）南朝・陳

1. 劉刪

（1）《侯司空第山園詠妓詩》（第 765 頁）

2. 陰鏗

（1）《侯司空第山園詠妓詩》（第 766 頁）

3. 蕭琳

（1）《隔壁聽妓詩》（第 766 頁）

（八）北朝・北周

1. 王褒

（1）《燕歌行》（第 754 頁），（2）《關山篇》（第 756 頁）

2. 庾信

（1）《燕歌行》（第 755 頁），（2）《烏夜啼曲》（第 764 頁），（3）（《烏夜啼曲》）（桂樹懸知遠）（第 764 頁），（4）《看妓詩》（第 765 頁）

（九）隋

1. 盧思道

（1）《夜聞鄰妓詩》（第 766 頁）

四十八、傳

（一）南朝・梁

1. 王僧孺

（1）《太常敬子任府君傳》（第 879 頁）

2. 江淹

（1）《自序傳》（第 994 頁）

四十九、策

（一）西漢

1. 漢武帝

（1）《使御史大夫策諸子立閎爲齊王》（第 919 頁），（2）《立子旦爲燕王》（第 919 頁），（3）《立子胥爲廣陵王》（第 919 頁）

五十、奏

（一）三國・魏

1. 黃觀

（1）（失題）（第 1456 頁）

（二）南朝・宋

1. 傅亮

（1）《尙書八座封諸皇弟皇子奏》（第 921 頁）

2. 謝莊

（1）《爲尙書八座封皇子郡王奏》（第 921 頁），（2）《爲尙書八座改封郡長公主奏》（第 931 頁）

五十一、難

（一）西漢

1. 張敞

（1）《議入穀贖罪蕭望之難》（第 971 頁）

五十二、書　奏

（一）西漢

1. 杜欽

（1）《奏記於王鳳》（第 975 頁）

2. 貢禹

（1）《上書》（第 976 頁）

（二）東漢

1. 張俊

（1）《上書》（第 976 頁）

（三）三國・魏

1. 鍾繇

（1）《上書》（第 976 頁）

（四）晉

1. 劉頌

（1）《上書》（第 977 頁）

2. 杜豫

（1）《奏事》（第 977 頁）

3. 劉頌

（1）《刑獄奏》（第 977 頁）

4. 郭璞

（1）《奏》（第 978 頁）

五十三、集　序

（一）西漢

1. 孔安國

（1）《尚書序》（第 996 頁）

（二）三國・魏

1. 曹植

（1）《文章序》（第 996 頁）

（三）南朝‧梁

1. 昭明太子

（1）《文選序》（第 996 頁）

2. 梁簡文帝

（1）《臨安公主集序》（第 996 頁）

3. 梁元帝

（1）《職貢圖序》（第 996 頁）

4. 任昉

（1）《齊王儉集序》（第 997 頁）

5. 王僧孺

（1）《臨海伏府君集序》（第 997 頁），（2）《詹事徐府君集序》（第 998 頁）

（四）南朝‧陳

1. 劉師知

（1）《侍中沈府君序集》（第 998 頁）

2. 徐陵

（1）《玉臺新詠序》（第 999 頁）

（五）北朝‧北周

1. 庾信

（1）《趙國公集序》（第 1000 頁）

（六）隋

1. 江總

（1）《陶貞白先生集序》（第 1000 頁）

五十四、七

（一）西漢

1. 枚乘

（1）《七發》（第 1021 頁）

（二）東漢

1. 傅毅

（1）《七激》（第 1023 頁）

2. 劉廣世

（1）《七興》（第 1024 頁）

3. 崔駰

（1）《七依》（第 1024 頁）

4. 李尤

（1）《七款》（第 1025 頁）

5. 桓麟

（1）《七說》（第 1025 頁）

6. 崔琦

（1）《七蠲》（第 1025 頁）

7. 劉梁

（1）《七舉》（第 1025 頁）

8. 張衡

（1）《七辯》（第 1026 頁）

（三）三國·魏

1. 曹植

（1）《七啓》（第 1027 頁）

2. 徐幹

（1）《七喻》（第 1029 頁）

3. 王粲

（1）《七釋》（第 1029 頁）

4. 劉邵

（1）《七華》（第 1030 頁）

（四）晉

1. 張協

（1）《七命》（第 1030 頁）

2. 陸機

（1）《七徵》（第 1031 頁）

3. 湛方生

（1）《七歡》（第 1033 頁）

（五）南朝・宋

1. 顏延之

（1）《七繹》（第 1034 頁）

（六）南朝・齊

1. 竟陵王賓僚

（1）《七要》（第 1034 頁）

（七）南朝・梁

1. 蕭子範

（1）《七誘》（第 1034 頁）

五十五、連　珠

（一）西漢

1. 楊雄

（1）《連珠》（第 1036 頁）

（二）東漢

1. 班固

（1）《擬連珠》（第 1036 頁）

2. 潘勗

（1）《擬連珠》（第 1036 頁）

（三）三國・魏

1. 魏文帝（曹丕）

（1）《連珠》（第 1036 頁）

2. 王粲

（1）《仿連珠》（第 1036 頁）

（四）晉

1. 傅玄

（1）《敘連珠》（第 1035 頁）

2. 陸機

（1）《演連珠》（第 1036 頁）

（五）南朝・宋

1. 謝惠連

（1）《連珠》（第 1037 頁）

2. 顏延之

（1）《範連珠》（第 1038 頁）

（六）南朝・齊

1. 王儉

（1）《暢連珠》（第 1038 頁）

（七）南朝・梁

1. 梁武帝

（1）《連珠》（第 1038 頁）

2. 梁宣帝

（1）《連珠》（第 1038 頁）

3. 沈約

（1）《連珠》（第 1038 頁）

4. 吳筠

（1）《連珠》（第 1038 頁）

5. 劉孝儀

（1）《探物作豔體連珠》（第 1038 頁）

五十六、檄　文

（一）西漢

1. 司馬相如

（1）《喻巴蜀檄文》（第 1044 頁）

（二）三國・魏

1. 陳琳

（1）《爲袁紹檄豫州》（第 1044 頁），（2）《檄吳將校》（第 1045 頁）

2. 鍾會

（1）《檄蜀文》（第 1045 頁）

（三）晉

1. 孫惠

（1）《爲東海王討成都王檄文》（第 1045 頁）

2. 庾闡

（1）《爲郗鑒檄青州文》（第 1045 頁），（2）《檄李勢》（第 1046 頁），（3）《爲檄石虎文》（第 1046 頁）

3. 桓溫

（1）《檄胡文》（第 1046 頁）

（四）南朝・梁

1. 梁元帝

（1）《伐侯景檄文》（第 1047 頁）

2. 裴子野

（1）《喻虜檄文》（第 1047 頁）

3. 任孝恭

（1）《爲汝南王檄魏文》（第 1047 頁）

（五）南朝・陳

1. 徐陵

（1）《檄周文》（第 1049 頁）

（六）北朝・北魏

1. 魏收

（1）《檄梁文》（第 1048 頁）

五十七、移　文

（一）西漢

1. 劉歆

（1）《讓太常博士移文》（第 1050 頁）

（二）南朝·梁

1. 梁簡文帝

（1）《答穰城求和移文》（第 1050 頁）

2. 任孝恭

（1）《答魏初和移文》（第 1051 頁）

（三）南朝·陳

1. 徐陵

（1）《爲護軍長史王質移文》（第 1051 頁），（2）《移齊》（第 1052 頁）

五十八、引

（一）南朝·宋

1. 謝莊

（1）《懷園引》（第 1164 頁）

（二）南朝·梁

1. 朱異

（1）《田飲引》（第 1250 頁）

五十九、詠

（一）晉

1. 湛方生

（1）《遊園詠》（第 1164 頁）

六十、移

（一）南朝·梁

六十五、寺　碑

（一）南朝・齊

1. 王巾

（1）《頭陁寺碑銘》（第 1303 頁）

（二）南朝・梁

1. 梁簡文帝

（1）《善覺寺碑銘》（第 1303 頁），（2）《神山寺碑序》（第 1303 頁），（3）《慈覺寺碑序》（第 1303 頁），（4）《相宮寺碑》（第 1304 頁）

2. 梁元帝

（1）《善覺寺碑》（第 1304 頁），（2）《鍾山飛流寺碑》（第 1304 頁），（3）《曠野寺碑》（第 1304 頁），（4）《郢州晉安寺碑銘》（第 1305 頁），（5）《楊州梁安寺碑序》（第 1305 頁），（6）《攝山棲霞寺碑》（第 1305 頁），（7）《歸來寺碑》（第 1305 頁），（8）《莊嚴寺僧旻法師碑》（第 1308 頁），（9）《光宅寺大僧正法師碑》（第 1308 頁）

3. 沈約

（1）《法王寺碑》（第 1305 頁），（2）《比丘尼僧敬法師碑》（第 1309 頁）

4. 陸倕

（1）《天光寺碑》（第 1306 頁）

5. 王筠

（1）《開善寺碑》（第 1306 頁），（2）《國師草堂寺智者約法師碑》（第 1309 頁）

6. 張綰

（1）《龍樓寺碑》（第 1307 頁）

7. 王僧孺

（1）《棲玄寺雲法師碑銘》（第 1309 頁），（2）《中寺碑》（第 1313 頁）

8. 任孝恭

（1）《多寶寺碑銘》（第 1314 頁）

9. 劉孝綽

（1）《棲隱寺碑》（第 1314 頁）

（三）南朝・陳

1. 徐陵

（1）《齊國宋司徒寺碑》（第 1308 頁），（2）《東陽雙林寺傅大士碑》（第 1309 頁），（3）《孝義寺碑》（第 1315 頁）

（四）北朝・北周

1. 王褒

（1）《善行寺碑》（第 1307 頁），（2）《京師突厥寺碑》（第 1307 頁）

（五）北朝・北魏

1. 溫子昇

（1）《寒陵山寺碑序》（第 1311 頁），（2）《印山寺碑》（第 1312 頁），（3）《大覺寺碑》（第 1312 頁），（4）《定國寺碑序》（第 1313 頁）

（六）北朝・北齊

1. 邢子才

（1）《景明寺碑》（第 1314 頁），（2）《并州寺碑》（第 1315 頁）

（七）隋

1. 江總

（1）《明慶寺尚禪師碑銘》（第 1310 頁），（2）《建初寺瓊法師碑》（第 1310 頁），（3）《大莊嚴寺碑》（第 1316 頁）

六十六、放生碑

（一）南朝・梁

1. 梁元帝

（1）《荊州放生亭碑》（第 1316 頁）

六十七、眾食碑

（一）南朝・陳

1. 徐陵

（1）《長干寺眾食碑》（第 1317 頁）

六十八、檄

（一）南朝・梁

1. 吳筠

（1）《檄江神責周穆王璧》（第 1435 頁）

六十九、謳

（一）三國・魏

1. 曹植

（1）《魏德論謳》（第 1447 頁），（2）《魏德論謳》（第 1448 頁），（3）《魏德論謳》（第 1593 頁），（4）《魏德論謳》（第 1600 頁）

七十、狀

（一）南朝・宋

1. 顏延之

（1）《天馬狀》（第 1623 頁）